Klaus Gröschel
(V)erzogen in der Pfalz

Klaus Gröschel wurde 1949 in Contwig bei Zweibrücken geboren. Dem Besuch der örtlichen Volksschule folgte eine fünfjährige Internatszeit in Dahn. Nach dem Studium der Germanistik und Theologie arbeitete er als Gymnasiallehrer und engagierte sich im Philologenverband Rheinland-Pfalz. Der Vater zweier erwachsener Töchter lebt seit fast 30 Jahren mit seiner Frau in Neustadt an der Weinstraße. Sein Interesse gilt der Vielfalt pfälzischer Dialekte, sakraler Baukunst, dem Wandern im Pfälzerwald, aber auch in Bayern und dem Schwarzwald. Ansonsten trifft man ihn häufig im örtlichen Fitness-Park.

Wellhöfer Verlag
Ulrich Wellhöfer
Weinbergstraße 26
68259 Mannheim
Tel. 0621/7188167
www.wellhoefer-verlag.de

Titelgestaltung: Uwe Schnieders, Fa. Pixelhall, Mühlhausen
Satz: Creative Design, Lukas Fieber, Mannheim

Das vorliegende Buch einschließlich aller seiner Teile ist urheberrechtlich geschützt. Jede Verwertung ist ohne schriftliche Zustimmung des Verlages unzulässig.

© 2012 Wellhöfer Verlag, Mannheim

ISBN 978-3-95428-114-5

Klaus Gröschel

(V)erzogen in der Pfalz

Diese kleine Publikation will etwas von dem merkwürdigen Zeitkolorit der späten fünfziger und frühen sechziger Jahre veranschaulichen und dabei im Persönlichen und Anekdotischen das Typische sichtbar machen. Vielleicht lassen manche Situationen sogar schon Anfänge der Protestbewegung der sechziger Jahre erkennen.
Wer diese Zeit erlebt hat, mag sich erinnern oder wieder erinnern. Jüngere werden vielleicht den Eindruck des Exotischen und Skurrilen gewinnen.
Aus dem Abstand schien mir insgesamt eine eher heiter-ironische Tonlage passend. Sie entspricht meiner heutigen Betrachtungsweise, nicht nur im Blick auf die Vergangenheit.

„Wenn sich jemand einbildet, ich erzähle nur darum meinen Lebens-Lauf, damit ich einem anderen die Zeit kürzen oder wie die Schalksnarren und Possen-Reißer zu tun pflegen, die Leute zum Lachen bewegen möchte: so findet sich derselbe weit betrogen."
(Grimmelshausen, „Simplizissimus", 6. Buch, 1. Kapitel)

Inhalt

1 Dörflicher Prägedruck

Kindergarten – Backe-backe-Kuchen im Dauerbetrieb	8
Gretel, meine Puppe	11
Aufklärung Stufe 1 – Der Storch hat ausgedient	13
Religiöse Erziehung – Zwischen nackten Teufeln und einem strengen Moralisten	14
Das Abenteuer Freizeit – Zwischen Kriegskulissen und Besatzungstruppen	20
Dörfliches Leben – Ein Genrebild	23
Die Hausschlachtung – Kindgerechter Anschauungsunterricht?	35
Der Garten – Ohne Düngung kein Erfolg	38
Urgroßvater Wilhelm – Der Vatter	40
Ein Erlebnis mit Folgen – Zwischen Digestif und Metaphysik	43
Fernsehen – Ein neues Zeitalter mit neuen Herausforderungen	46
Erste Lektüreerfahrungen	51
Schule – Nostalgie, Tradition und Kirchturm	54
Der Klassensaal als Tribunal	62
Was uns und das Dorf sonst noch bewegte	68
Eine Lambretta und ihre Alternativen	78
Spezielle Versorgungssysteme	83
Alltagserfahrungen – Mit dem Schneewittchensarg im Rückwärtsgang	90
Geschenke und herbe Verluste	97

2 Die eigentümliche Welt eines katholischen Internats

Regeln und wie man manche umgeht

Abbruch und Aufbruch – Aus der Freiheit in die Kasernierung	108
Im Zentrum der Pädagogik – Die religiöse Erziehung	122
Taschengeld – Chronische Finanznot, Abhilfen und Ausgaben	129
Offizielle Freizeitangebote und Beschäftigungsformen	142
Wie man die Medien erfolgreich zensiert	150

Prägende Persönlichkeiten und wie man sich gegen manche wehrte

Schulischer Alltag – Seine besonderen Akzente und das Spicken	156
Studienrat B. – Fortsetzung des Krieges mit anderen Mitteln	157
Studienrat P. – Der Witz im Timing	168
Studienrat H. – Bitte zum Lachen in den Keller	169
Fachoberstudienrat W. – Markante Stunden	172
Studienrat J.W. – Als ich noch der Waldbauernbub war	174
Frau Doktor – Vivat Bohemia!	176
Studienassessor H. – Über Sprache und Stil	178
Humanistische Sportstunden	181
Schmerzhafte und einfachere Methoden des Täuschens	184
Nachts kamen die Gärtner	193
Don Camillo	195

Grenzbereiche und Grenzüberschreitungen

Kleine Fluchten	198
Vorübungen für 68	203
Für Gleichheit sorgen und sie erleben	206
Spielarten der Gewalt	216
Die letzte Aufklärung und andere Bemühungen um mehr Frömmigkeit	220
Erlebnisse und Risiken draußen	227
Der Todesfall – Ein Wendepunkt	233
Neue Weichenstellungen – Eine kleine griechische Tragödie	239

Epilog

Wiederbegegnungen	242
Zwei Motive	247

1
Dörflicher Prägedruck

Kindergarten
Backe-backe-Kuchen im Dauerbetrieb

Der sogenannte Ernst des Lebens konnte schon im Kindergarten beginnen.

Das sollte er wohl auch.

Hier begegnete man den Vertreterinnen einer Macht, die das bisher Bekannte, die familiären Autoritäten, übertraf, den Schwestern vom Orden des Heiligen Dominikus. Einen Steinwurf von der Pfarrkirche entfernt, barg das mächtige, 1927 erbaute Schwesternhaus im Erdgeschoss den katholischen Kindergarten. Das Gebäude empfing den Eintretenden mit einem nicht unangenehmen, aber charakteristischen Geruch, der vermutlich von Bodenwachs herrührte. Die Atmosphäre dieser Einrichtung und ihrer Repräsentanten strömte einen Grundton von alttestamentlicher Strenge aus, aber auch etwas von neutestamentlicher Liebe.

Hier traf man auf Schwestern in schwarz-weißem Habit, die breite dunkelbraune Ledergürtel in Augenhöhe des Schutzempfohlenen trugen. Bei raschen Schritten klapperte am Rock der überdimensionale hölzerne Rosenkranz, Teil der Insignien dieser Frontfrauen des Herrn. Durch die Besatzungstruppen waren wir an Uniformen gewöhnt und wussten Weltmächte dahinter. Hinter diesen jedoch stand die höchste, die überweltliche Instanz.

Den Schwestern assistierten profane weibliche Hilfskräfte. Einem Kind im Vorschulalter wurde schnell klar, welche Einschränkungen seiner persönlichen Freiheit es hier erwarteten. Kinderschule nannte man denn auch den Kindergarten, um keine falschen Assoziationen oder Illusionen zu fördern.

Beim Eintritt in den großen, eher dunklen Hauptraum der Kinderschule beeindruckte die Wucht der Architektur im Kontrast zu den scheinbar für Zwerge geschaffenen Möbeln. An der Wand befanden sich Haken für Kleidung und Taschen.

Dort hing dann schließlich irgendwann auch meine kleine gelbe Umhängetasche, nachdem alles Sträuben mir nicht mehr geholfen hatte.

Der Tascheninhalt verriet elterliche Motivationsbemühungen. Man hätte es auch versuchte Korruption nennen können: eine Banane und ein Milchweck in trauter freudscher Eintracht.

Aufbruch zum Kindergarten

Das tägliche Programm im Kindergarten zeigte Ähnlichkeiten mit einer Zeitschleife. Eigentlich sind mir nur zwei vorschulpädagogische Gruppenübungen deutlich im Gedächtnis geblieben, eine davon sollte mir schließlich den Abschied aus der Einrichtung ermöglichen.

Für beide Spiele saßen wir an den langen, aber niedrigen Tischen. Kuchenbacken entsprach nicht meiner besonderen Interessenlage, vor allem da die Produkte rein imaginärer Natur waren und blieben. Vorgeschriebene expressive Arm- und Handbewegungen begleiteten unseren Singsang, in dem die als sieben Sachen beschriebenen Zutaten aufgezählt wurden. Selbst Safran war unter diesen Bedingungen als Kuchenfarbe nicht zu teuer.

An der Häufigkeit dieser Übung gemessen, hätten wir sogar das Kloster Andechs in der Hauptsaison mit unserem Kuchen versorgen können.

Es gab aber auch reales Material zur Bearbeitung.

Wer schon einmal mit Knete gespielt hat, weiß die wunderbaren Gestaltungsmöglichkeiten zu schätzen. Das tat ich und freute mich, wenn frische bunte Knetmasse ausgeteilt wurde, wenn sie unter dem Druck der Finger sich zu vielfältiger Formensprache erweichen ließ und dabei einen angenehm würzigen Duft entfaltete. Das glich manche Öde aus. Aber leider entwickelte sich dieses Material durch seine Vermengung sehr bald von bunter Vielfalt über einzigartige und filigrane Marmorierungen zu einer unschönen graubraunen Masse. Eine weitere Eigenschaft besteht in der Fähigkeit, Bazillen, wie man damals landläufig alle Krankheitskeime bezeichnete, zu binden und an Spielgefährten weiterzugeben.

Wie das Leben so spielte oder mit mir spielte oder mir mitspielte, bekam ich dadurch unzählige Warzen, Legionen, die Gesicht, Hände und große Teile des Körpers bedeckten. Die Kindergartenzeit war damit zu Ende. Eine neue Zeit begann, in der ich für etwa zwei lange Jahre als eine Art Warzenkönig besondere, aber lästige Aufmerksamkeit erfahren musste.

Seit dieser Zeit verstehe ich, warum Behinderte keine mitleidigen Fragen mögen.

Gretel, meine Puppe

Zur gleichen Zeit gab es im häuslichen Rahmen unendlich viele Dinge, die für mich interessant waren. Hatten wir Besuch, dann saß ich gerne unter dem Tisch, nicht aus Bescheidenheit, sondern aus starkem Interesse an dem, was Erwachsene so miteinander besprachen. „Aus den Augen – aus dem Sinn" lautet das alte Sprichwort, dessen praktischen Nutzen ich so erleben durfte.

Ein Thema musste mir dabei leider verborgen bleiben, weil man darüber nun wirklich nicht mit anderen Leuten sprechen konnte. Erst vor wenigen Jahren erwähnte meine Mutter eher beiläufig den Fall, der die Denkweise und Moral der frühen Fünfziger eindrucksvoll belegt. Nach einem halben Jahrhundert wurde ich damit über eine Art Familiengeheimnis aufgeklärt.

Unwissentlich hatte ich in früher Kindheit eine Situation heraufbeschworen, die zu peinlichen Spekulationen und zu tabuisierenden Maßnahmen Anlass gab.

Die obskuren Objekte meines Begehrens und unentwegten Wünschens waren definitiv nichts mehr und nichts weniger als ein Puppenwagen mit einer Puppe. Das Geschenk wird – vermutlich mit einem Tuch abgedeckt – bei dem Weihnachtsbaum auf seine Enthüllung gewartet haben, von mir dann begeistert begrüßt und von allen Seiten betrachtet und bewundert worden sein. Sein grün-blaues Korbgeflecht hatte einen perlmuttartigen Schimmer und darinnen lag unter einer weichen Polsterdecke mit Spitzenumrandung Gretel, die blondgelockte Puppe. Strikte elterliche Auflagen im Umgang mit dem Geschenk hielt ich seiner Kostbarkeit geschuldet: Niemandem zeigen und schon gar nicht mit nach draußen nehmen!

Man schien sich um die geschlechtliche Prägung des kleinen Sohnes ernste Sorgen zu machen. Diesbezügliche nachbarliche Spekulationen sollten erst gar nicht entstehen. Daraus könnte gar ein Dorfgespräch werden.

Übrigens zeigte eine genauere Leibesvisitation von Gretel deren Zugehörigkeit zur Gattung Homo Schmeilanus. Primäre Geschlechtsmerkmale fehlten. Es sollte ja ein anständiges Spielzeug sein.

Den Wagen mit meiner Spielgefährtin parkte ich parallel zu meinem Kinderbett. Wir verstanden uns, da sie mir nie widersprach. Auch das schafft vermutlich prägende Erwartungen. Meine geschlechtliche Orientierung hat Gretel mit ihrem Puppenwagen nicht in die befürchteten Bahnen gelenkt.

Nochmals gutgegangen!

Aufklärung Stufe 1
Der Storch hat ausgedient

Aufklärung bedeutete in dieser Zeit genau das Gegenteil des Begriffsinhalts. Nur gut, dass die solcherart Aufgeklärten zum Zeitpunkt ihrer Aufklärung meist noch kein Interesse am Inhalt der Aufklärung hatten und sich später, wenn auch umständlich, dafür mitunter spannend bis abenteuerlich, meistens aber recht fehlerhaft selbst aufklärten.

Es begann für mich wohl mit der Aussage: „Mama, guck mal, was die Frau für einen dicken Bauch hat!" – „Die kriegt ein Kind", wurde mir erklärt. – „Wie kommt das Kind da rein?" – „Das erkläre ich dir mal daheim."

Sehr viel später, mir schien das Thema nicht sehr interessant, wurde Mutter förmlich: „Du wolltest doch mal wissen, woher die Kinder kommen. Vielleicht hast du ja schon gehört, dass der Storch die Kinder bringt. Aber das stimmt nicht. Leute, die sich ein Kind wünschen, beten zum lieben Gott, dann erfüllt er ihren Wunsch."

Das klang für mich plausibel. Gott ist schließlich allmächtig. Er kann Wunder wirken. Und ein Kind dürfte für ihn eine seiner leichtesten Übungen sein. Wie das Kind reinkommt, war damit keine Frage. Wo aber kam es heraus?

Auch hierzu gab es eine anständige Antwort: aus dem Nabel. Nähere technische Details interessierten mich nicht. Merkwürdigerweise sollte ich über dieses Thema mit niemandem reden.

Aber eigentlich war die ganze Sache eher langweilig. Nur gelegentlich kam ich darauf zurück.

So bezeichnete ich die Haushälterin des Herrn Pfarrer immer ganz normal als dessen Frau und wunderte mich, dass diese harmlos gemeinte Funktionsbestimmung so vehement zurückgewiesen wurde. Für mich bestand kein Unterschied zwischen einer Haushälterin und einer Frau. Mama hätte auch Papas Haushälterin sein können.

In der Volksschule gab es eine Schulschwester, und Schwestern gehörten zum Alltag im Dorf. Daher wollte ich wissen, warum die Schwestern keine Kinder hatten. Vermutlich bewegte mich die Vorstellung, dass ihre Nähe zu Gott einen besonderen Kinderreichtum zur Folge haben müsse.

Ich glaube, Mama brauchte für die Beantwortung dieser Frage etwas Bedenkzeit. Sie kam dann wohl auf das Thema zurück, indem sie auf die persönliche Armut der Schwestern und die klosterähnliche Lebensgemeinschaft verwies. Dass es im Schwesternhaus weder Hunde noch Katzen gab, war mir bekannt. Und eigentlich hätte ich dort auch nicht Kind sein mögen. Anderen Kindern wünschte ich solche Verhältnisse ebenfalls nicht.

Der Storch jedenfalls war entmythisiert.

Die Frage: Glaubst du an den Klapperstorch? hätte ich nun mit dem klassischen Credo beantworten können: Ich glaube an Gott! – Es fragte aber niemand.

Religiöse Erziehung
Zwischen nackten Teufeln und einem strengen Moralisten

Wenn sich heute Datenschützer wegen unnötiger Überwachungskameras im öffentlichen Raum empören, kann man als jemand, der in den fünfziger Jahren katholisch erzogen wurde, darüber nur müde lächeln. Der Gedanke, dass Gott alles sieht, war – wie Gott selbst – allgegenwärtig. Eltern, Omas, Schwester und Pfarrer, wie aus einem Munde klang ihre bildstarke Botschaft im kindlichen Ohr: Sünden machen die Seele schwarz. In Gottes großem Buch, PC's gab es ja noch nicht, sind alle Missetaten aufgeschrieben. Ich sah eine schon nicht unbeträchtlich rußgeschwärzte Seele, die in meiner Fantasie von ovaler, aber unscharfer Gestalt war. Gottes Buch verfügt über die Ausmaße eines riesigen Geschäftsjournals, wie ich schon welche gesehen hatte, in seinen Tabellen erschien mein Name mit den zugehörigen Missetaten immer wieder. Das konnte ja was werden!

Zu diesen Sünden gehörten bereits schwerere Verfehlungen, bei denen mich wohl der Teufel geritten haben musste. Diesen hatte ich nämlich auf einem großen Stück braunem Packpapier nackt gemalt, für seine deutlich betonten Geschlechtsteile sogar einen roten Stift benutzt. Großmutter Bine schimpfte heftig und hielt mir die Folgen für mein ewiges Leben vor Augen. Das Blatt wurde zur Beweismittelsicherung, für mich unerreichbar, ganz oben auf den Küchenschrank gelegt, damit sich auch Mama ein deutliches Bild vom Teufel und der Verdorbenheit ihres Sohnes machen konnte. Mit der Folge pädagogischer Sanktionen, versteht sich. Etwas später wechselte ich das Motiv. Kindern wird schließlich zurecht Kreativität nachgesagt. Ich hatte ein wesentlich schlimmeres Thema entdeckt, das Tabu schlechthin: Hakenkreuze. Sie strahlten Perfektion aus, Richtung und Winkel stimmten haargenau. Die Aufregung, die sie auslösten, übertraf jeden nackten Teufel.

Nach all diesen Todsünden durfte ich mich als Katholik dennoch auf die Gnade Gottes im Beichtsakrament freuen.

Am Kommunionunterricht nahm ich erst mit einigen Stunden Verspätung teil, was aber dank mancher Redundanz völlig ohne Belang war. Meine Eltern hatten, allen Bemühungen der Schwestern zum Trotz, lange darauf bestanden, mich wegen meines Mangels an Reife zurückzustellen. Im Prinzip wäre mir das egal gewesen. Aber ich musste so langsam meine Sünden loswerden, zudem wäre mein Stolz verletzt worden, denn man hätte mich zu den Schülern des Jahrgangs unter mir gesteckt. Das ging nun wirklich nicht.

Die erste Beichte stand bevor, aus verständlichen Gründen ersehnt, aus Scham fast ebenso gefürchtet. Musste man doch nicht nur vor Gott, sondern auch dem Herrn Pfarrer ein Geständnis, Sündenbekenntnis genannt, ablegen.

Die Bedingungen zur ersten Beichte erschienen gleichfalls ambivalent. Einerseits bekam man ein Blatt im DIN A4-Format mit Hilfen durch vorformulierte Angaben von Sünden, um diese zu Hause – nach gründlicher Gewissenserforschung – aufzuschreiben.

Andererseits fehlte die erhoffte Chance auf Anonymität des Beichtstuhls: Hochwürden empfing uns im dezenten Weihrauchgeruch, aber im indezenten Tageslicht der Sakristei zum Gespräch unter vier Augen.

Es half nun alles nichts. Da musste man durch. So quälte ich mich durch ein peinliches Bekenntnis meiner Sünden. In meinen acht Lebensjahren war manches zusammengekommen. Aber es winkte das Geschenk göttlicher Vergebung.

Als ich geendet hatte, geschah etwas, das mich massiv kränkte. Der Pfarrer verlangte das Blatt. Er rückte seine Brille zurecht und las alles nochmals nach, um schließlich mit seinem Zeigefinger auf einen bestimmten Punkt zu deuten und festzustellen: „Du hast hier radiert! Was stand da?" – Nun war es an mir, eine Rechtfertigung zu geben, denn noch fehlte die Absolution. Wenn ich mich recht erinnere, hatte ich eine Angabe etwas modifiziert, es ging um Relativierungen, etwa: oft, sehr oft, immer wieder gelogen. Da konnte man sich schließlich an keinem Referenzwert orientieren. „Bei schweren Sünden musst du auch die Zahl überlegen. Bei lässlichen Sünden sage je nachdem: öfters, manchmal, selten!"

(„Salve Regina", Gebetbuch und Gesangbuch für das Bistum Speyer)

Die Absolution wurde schließlich erteilt. Sie wirkte als Freispruch, aber eher einer der zweiten Klasse.

Auch etwas später widerfuhr mir ähnlich Merkwürdiges.

Zunächst musste ich feststellen, dass der Herr Pfarrer immer, bevor jemand den Beichtstuhl betrat, den kleinen dunkelroten Vorhang zur Seite hob, um zu wissen, mit wem er es im Dämmerlicht des neogotischen Holzgehäuses zu tun hat.

Katholiken kennen das Schema einer klassischen Beichte. Am Ende bekennt man seine Hauptsünde und verspricht mit dem guten Vorsatz eine Änderung des Verhaltens. In meiner persönlichen Bilanz dominierte das Lügen. Als Vorsatz versprach ich, nicht mehr so oft lügen zu wollen.

„Mein Hauptfehler ist: ... >Sage hier, ob es seit der letzten Beichte besser oder schlechter geworden ist oder ob es gleich geblieben ist!< (aus „Salve Regina")

Zu meinem großen Schrecken erfasste den Diener Gottes plötzlich eine Art heiliger Zorn über den kleinen verstockten Sünder. „Du brauchst keine Angst zu haben, auch wenn du ganz schlimme Sachen beichten musst. Der Priester hilft dir gerne und freut sich, wenn du ehrlich bist." („Salve Regina")

So laut, dass es jeder wartende Beichtwillige draußen hören konnten, wies er wütend meinen eingeschränkten Besserungsvorsatz zurück. Es dürfe gar keine einzige Lüge mehr geben!

Ich fand nach dem Verlassen des Beichtstuhls bald wieder meine Fassung.

Denn mir schien schon als Kind diese Vorstellung lebensfremd.

Als Jahre später der Herr Pfarrer, Dekan und Bischöflicher Geistlicher Rat ungewollt Einblicke in seine Persönlichkeitssphäre gewährte, über seine Sünden berichteten sogar BILD und STERN, musste er das Dorf in Schande verlassen.

Im letzten wöchentlich erscheinenden Pfarrblättchen hatte er übrigens alle Vorwürfe pauschal zu entkräften versucht. Es trug in fetten Lettern die Überschrift: Leget ab die Lüge!

Er meinte damit vermutlich nicht sich, sondern vielleicht Menschen wie mich, die gelegentlich lügen...

Ein radikaler Moralist war er. Aber anderen Menschen gegenüber.

Gebete und Weihwasser spielten für mich bald eine verstärkte Rolle im Alltag, es war nicht etwa eine plötzliche Frömmigkeit, die mich erfasst hatte, sondern die Reaktion auf meinen ersten Vampirfilm. „Vampiro" hieß er.

Mit dem Vorwand, am Sonntagnachmittag meine Großmutter zu besuchen, war ich heimlich ins Kino gegangen. Nach schauerlich-schönen Szenen fühlte ich mich nachts von diesen allgegenwärtigen Blutsaugern verfolgt. Das erforderte entschlossene Gegenmaßnahmen, zum Beispiel Weihwasser, Knoblauch und Spiegel.

Aus dem Weihwasserfass in der Pfarrkirche besorgte ich in einer großen Flasche Nachschub. Der Weihwasserkessel neben dem Bett sollte immer bis zum Rand gefüllt sein.

Neuerdings hing auch ein schweres altes Kruzifix in meinem Zimmer. Betrachtete ich mich in den folgenden Wochen im Spiegel, so konnte ich eine gewisse Blässe nicht leugnen. Da die bekannten beiden kleinen runden Wunden im Halsbereich fehlten, hoffte ich inständig, der Schlafmangel sei die Ursache.

Im Gebet mit Gott quasi online zu sein, schien mir ratsam. War ich so zu einem frömmeren Menschen geworden? Hatte mich etwa Gott der Herr ins Kino geschickt, für eine Mark in einen C-Film, um mich ihm näherzubringen?

Gottes Wege sind bekanntlich unerforschlich.

Eine andere Schutztruppe rückte ebenfalls wieder stärker ins Bewusstsein: die 14 Eng'lein aus dem Nachtgebet „Abends, wenn ich schlafen geh', vierzehn Eng'lein mit mir gehen."

Diese himmlischen Bodyguards, ich stellte sie mir weiblich, jung und sympathisch vor, galt es in Alarmbereitschaft zu halten. Not lehrt beten!

Das Abenteuer Freizeit
Zwischen Kriegskulissen und Besatzungstruppen

Ärmlich haben wir uns in diesen Zeiten nie gefühlt, obwohl Bilder und Erinnerungen – nach den heutigen Maßstäben – diesen Eindruck vermitteln könnten. Von Sozialneid war, zumindest in unserem kindlichen Umfeld, nichts zu spüren. Vor allem das Freizeitangebot für Kinder förderte durch seine Schlichtheit unsere Eigeninitiative und den sozialen Zusammenhalt.

Vielleicht lag es an dem noch nicht lange beendeten Krieg mit seinen vielfältigen Gefahren und Schrecken, dass die Eltern wenig Gefahren für die Kinder sahen und befürchteten. Da genügten Mahnungen mit weit auslegbarem Inhalt, etwa zum Spielen nicht zu weit wegzugehen und aufzupassen.

Das war wohl auch ziemlich nötig. Noch ragten gesprengte Bunkeranlagen des Westwalls an vielen Stellen auf dem Feld und im Wald aus der Erde: ideale Bühnen für unsere Spiele. Man konnte sich beim Verstecken durch Zementbrocken und Eisenarmierungen zwängen, teilweise knöchelhoch vom Regen geflutete Räume durchstreichen, traf hinter Büschen auf rostige Panzertüren, fand mit Glück vielleicht sogar eine Gasmaske, oft Munitionshülsen unterschiedlicher Größe.

Manche verwendete man zu Hause als Blumenvase. Welch ein Rahmen ergab das für unsere Kampfspiele: Räuber und Gendarm oder Indianer und Cowboy. Die Illusion erwachsen zu sein, echte Männer eben, verstärkten wir nach Möglichkeit durch Zigarettenrauchen. Allerdings noch ohne Lungenzüge, auch das für Neun- oder Zehnjährige bedenklich genug.

An Zigaretten war leicht zu kommen. Im elterlichen Geschäft brauchte ich nur zuzugreifen. Auch die Väter der meisten Kameraden rauchten, registrierten jedoch nicht ihren Konsum: Zugriff möglich, aber hinterher mit Vivil-Bonbons für klaren Atem sorgen! Noch waren Tabakwaren preiswert, von gesundheitlichen Gefahren sprach niemand. Man hatte ja den Krieg überlebt, wie konnte dann Rauchen eine Bedrohung darstellen? Eine weitere Bezugsquelle sprudelte gelegentlich bei amerikanischen Militärtransporten mit Sonderzügen. Vermutlich ergaben sich in Bahnhofsnähe technisch bedingte Wartezeiten, die wir Kinder rasch erkannten und die Gelegenheit nutzten, um die allseits bekannte Kinderfreundlichkeit der Amis zu erleben.

Heftig winkend und jauchzend standen wir an der Gleisböschung und erhielten prompt unsere Gaben: Zigaretten, einzeln oder in kleinen Bündeln, Münzen, oft silberfarben, und manchmal flogen uns auch Kaugummis entgegen. Es lohnte sich immer. Mitunter fuhr der Zug auch ohne Halt vorbei. Dann musste man heftiger winken und rufen. Vor allem so lange abwarten, bis der Zug unsere Begrüßungsfront passiert hatte, denn seine Sogwirkung war nicht zu unterschätzen.

Sogleich stürzte ein Dutzend Wegelagerer auf den kleinen Abhang und griff sich, was ging. Man konnte ja später tauschen.

Es herrschte freier Handel, wir nannten das Fuggern.

Die Amerikaner hätten wir im heutigen Sprachgebrauch als cool bezeichnet. Sie traten locker auf, hatten Dollars, die hoch im Umrechnungskurs standen, und gaben auch modisch die Richtung vor. Ihre Frisuren, pomadisierte Tollen, besonders aber diese präzisen Bürstenschnitte, wollten viele von uns auch. Doch schieden sich daran die Geister, ähnlich wie später an Jeans und Parka. Man sprach vom Stiftenkopf. Das Problem war die Haarstruktur, also Dicke, Festigkeit und mögliche Wirbel. Wenn sich der Wille stärker als die natürliche Haarsubstanz erwies, gab es einen Geheimtipp, die Behandlung mit konzentriertem Zuckerwasser. So erhielten Pfälzer Buben etwas vom Aus- und Ansehen amerikanischer Ledernacken. Na, wenn das nichts war!

Die Vertreter der französischen Truppen genossen entschieden weniger Popularität, waren distanziert und galten als knausrig. Mein Klassenkamerad Egon trug um den Hals eine Schnur mit einem Ring. Man hätte das Ganze als Billigversion einer Halskette ansehen können. Es handelte sich hingegen um ein Arbeitsmittel. Eigentlich um eine Art von Schablone zur Bestimmung der Würde von Weinbergschnecken. Solche, die durch den Ring glitten, durften weiter fröhlich durch die Gegend schleimen. Die üppigeren und wahrscheinlich älteren Exemplare, sie können in freier Natur bis zu acht Jahren erreichen, wurden als würdig befunden, nach Zubereitungs- und Veredlungsprozessen, die heute zum Weltkulturerbe gehören, auf den Tellern unserer französischen Besatzungssoldaten kredenzt zu werden.

Am Ausgangspunkt dieser wichtigen Kette stand mein Freund Egon, der zehn Pfennige pro abgeliefertem Tier erhielt. Deshalb trug er den Metallring immer am Hals.

Dörfliches Leben
Ein Genrebild

Das Dorfleben trug wenig Züge, die an ein Idyll erinnerten. So wie das westpfälzische Schwarzbachtal – im Frühjahr und Herbst häufig kühl und neblig – dem Fremden eher wenig verlockend erscheint. So ging es untereinander oft etwas rau zu, das war aber im Allgemeinen nicht böse gemeint.

Im Sommer herrschte am Schwarzbach reger Badebetrieb, besonders bei der Mühle im dörflichen Zentrum. Wenige Mädchen und viele Jungs trafen sich hier zum Schwimmen, Tauchen oder Plantschen. Die steinerne Brückenmauer diente den besonders Mutigen zum Absprung für mehr oder weniger elegante Vorführungen, die primär auf das Interesse anwesender Mädchen abzielten. Da richtige Badehosen etwas kosteten, trugen die meisten Jungs kurze schwarze Turnhosen. Diese hatten leider zwei gewisse Nachteile. Beim Hechtsprung stieg mit der Kraft, Eleganz und Schneidigkeit der Vorführung quasi linear die Gefahr eines Teil- oder Totalverlustes der Hose. So entstanden regelrechte Wechselbilder: Bewunderung schlug innerhalb von Sekunden um in Schadenfreude. Gelacht wurde immer, am lautesten von den Mädchen. Doch musste niemand unbekleidet aus dem Wasser steigen. Allein oder gemeinsam wurde die Hose immer gefunden. Denn vor der Mühle, also nur wenige Meter entfernt, hielt ein vertikales Gitter mit einem sogenannten Rechen alles ab, was angeschwemmt wurde. Auch Turnhosen natürlich.

Bei der Mühle befand sich auch der Waschplatz, stufenförmige Sandsteinbänke mit Abflussrinnen dienten einem öffentlichen, aber kostenlosen Waschbetrieb. Nur das Waschmittel musste man mitbringen. Meist handelte es sich um einfache Kernseife, helle große Quader, mit denen hier eine echte Handwäsche erfolgte. Die Wäsche transportierten die Frauen meistens auf dem Kopf in geflochtenen Weidenkörben.

Diese Methode basierte wohl auf uralten Erfahrungen, nutzte sie doch die statisch günstigste Belastungsform unseres menschlichen Körperbaus. Der Gang der Frauen entbehrte dabei nicht einer gewissen Eleganz, denn die Schritte waren gemessen und die Haltung wirkte aufrecht, fast schon stolz.

Zu unseren liebsten Späßen gehörte die Fahrt als blinder Passagier mit dem Pferdefuhrwerk. Wir ließen zunächst den Leiterwagen passieren. Dabei galt es, ein unauffälliges Verhalten an den Tag zu legen, um nicht den Argwohn des Bauern zu erregen. Dann rannten wir dem Wagen nach und versuchten hinten aufzuspringen.

Wenn es gelang, duckte man sich. Denn der Bauer sah von Zeit zu Zeit nach hinten, entdeckte er die Mitfahrer, dann schlug er mit seiner Peitsche nach uns. Meist begleitet von dem Befehl, wir „Bankerte" sollten machen, dass wir herunterkommen, sonst werde er anhalten.

Da es uns ja um einen Spaß ging, war es an diesem Punkt ratsam, den Weg zu Fuß fortzusetzen.

Ein technisch moderneres Vehikel des örtlichen kleinen Fuhrunternehmens erfüllte in jenen Jahren eine wichtige und logistisch durchaus anspruchsvolle Funktion. Sie entsprach in gewisser Weise dem heutigen „Essen auf Rädern". Über drei Räder verfügte das Gefährt aus dem Hause Borgward. Es handelte sich um das Modell Goliath F 400. Dieser Wagentyp kam 1936 auf den Markt, hatte einen Hubraum von sagenhaften 396 ccm und brachte es mit seinen 12,5 PS auf stolze 50 km/h Höchstgeschwindigkeit.

Dieser Wagen versorgte viele in der benachbarten Kreisstadt beschäftigte Dorfbewohner mit einem relativ frischen Mittagessen.

Und so sah das System aus: Nachdem schon früh am Vormittag daheim das Mittagessen gekocht und in den sogenannten „Henkelmann", das war ein Behälter aus Blech, abgefüllt, anschließend mit Handtüchern gründlich umhüllt, in einen Korb gepackt und mit einem Wachstuch regendicht abgedeckt worden war, übernahm der Spediteur an bestimmten Haltepunkten im Dorf die Körbe und brachte sie an vereinbarte Adressen in der Kreisstadt, wo sie bei Großbetrieben oder an anderen Lieferorten abgegeben wurden.

Der Name und die Arbeitsstätte des Empfängers stand auf einem kleinen Schildchen am Korb. Große Firmen stellten sogar Heißwasserbäder zum Warmhalten der Mahlzeiten zur Verfügung.

Mit einem solchen Korb, der für meinen älteren Bruder bestimmt war, stand ich wieder einmal zusammen mit anderen am Übergabepunkt. Diesmal begleitete mich Lux, unser Hund, ein Wolfshund-Rüde ohne Stammbaum, aber mit charmanter Eigensinnigkeit. Er büxte gelegentlich aus, kam aber immer nach ein bis zwei Tagen zurück, wenn auch manchmal verletzt. Er fraß, was bei uns von den Mahlzeiten übrig war, und bekam sämtliche Knochen, die in den Küchen der Nachbarn übrig geblieben waren, vor seine Hütte geworfen.

In der kalten Jahreszeit schlief(!) er im Haus. Vielleicht war diese Lebensweise seiner Lebenserwartung wenig zuträglich; kurzum, er zeigte früh altersbedingte Ausfallerscheinungen. Während ich nun an einem Sommertag mit leuchtend-buntem Buschhemd – das war Mode, war Kult – auf den kleinen Goliath wartete, spürte ich am linken Unterschenkel warme Nässe. Lux hatte sein Bein gehoben und war dabei sich zu erleichtern, ich fuhr ihn barsch an, er brach sofort den Vorgang ab und zeigte, während er sich etwas duckte, seinen reuigsten Blick. Zum Glück hatte er nicht neben dem Körbchen gestanden.

Bei der Übermittlung wichtiger aktueller Nachrichten ging es noch sehr menschlich und persönlich zu. Musste etwa kurzfristig das Wasser oder der Strom abgeschaltet werden, dann trat der sogenannte Gemeindediener auf den Plan. Er schwang kräftig eine Handglocke von beachtlicher Größe und weit hörbarem Klang. Es folgte eine kurze Pause, in der sich die Fenster öffneten und manche Hausbewohner auch auf die Straße traten. Dann verkündete der große, etwas vierschrötig wirkende Gemeindediener seine Botschaft, die er bei längeren Nachrichten von einem Blatt ablas. Wir Kinder folgten manchmal seinem Verkündigungsdienst in gebührendem Abstand, denn er war eine besondere Art von Respektsperson, jemand, den Erwachsene als Kinderschreck einsetzten. Hatte man etwas Unerlaubtes getan, so konnte es heißen, dass er, der vierschrötige Riese, es gesagt bekomme und einen dann mitnehme. Viele Jahre später lernte ich ihn persönlich etwas näher kennen, nämlich als einen sehr netten und friedfertigen Menschen. Die Angstschauer von einst waren also gänzlich unbegründet.

Einfachheit kennzeichnete auch das Nahrungsangebot, dessen wichtigstes Element die Kartoffel, die Grummbeere, bildete. Die Böden der Gemarkung brachten im Herbst eine reiche Ernte. Die Herbstferien nannte man allenthalben Kartoffelferien, weil auch schulpflichtige Kinder und Jugendliche bei der Ernte eingeplant waren und tüchtig mithalfen. Das galt auch für ältere Frauen. Im Vorschulalter durfte ich meine beiden Großmütter aufs Feld begleiten. Man holperte auf dem Traktor oder dem Fuhrwerk zu den Kartoffeläckern. Mit dabei waren Hacken und Proviant. Während die alten Frauen, mit Kopftüchern vor der Herbstsonne und dem Staub des Ackers geschützt, die Knollen aus der Erde hervorholten und in Körbe füllten, saß ich unter einem schattenspendenden Streuobstbaum und schaute zu. Trotzdem durfte ich beim stärkenden Imbiss mithalten. Die übliche Verköstigung bestand aus Broten, die großzügig mit guter Butter, – eine Bezeichnung noch aus dem „Vorkrieg" – bei Margarine ließ man dieses schmückende Beiwort weg – und Marmelade bestrichen waren. Als Getränk gab es Malzkaffee, auch Spitzbohnenmokka genannt, meist Marke Kathreiner, denn Bohnenkaffee war sehr teuer. Den absoluten Höhepunkt bildete für alle das Kartoffelfeuer, das manchmal den Erntetag abschloss. Frisch geerntete Knollen lagen dann in der Glut, bis sie gar waren. Man stocherte sie heraus, durchbrach sie zuweilen, sah den herrlichen Kontrast zwischen der äußerlichen Rußesschwärze und dem zartgelben mehligen Inneren, aus dem leichter Dampf aufstieg, roch das natürliche würzige Aroma, das besonders von der schwarzen Schale ausging und musste einfach hineinbeißen.

Da man gerne und viel Kartoffeln aß, reichte oft die Anbaufläche im häuslichen Garten nicht für den Bedarf. Man hatte also seine örtlichen Lieferanten, Bauern, die den Vorrat für den Rest des Jahres in großen braunen Säcken anlieferten. Im Unterschied zu heute haftete damals noch eine große Menge fetter lehmiger Scholle an den Früchten. Nach längerer Lagerzeit entwickelten sich im Keller aus anfänglichen Augen lange Triebe, Zeichen einer unbezwingbaren Vitalität, die man sich beim Essen einverleiben konnte. Bei kaum einem Mittagessen durfte sie, die Verwandlungskünstlerin, fehlen. Mal trat sie ganz natürlich als Pellkartoffel auf, mal als Salzkartoffel, mal ließ sie sich zum Püree erweichen, wusste verschiedene Rollen als Kloß zu spielen oder erschien knackig gebräunt und krustig als Kartoffelpfannkuchen. Abends gab sie gern noch einen Wiederauftritt in der Nebenrolle der Bratkartoffel.

Doch von Kartoffeln allein brauchte man in jenen Zeiten nicht zu leben.

Der Garten hinter dem Haus lieferte einen Grundbedarf für die Küche.

Obstbäume, Kräuter, Johannisbeeren, Erdbeeren, Zwiebeln, Rettiche und Radieschen, Salat und verschiedene Kohlsorten sorgten für gesunde Abwechslung in der Ernährung der Familie. Unter dem knorrigen alten Apfelbaum hatte übrigens Lux, in eine Plane gehüllt, seine letzte Ruhestätte gefunden. Niemals hätten wir, wie damals vorgeschrieben, ihn dem Abdecker überlassen. Er war ein Teil der Familie gewesen; und so sollte es bleiben.

Eier, den preiswerten Ersatz für Fleisch, lieferten die eigenen Hühner oder die der Nachbarn, denen man allerhand Küchenabfälle als Tiernahrung vorbeibrachte. Brauchbares durfte man nicht wegwerfen.

Für sonstige Nahrungsmittel gab es Geschäfte: Bäckereien, Metzgereien und die sogenannten „Kolonialwarenhandlungen", wie sie noch von altersher, den Zeiten der deutschen Kolonien, hießen.

Die örtlichen Bäckereien versorgten die Bevölkerung vorsichtshalber weitgehend auf der Basis von Vorbestellungen. Es sollte wenig Brot oder Kuchen trocken und unverkäuflich werden. In den Regalen fand sich daher ein überschaubares Angebot, das gegen Abend die Wahl zusätzlich vereinfachte. Keine Fantasienamen, sondern schlichte und ehrliche Eindeutigkeit: Weißbrot, Mischbrot, Kornbrot. Bei den Brötchen, die eher am Wochenende auf den Tisch kamen, war die Palette etwas breiter: Wasserweck, Milchweck, Kümmel- und Mohnweck. Eine kleine Auswahl an Kuchen und Kaffeestückchen rundete das Angebot ab. Kuchen zum Wochenende bestellte man vor. Hier dominierten Kranz-, Streusel- und Nusskuchen. Da es noch nicht überall Registrierkassen gab, schrieb man die Teilbeträge mit Bleistift auf das Einpackpapier und rechnete dann alles zusammen.

Die Metzgereien boten erfreulich viele Wurstsorten. Da die feineren Arten, die meist als Aufschnittmischung verkauft wurden, einen höheren Preis hatten, griff man eher zu Lyoner, Fleischkäse und natürlich Leber- und Blutwurst. Blunze, eine Art Blutwurst mit wenig Fett, aber kleingeschnippelten Innereien war besonders preiswert. Die Metzgersfrau oder eine Verkäuferin übernahmen vorzugsweise den Wurstverkauf, während der Metzger selbst gekonnt und kraftvoll auf der Hackbank mit dem scharfen blinkenden Hackmesser die dicksten Knochen durchtrennte, dass die winzigen Partikel nur so durch die Luft stoben. Obwohl es häufig Hausschlachtungen gab, herrschte am Samstagmorgen in den Metzgereien ein mächtiger Andrang. Manche Kunden hatten schon vorbestellt. Andere lasen ihren Einkaufzettel vor, mit teilweise sehr kleinen Quanten, aber zahlreichen Positionen. Den Zusatz „nicht so fett" hörte man öfter an der Fleischtheke.

Auch der Leiter der örtlichen Polizeistation fand sich in Zivilkleidung unter der Kundschaft. An seinen Einkauf erinnere ich mich noch recht gut, denn dieser demonstrierte mir anschaulich die kleinen Privilegien seines Standes. Der Unterschied zum ortstypischen Käufer zeigte sich schon in der eleganten Frageform des Gendarmerie-Chefs: „Meine Frau lässt fragen, ob Sie noch einen Markknochen hätten." Solch eine bescheidene Bitte verschaffte ihm auf der Stelle ein ganzes Paket mit Knochen und kleinen Zugaben, Grundlage für eine kräftige Suppe zur Stärkung der Ordnungsmacht. Die Metzgersfrau wollte sich aber nicht nur mit den Vertretern der weltlichen Instanzen gut stellen.

Auf die Beschwerde einer Kundin, man bekomme nie Lendchen bei ihm, antwortete der Metzger barsch und verständnislos, dass der Herr Pfarrer (der etwas andere, derbere Ausdruck wird hier ersetzt) alle Lendchen von seiner Frau kostenlos ins Pfarrhaus gebracht bekomme. Solche individuellen Zuwendungen und die minder aufwendige Abfertigung normaler Kundschaft verursachten lange Wartezeiten und entsprechende -schlangen bis vor die Eingangstür. So wunderte einen nicht, dass die Metzger im Dorf zu den reichen Leuten gezählt wurden. Größe und Marke der Personenwagen bestätigten diesen Eindruck; sie fuhren einen Opel Kapitän oder einen Benz, wie man damals noch den Mercedes nannte.

Immerhin bekamen Kinder – nach der obligatorischen, aber eigentlich eher rhetorischen Frage, ob man ein Stück Wurst wolle – ein Stückchen Lyoner; eine kleine Belohnung für die Wartezeit, die man noch als Jugendlicher, wenn auch ein wenig verschämt, gerne annahm.

Milch kaufte man abends frisch und gänzlich unbehandelt entweder direkt beim Bauern oder im Milchhaus, der örtlichen Annahmestelle. Milch von Erzeugern, die besonders saubere Ware lieferten, kam damit direkt mittels eines geeichten Schöpflotes aus der großen Milchkanne in die ein bis zwei Liter fassende eigene metallene Milchkanne mit einem Henkel aus hellem Holz. Wer keinen Kühlschrank hatte, und das war die Mehrheit, durfte sich in den Sommermonaten an Sauermilch erfreuen, die sich ganz von selbst aus den Milchresten entwickelte.

Eine interessante kleine Welt eröffnete sich beim Betreten der Lebensmittelläden. Ende der fünfziger Jahre hielten in den Filialen größerer Ketten ein breiteres Warenangebot und eine schickere Präsentation, etwa durch Glasvitrinen und Spiegel, Einzug. Man gab sich als Feinkost- und Delikatessengeschäft zu erkennen. Vielfalt definierte sich schon durch ein halbes Dutzend Sorten Schokolade, Katzenzungen, Weinbrandbohnen und Pralinen – Praliné mit Betonung auf der ersten Silbe –, drei verschiedene echte Bohnenkaffees in 125 Gramm leichten Packungen. Denn deren Preis lag sehr hoch. Für ein Kilo Kaffee musste ein Facharbeiter etwa einen halben Tag arbeiten. Das war also reiner Luxus. Bei Besuchen schenkte man solchen teuren

Bohnenkaffee ein, auch als Gastgeschenk erfreute er sich großer Beliebtheit. Man brachte gewissermaßen den Kaffee mit, den man dann zusammen trank. Es gab Außergewöhnliches, wie Cocktail-Oliven in Glasviolen oder Sardellenpaste in Tuben. Der Kauf von Südfrüchten nahm seither seinen Weg vom Exotischen zum fast schon Alltäglichen. Herr Neitzel, der Leiter der Edelstolz-Filiale, zauberte mit dem Pinsel auf dem Schaufenster und den Spiegelflächen im Innenraum einen Hauch von verlockender Ferne: Palmen mit Kokosnüssen, vor denen Ananas lagen. Beide Artikel gab es ab und zu. Man musste also das Dorf nicht verlassen, um den betörenden Geschmack von Freiheit und Ferne zu erleben. Das Tagesgeschäft folgte eher nüchternen Gesetzen: Beim Verkauf leicht verderblicher Lebensmittel setzte man mit Recht auf Frische statt auf Vielfalt. Beliebt waren Fische. Auf dem Schaufenster stand dann oft in schwungvoller weiß-kalkiger Schrift: Heute frischer Fisch! Oder man nannte Sorte und Preis.

Da frische Ware in großen Behältern, Kisten und Gebinden angeliefert worden war, verpackte man einzelne Portionen in Papier oder dem wasserfesten sogenanntem Pergamentpapier. Bei öliger oder nasser Ware, etwa dem Quark, kam zusätzlich Zeitungspapier als Umverpackung zum Einsatz. Damit ergaben sich nur geringe Abfallmengen. Ansprechend wirkten die spitzen Tüten. In ihre kleinsten Ausgaben füllten die Verkäuferin oder der Kaufmann, die gestärkte weiße Mäntel trugen, aus großen runden Glasbehältern mittels einer kleinen Schaufel süß-saure Drops. Immer stand die Waage, eine Schnell- oder Neigungswaage mit langem Zeiger und vielen Skalen, in Reichweite. Die Kunden achteten darauf, dass korrekt abgelesen und abgerechnet wurde.

Und nicht zu vergessen: Es gab Rabattmarken. Sie sahen aus wie Miniaturbriefmarken und wurden fleißig gesammelt, um auf voll beklebtem Markenblock zum Zahlungsmittel zu werden. Großmutter Bine sammelte mit besonders großem Fleiß. Wir spotteten gerne darüber, dass sie ihre Rabattmarkenkarte immer in der Handtasche mit sich führte.

Besuche beim Schuhmacher gehörten zu meinen regelmäßigen Obliegenheiten.

Wir kauften in der Stadt gute Schuhe. Die Besuche im dortigen Schuhgeschäft gehörten zu den herausragenden Erlebnissen, nicht nur wegen der Lurchi-Hefte, denn man konnte dabei ein faszinierendes technisches Schauspiel erleben, bei dessen Erinnerung es mir heute allerdings leicht graust. Es war der unmittelbare Blick in einen Teil des eigenen Körpers. Um die Passgenauigkeit des Schuhes zu kontrollieren, verwendete man einen Apparat, der einem kastenartigen Lesepult glich, dessen obere horizontale Fläche ein gläsernes Fenster enthielt.

Stellte man sich auf die Trittfläche des Pultes und drückte auf einen Knopf, dann sah man in grünlicher Beleuchtung das schwarz-weiße Röntgenbild seiner Füße.

Wie oft habe ich meine Füße geröntgt? Ich kannte jeden Knochen, wenn auch nicht mit dem Namen. Wusste man damals noch nicht um die Nebenwirkungen der Strahlen? Die Schuhe passten. Sie hätten sicher auch ohne diesen Kasten passen können.

Das teure Schuhwerk musste nun auch möglichst lange getragen werden, wobei die Absätze nicht jene Krümmung der Erdachse andeuten sollten.

Für uns als vierköpfige Familie gab es alle zwei bis drei Wochen etwas an den Schuhen zu reparieren. Der

Schuhmacher wohnte nur wenige Minuten entfernt auf einem kleinen Hügel. Ein schmuckes Einfamilienhaus, von dessen Flur aus man in seine Werkstatt gelangte, die mir schon damals wie eine ganz andere, längst vergangene Welt erschienen war. Gleich rechts neben der Tür bestimmte eine mächtige Schuhpresse den ersten Eindruck. Berge von Lederresten, vermutlich aus einer nahgelegenen Fabrik, die zum Flicken verwendet werden konnten, erweckten einen chaotischen Eindruck, den die unterschiedlichsten schon oder noch nicht reparierten Schuhe verstärkten. Inmitten dieses Reiches saß, umgeben von dem angenehm-würzigen Duft des Leders und dem süßen Geruch von Leim, unser Schuhmachermeister, kahlköpfig, mit einem grau-braunen Mantel bekleidet, der deutliche Spuren von Klebstoffen zeigte, auf seinem Holzschemel. Er grüßte freundlich zurück, nahm den Auftrag entgegen, stellte die mitgebrachten Schuhe, nachdem er mit einem dicken Tintenbleistift den Namen auf der Sohle notiert hatte, an eine Stelle, die sich einem wohl nur ihm selbst vertrauten Ordnungssystem einfügte. Er bot mir auf dem kleinen Schemel neben ihm einen Platz an, damit der für mich wichtige Teil meines Besuches beginnen konnte. Das Geschäftliche war Nebensache. Hier ging es um Größeres. Darf man bei den Beteiligten, ihrem sozialen und bildungsmäßigen Stand einen etwas kühnen Begriff wagen, so ging es um nichts Geringeres als Philosophie. Unsere Unterhaltung dauerte selten weniger als eine Stunde. Die Gespräche kreisten buchstäblich um Gott und die Welt. Unser Dorf beherbergte einen geistigen Nachfahren des Sokrates, mit dessen Kunst der Mäeutik dem kleinen Gesprächspartner Erkenntnisse und Einsichten entlockt wurden. In meinem späteren

Leben sollte ich oft Wissenschaftlern begegnen, die ihm gegenüber wie Zwerge erschienen wären.

Er leistete im Dorf als Dirigent eines Chores seinen öffentlichen Beitrag zum kulturellen Leben und blieb wahrlich nicht bei seinen Leisten.

Die Hausschlachtung
Kindgerechter Anschauungsunterricht?

In der Erinnerung spüre ich noch einen jener frischen und sonnigen Herbstmorgen, vermutlich während der Kartoffelferien. Am Küchentisch höre ich beim Frühstück das entsetzte Quieken eines Schweines. Da gab es kein Halten. Schnell hinaus!

Der Metzger war mit seinem Benz nebst Anhänger vorgefahren. Jener kleine quirlige Mann saß bereits mit seinem tödlichen Instrument auf dem Rand des Viehanhängers, setzte, noch rechtzeitig für uns Zuschauer, das Bolzenschussgerät auf die Stirn des Tieres und betätigte den Mechanismus. Die genaue Beschreibung der Wirkung erspare ich dem erwachsenen Leser, denn ich weiß aus eigener Erfahrung, dass meine Freunde und ich diesen Vorgang höchst interessant, aber nicht verstörend empfanden. Heute sieht das ganz anders aus.

Zusammen mit zwei kräftigen Helfern schaffte der Metzger das Schwein in einen badewannenartigen Metallzuber. Waschen und Rasieren, das kam uns Kindern bekannt vor. In der Zwischenzeit hatten sich alle Jungs aus der Nachbarschaft versammelt, um das Spektakel vor der Garage, die quasi als Schlachtplatz oder ersatzweises Schlachthaus diente, in angemessenem Abstand zu verfolgen. Nicht die Neugier hielt uns zurück, sondern die Warnungen dieser mit großen scharfen Messern bewaffneten blutbeschmierten Männer. Man wollte nicht in ihre tödliche Nähe kommen. Schaurig und faszinierend: das Öffnen des Schweineleibes, der uns unwillkürlich an bekannte religiöse Motive erinnerte, da das Schwein an einer Art Joch hing, das wie der Querbalken eines Kreuzes wirkte. Distanz war auch beim Ausweiden und der Entnahme der Gedärme ratsam. Diese mussten entleert werden, durch Ausdrücken, das man von Zahnpastatuben kannte. Nur roch hier der dampfende Inhalt entschieden weniger frisch. Er wurde von den Helfern gerne uns Zuschauern vor die Füße geworfen. Die genaue Reihenfolge und gewisse grausige Einzelheiten kann ich hier nicht wiedergeben. Wer es genauer erfahren will, sollte einen Metzger kontaktieren oder bei gesteigertem Interesse umschulen. Bevor das Schweineblut verarbeitet wurde, stand ein unabdingbares Ritual bevor. Da hieß es: Kommt mal her! Der Metzger tauchte seinen Zeigefinger ins Blut und malte uns mit Schwung, aber ohne künstlerische Ambitionen einen roten Oberlippenbart unter die Nase. Der Ekel, das Blut könne in den Mund geraten, machte die Angelegenheit zu einer Mutprobe. Mit dem auf solche Art rasch erworbenen Zeichen von Männlichkeit und Mannhaftigkeit schauten wir uns gegenseitig an, Spiegel hatten wir ja nicht dabei, und lachten beim Anblick, den der dünne rot eingefärbte Haarflaum zwischen Nase und Mund bot. Weggewischt wurde nichts, denn durch Nachdunkeln gewann die Manneszierde an Realismus.

Die Herstellung der Blutwurst gehörte denn auch zu den eindrucksvollsten Handlungen, da frisches Blut in

Schüsseln gerührt werden musste. Das war nun wieder Frauenarbeit.

Mit fest gebundenen Kopftüchern sahen wir unsere Nachbarinnen emsig Blut rühren. Man erinnerte sich an Sagen und Geschichten vom Blocksberg und dem Hexensabbat. Wer hätte das der Base, so nannte man ältere Nachbarinnen, zugetraut? Von dem Schwein wanderte immer mehr in den Verarbeitungsprozess. Wichtige Aktivitäten fanden nun auch im Haus statt, entzogen sich somit unserer Beobachtung, nicht aber unserem Geruchssinn, denn bald duftete es nach ausgelassenem Fett: Griebenschmalz!

Kurz und gut: Am Ende des langen Tages gab es Wellfleisch (Quellfleisch genannt), Leber- und Blutwürste sowie Wurstsuppe, die sogenannte „Metzelsupp". Das war eigentlich das Wasser, in dem die vorgenannten Produkte gekocht wurden. Darin platzten einige Würste. Wenn sie es nicht taten, konnte man etwas nachhelfen, um daraus eine deftige Suppe entstehen zu lassen. Wir holten zu Hause die Milchkanne oder einen Topf, um von dieser schmackhaftwürzigen Suppe ein paar Schöpfkellen mitzunehmen. Etwas von der Hausmacher, wie man pfälzische Blut-und Leberwurst nannte, gab es ebenfalls dazu, vielleicht sogar ein Stück Wellfleisch – mit Grüßen an die Eltern. Damit konnte man sich daheim zur Feier des Schlachtfestes sehen lassen. Es gab auch keine pädagogische Zurechtweisung wegen der Teilnahme an einer nicht kinder- und jugendfreien Veranstaltung. Wer den Krieg erlebt hatte, urteilte über manches wohl anders.

Wir wussten jedenfalls, dass Würste nicht an Bäumen wachsen oder Fleisch in der Fabrik hergestellt wurde. Vegetarier waren uns begrifflich und persönlich unbekannt.

Der Garten
Ohne Düngung kein Erfolg

Zu jedem Haus gehörte ein Garten. Die klassische Form verlangte einen schmucken Vorgarten und einen eher durch seine Funktionalität bestimmten Nutzgarten hinter dem Haus. Dort fand sich, was man zur Selbstversorgung anbauen konnte: Obstbäume und Sträucher, Gemüse, Salat, Kräuter und natürlich Kartoffeln, von denen man nicht genug haben konnte.

Dieser Bereich bot Kindern einen Nähr- und Unterhaltungswert. Fast das ganze Jahr über gab es etwas zu verkosten: von den Erdbeeren im Mai bis zu den Rosenköhlchen im November und Dezember. Wenn bei den übrigen Pflanzen alles abgestorben schien, trugen diese wenig ästhetisch auftretenden Pflanzen an ihrem krummen Strunk, dem Frost zum Trotz, ihre Röschen. Entfernte man die Außenblätter, dann ließen sie sich roh verzehren und entwickelten beim Kauen durch die Erwärmung ein köstlich süß-würziges Aroma.

Derartige Fruchtbarkeit und intensive Nutzung erforderten entsprechende Düngung.

Sie erfolgte traditionell im elementarsten Sinn. Die Erde erhielt zurück, was sie gespendet hatte, wenn auch in veränderter Form. Solche Betrachtungen wecken vielleicht auch im einfachen Menschen philosophische Gedankengänge: die Größe Gottes, der aus dem, gelinde gesagt, „Staub" der Erde wunderbare Frucht entstehen lässt, oder die Reflexion über Gutes und Schlechtes, Ganzes und Nichtganzes, Werden und Vergehen.

Gewiss nicht ohne Grund hat Auguste Rodin seinem „Denker" jene Sitzhaltung gegeben, die an geistige und körperliche Hervorbringung denken lässt, an das Zusammenfallen der Gegensätze.

Wenn mich die Erinnerung nicht trügt, so gab es einen Tag im Jahr, an dem es gänzlich unphilosophisch zuging, weil die Materie in ihrer unschönsten Form an das Tageslicht und die Tagesluft gebracht werden musste. Die Jauchegrube wurde entleert, ihr Inhalt sollte dem Wachstum des Nutzgartens neue Kraft verleihen. Es war der Tag des Abstandnehmens, denn es stank weithin. Auch meiner Mutter stank es gewaltig. Wenn ich keinen Stunk wollte, musste ich von ihr Abstand halten. Selbst wenn es mir schwerfiel, durfte ich an diesem Tag nichts tun, was sie zusätzlich reizen könnte. Das brachte sonst das Jauchefass, um im Bild zu bleiben, zum Überlaufen.

Mit alten Kitteln und Kopftüchern eher spärlich gegen die Miasmen aus der Tiefe gewappnet, schöpften Mutter und Großmutter mit einem Eimer, der an einer Stange befestigt war, einer Art Schöpflot, die klumpige Brühe aus der Grube in einen weiteren Eimer, dessen Inhalt kurzfristig Luftverschmutzung, aber mittelfristig Fruchtbarkeit spendete.

Der Bau einer Abwasserbeseitigungsanlage wurde vom Gemeinderat 1957 einstimmig beschlossen. Meines Wissens saßen damals nur Männer in diesem Gremium. Wollten sie primär ihren Frauen diese Arbeit ersparen oder sich die vielfältigen unangenehmen Nebenwirkungen dieses Systems?

Urgroßvater Wilhelm
Der Vatter

Schon sein Name verbürgte monarchistisch-nationale Gesinnung und Stolz. Sozusagen am Vorabend des Kaisertums von Wilhelm I. wurde mein Urgroßvater mütterlicherseits geboren. Er hatte fünf Töchter und arbeitete als Fuhrmann. In den fünfziger Jahren übernahm meine Großmutter seine Betreuung, der Begriff Pflege hätte den Aufwand übertrieben, den er verursachte. Er war ein stiller und bescheidener Mensch.

Trotz des hohen Alters von über achtzig Jahren las er täglich ohne Brille die gesamte Tageszeitung. Auch dies ist wohl ein Beleg für Stille und Bescheidenheit.

In jüngeren Jahren, so erzählte man mir, habe er bei Familienfeiern Heinrich Heines Lied von der Loreley nach der Melodie von Silcher vorgetragen. Überhaupt habe er gerne gesungen. Er musste dies wohl im Alter aufgeben. Vielleicht waren seine Stimmbänder zu schlaff geworden.

Bei gutem Wetter setzte er seine Schiffermütze auf, jene Kopfbedeckung, die durch den späteren Bundeskanzler Helmut Schmidt populär werden sollte, und ging bedächtig draußen die Straße auf und ab. Dabei kaute er Tabak. Genauer gesagt: Er legte einen dünnen runden Streifen, der aussah wie ein Stück Lakritze, in die Backentasche. Dass dies eine ätzende Angelegenheit war, die vermutlich auf Dauer die Geschmacksnerven tötete, musste ich bald bei einem unvermeidbaren Selbstversuch feststellen. „Fischerstift" stand auf der kleinen blauen Packung von der Größe einer Streichholzschachtel. Beim Öffnen des Deckels sah man die in feinem Zellophanpapier eingehüllten zarten und leicht feuchten Tabakstreifen.

Das Geschmackserlebnis war wuchtig, umwerfend! Ich musste sofort ausspucken und trank mindestens einen halben Liter Milch, um die beizende Strenge zu lindern.

Was mochte der Urgroßvater, „Vatter" nannten wir ihn, daran finden?

Der spezielle Genuss von Kautabak ist mit Ausspeien verbunden. Auch deshalb zog es den Urgroßvater nach draußen. Zuvor prüfte er die Wetterlage, schaute durch das Fenster der Dachgaube, um die Bewegungen der Weidenbüsche im Wiesental zwischen unserer Straße und dem Dorf zu kontrollieren. Wenn der Sturm darin zauste, blieb er im Haus. Auch mich warnte er: Zieh´ dein Wämschen an, die Büsche schwanken!

Bei Tisch amüsierte ich mich darüber, wie der Vatter mit seinem Schnauzbart die Löffel auskehrte. Als ihm einmal versehentlich ein großer Vorlegelöffel in die Hand geriet, beschwerte er sich bei meiner Großmutter über die unhandliche Größe.

Seine Mittagsmahlzeit unterschied sich bei der Fleischbeilage von der unseren.

Er und seine alten Zähne liebten zart gekochten Schweinebauch, den man buchstäblich mit der Zunge zerdrücken konnte. Hinterher trank er zur Verdauung einen Kartoffelschnaps. Den kaufte Großmutter für ihn bei einem Bauern. Der Eigengeschmack dieser Spezialität erforderte die großzügige Beigabe von Kümmel.

Als eines Tages unser guter alter Hausarzt einfach so mal wieder vorbeischaute, um zu erfahren, ob es seinem alten Patienten gutgeht, klagte Großmutter gleich an der Haustür über den doch gewiss sehr schädlichen Alkoholkonsum ihres Vaters. Die Szene ist mir erstaunlich gut in Erinnerung geblieben, denn ich wusste, dass damals die Altersrenten nicht üppig waren, sie also gerne die Schnapsration aus dem Budget gestrichen hätte. Der Doktor ließ sich aber nicht zu einem solchen Verbot instrumentalisieren, er verordnete geradezu dem Vatter seinen Schnaps. Den solle sie ihm ruhig weiter geben, den brauche er.

Trotz oder wegen unseres Altersunterschiedes von über achtzig Jahren verstanden wir uns prächtig, halfen und mochten uns auf eine schlichte, herzliche Art.

Vatter und ich

Vielleicht lag es auch ein wenig daran, dass wir beide betreut wurden, ohne das zu wünschen.

Als ich am 24.Dezember 1956 morgens erwachte, erfuhr ich, dass er in der Nacht friedlich an Altersschwäche verstorben war. Seine Töchter hatten ihn in der kurzen Phase seines letzten Weges begleitet, hatten sich in der Nachtwache abgelöst.

Ich wollte wissen, ob deswegen das Weihnachtsfest ausfällt. Das tat es nicht.

Wilhelm Odenwald durfte vielleicht schon am gleichen Tag vor seinen Schöpfer treten und mit jugendlicher Stimme ein Weihnachtslied vortragen. Stand der Begrüßungsschnaps auch schon bereit?

Ein Erlebnis mit Folgen
Zwischen Digestif und Metaphysik

Wir bleiben beim Thema und bei Weihnachten. 1958 feierten wir meine Erstkommunion. Der große Tag begann für mich morgens nach dem Aufwachen mit der bangen Frage, ob mein Anzug fertig sei.

Am Abend zuvor hatte der Schneider eine noch rechtzeitige Lieferung versprochen. Der Stoff war schon drei Monate zuvor ausgesucht und der Auftrag erteilt worden.

Handwerkliches Geschick vereinigte der Meister bekanntermaßen mit einer riskanten Zeitplanung. Das erforderte Kontrollbesuche bei ihm, die aber nicht als solche erkennbar sein sollten. Sein Haus stand auf einem kleinen Berg neben der evangelischen Pfarrkirche. Da er gerne auf einem niedrigen Arbeitstisch am Fenster saß, sah er, wie seine Besucher den Bergweg hochstiegen. Wen wunderte es, dass er dann zufällig immer gerade mit deren Auftrag beschäftigt war. Unsere mehrfachen Besuche hatten also die Nachtschicht vor dem Weißen Sonntag nicht verhindern können. Der Anzug allerdings war von einzigartiger Qualität: feinster Stoff und perfekter Schnitt. Mein berechtigter Stolz, Eitelkeit wäre der treffendere Ausdruck, sollte aber nicht lange währen. Bei meinem Längenwachstum hätte man mit der Methode des Auslassens im Saumbereich eine mittlere Tragezeit von gut zwei Jahren kalkulieren dürfen. Es blieb bei einer sehr viel kürzeren Dauer. Und das hing mit Weihnachten zusammen.

In jenem Jahr schienen sich Freunde und Bekannte meines Vaters abgesprochen zu haben, ihm Hochprozentiges zu schenken. Vielleicht resultierte das proppenvolle Barfach im Wohnzimmerschrank auch aus entsprechender Werbung oder der Verlockung durch Sonderangebote im Lebensmitteleinzelhandel.

Während die Eltern an einem der Weihnachtsfeiertage in der Küche das Geschirr spülten, erkundete ich die Geschenke, auch jene im Barfach. Zunächst blieb das eine nüchterne und trockene Angelegenheit: die optische Erkundung, das Lesen der Etiketten und das Wirkenlassen der speziellen Werbegrafik. Das weckte Neugier. Die nächste Stufe bestand in einer ersten sensorischen Prüfung durch Riechen. Schnäpse fielen durch, Liköre bestanden. Wer sich diese Mühe gemacht hat, will es dann auch genauer wissen. Das ging nur durch Verkostung in kleinen Schlucken. Eigentlich waren sie alle gut. Aber wer war der Beste? War es Stonsdorfer, Kirsch mit Rum, Eierlikör, Eckes Edelkirsch oder der blaue Curacao? Mein persönliches Ranking erforderte eine gründliche Feinabstimmung, bei der Eierlikör und Eckes Edelkirsch einen Doppelsieg davontrugen. Ich hätte sonst endlos weiterprüfen können.

Daran hinderte mich auch der Auftritt meiner Mutter – die Schranktür des Barfachs konnte ich gerade noch rechtzeitig schließen –, die mich an die obligatorische Nachmittagsandacht erinnerte. Die Glocken läuteten schon. Mit dem Gesangbuch in der Hand begab ich mich zur Kirche. Ein mühseliger und beschwerlicher Weg. Zwar war die Kirche nicht fern, aber die zahlreichen Treppenstufen, mindestens dreißig, konnte ich nur dank gnädiger Unterstützung des Geländers, das ich bisher nie benutzt oder gebraucht hatte, überwinden. Mein Zustand verbesserte sich auch während der Andacht nicht. Im Gegenteil. Es mangelte mir an innerer Andacht und äußerer Haltung, trotz des schicken Anzugs. Meine kläglich gedrückte und zusammengesunkene Gestalt mögen die alten Frauen, die die anwesende Gemeinschaft bestimmten, als überzeugenden Ausdruck eines reuigen Sünders vor dem Herrn gedeutet haben. Damit lagen sie nicht einmal ganz falsch. Der verbliebene Rest meines Bewusstseins bedauerte die Tat, bat um das Gelingen der Heimkehr und die Robustheit des Magens. Nur der erste Wunsch meines Stoßgebetes sollte erfüllt werden. Nähere Angaben zu den Umständen meiner Rückkehr muss ich hier schuldig bleiben. Obwohl sich diese Liköre als Digestif rühmten, gelang es mir nur bis zur häuslichen Türschwelle meine Zurückhaltung zu wahren. Für mich waren sie nichts anderes als Vomitive, Brechmittel. Gleich im Flur geschah, was hier nicht beschrieben zu werden braucht. Genug, den Anzug konnten auch die Künste der chemischen Reinigung nicht mehr in seinen ursprünglichen Zustand versetzen. In das Entsetzen meiner Mutter über meinen bedauernswerten Zustand mischte sich schnell ein Verdacht und schließlich die Gewissheit über meine Tat: Der Alkoholgeruch verriet es.

Strafen mussten diesmal nicht folgen. Ich war bestraft genug: Der edle Anzug war ruiniert. Wenn ich ihn an den Sonntagen beim Kirchgang anhatte, dann glich mein Auftreten dem öffentlichen Sündenbekenntnis, wie es die mittelalterliche Kirche verlangt hatte. Ich trug mein Bußgewand. So gewinnt durch die Lektionen des Lebens schon ein junger Mensch die Erfahrung der Sündenfolgen in ihrer Leib und Seele umfassenden Ganzheitlichkeit.

Fernsehen
Ein neues Zeitalter mit neuen Herausforderungen

1959 begann eine neue Zeit. Das Fernsehen hielt in Gestalt einer Truhe aus Nussbaumholz von der Größe eines Kühlschrankes bei uns Einzug. Auf modisch schräg nach außen gestellten Beinen und mit abschließbaren Türen präsentierte sich im Wohnzimmer ein neuer Mittelpunkt. Der Durchmesser des Bildschirms erforderte eine geringe Distanz zu dem recht unscharfen und störungsanfälligen schwarz-weißen Bild. Noch existierte nur ein einziges Programm, das an Wochentagen erst nachmittags auf Sendung ging. Das Programmangebot wirkt aus heutiger Sicht mehr als bescheiden. Man würde heute von Low-Budget-Produktionen sprechen. Um zu begeistern, genügte es völlig, im Nachmittagsprogramm den begnadeten Erzähler Luis Trenker an einen Schreibtisch zu setzen und von seinen Bergtouren erzählen zu lassen.

Unser neues Gerät wurde jedenfalls sofort Gegenstand allgemeinen Interesses von Freunden, Bekannten und Verwandten. Wer es noch nicht wusste, sah das Symbol des Fortschritts als seltsam gestaltete Antenne auf dem Dach.

So folgten zwangsläufig Anfragen, ob man mal zum Fernsehen kommen könne. Das neue technische Wunder ließ sich damals nämlich fast ausschließlich in den Schaufenstern der Elektro-Geschäfte unserer Kreisstadt bestaunen: eine erste Form des Public Viewing. Diese Kollektivform des Fernsehens soll den sozialen Zusammenhalt fördern und Emotionen verstärken. Das wussten meine Eltern damals noch nicht. Sie setzten deshalb auf herkömmliche Mittel: die Bereitstellung von Getränken (Bier und Limonade), Knabbereien (Salzletten und Kräcker) und Zigaretten. Das Wohnzimmer verwandelte sich an manchen Abenden in eine Art kostenfreie Privatkneipe mit Fernsehunterhaltung – oder umgekehrt.

Bis an die Grenzen der Gebäudestatik und Bewirtschaftungsmöglichkeiten brachte uns damals die Verfilmung des Romans von Josef Martin Bauer „So weit die Füße tragen". Die volle Belegung des Wohnzimmers stieß in jeder Hinsicht an die Belastungsgrenze. Für sechs Abende trugen die Füße Nachbarn, Freunde und Bekannte zu uns und vor unser Fernsehgerät. Während der aus dem sibirischen Gefangenenlager geflüchtete deutsche Soldat Forell sich wacker durch Tundra und Taiga schlug, dabei mit bösen Mächten, Hunger, Durst und Kälte kämpfte, da knabberten, rauchten und tranken Gäste und Gastgeber ganz unsolidarisch in der Biowärme eines kleinen deutschen Wohnzimmers. Gelegentlich hörte man fachkundige Anmerkungen ehemaliger Landser unter den Anwesenden zu den Requisiten oder der Realitätsnähe des Films. Immerhin gab es noch ein kleines Zuschauerplätzchen für mich auf dem Fußschemel, damit die Erwachsenen über mich – im Doppelsinn des Wortes – hinwegsehen konnten. Dafür leistete ich auch einen kleinen Beitrag als Türöffner, Garderobier und Hilfskellner.

Meine künftige Teilnahme am familiären Abendprogramm war damit aber leider nicht institutionalisiert, wie ich gehofft und gewünscht hatte. Das sei eine Ausnahme gewesen. Punktum. Somit wurden neue und kreative Taktiken erforderlich, soziale Handlungsmuster, die zum gewünschten Ziel führen. Die erste Form konnte nicht lange wirken. Da ich nicht gerne Obst aß, kam ich pünktlich um 20 Uhr 14 aus meinem Zimmer, wo ich zu diesem Zeitpunkt gewöhnlich bis zum Schlafengehen las, und bat um einen Apfel. Den aß ich sehr langsam und still, in der Hoffnung, irgendwann für die fernsehenden Eltern unsichtbar zu werden. Leider konnte ich mich nicht aus ihrer Wahrnehmung ausblenden. Aber mit dem Verzehr von zwei Äpfeln bekam man den Anfang einer Handlung mit. Bei Krimis das Wichtigste: die Tat.

Im Hochsommer überfiel mich an manchen Abenden unbändiger Durst.

Den Rest musste ich leider auch in diesem Fall der Fantasie überlassen – , ein Training der Kreativität.

Das Fernsehereignis schlechthin markierten in diesen Jahren die in Folgen ausgestrahlten Kriminalfilme nach Drehbüchern von Francis Durbridge. Damals entstand für dieses Phänomen der treffende Begriff des Straßenfegers. Spekulationen über den Mörder oder die Mörderin bildeten das Gesprächsthema der Tage.

Ausgerechnet ich durfte nicht an diesem Ereignis teilnehmen. Bitten, Argumente und freiwillige Leistungsangebote im Bereich Haus, Garten und sogar Schule blieben definitiv erfolglos. Sollte, ja musste dieser elterlichen Hartnäckigkeit nicht eine Lektion erteilt werden? „Es ist soweit" hieß 1960 der Durbridge-Krimi. Sein Name sollte für mich zum Programm werden.

Ein Stockwerk über dem Wohnzimmer, in dem das Fernsehgerät lief, saß ich lesend in meinem kleinen Zimmer und hegte noch immer die Hoffnung auf Erbarmen mit meinem kriminalistischen Interesse. Um 20 Uhr 15 könnte es ganz spontan heißen: Komm, du kannst mitschauen! Um 20 Uhr 30 hätte ich die Handlung bestimmt noch mitbekommen. Um 20 Uhr 45 verlor ich endgültig die Hoffnung – und die Geduld. Ich schritt spontan zur Gegenattacke. Nun, da die Spannung stieg, was ich an der Filmmusik eindeutig hören konnte, wollte ich persönlich die Regie übernehmen, inspiriert vom Titel „Es ist soweit". Mein Regiepult befand sich auf dem Flur, gerade neben meinem Zimmer. Es war der Sicherungskasten. Von der dem Spannungshöhepunkt zustrebenden Melodie geleitet, drehte ich knapp vor dem Höhepunkt der Szene kurz an der Sicherung. Das Resultat: Unterbrechung der Strom- und Handlungsspannung. Ton und Bild weg, empörte Laute der Eltern. Kaum lag ich mit klopfendem Herzen im Bett, da hörte ich meinen Vater die Treppe hochsteigen, den Sicherungskasten öffnen –, und schon ging der Krimi weiter. Bei meinem dritten oder vierten Sabotageakt flog ich auf. An die persönlichen Folgen erinnere ich mich nicht mehr. Aber war meine pädagogische Aufgabe nicht wichtiger?

In den Sommermonaten ist das Leben immer etwas leichter. Das galt auch für das Fernsehen. Die Hitze des Tages wirkt noch am Abend nach. Man öffnet Fenster und Türen. Wie praktisch, wenn der Bildschirm von der etwas geöffneten Tür aus zu sehen ist! So konnte ich als stummer Gast nur etwa einen Meter hinter den Sesseln meiner Eltern stehen und dem Programm beiwohnen. Ich fühlte die Macht des unsichtbaren Geistes, der alles hört und sieht, ohne selbst gesehen zu werden. Welch ein Gefühl! Aber auch vermeintlich unsichtbare Geister erleben manchmal unangenehme Überraschungen. Vielleicht hatte ich vom langen Stehen kalte Füße bekommen, jedenfalls verlor ich, auf einem Bein stehend, mein Gleichgewicht.

Zum Glück hatte die Zwischentreppe neben der Tür nur vier Stufen. Mein Sturz konnte nicht unbemerkt bleiben. Ob ich wirklich auf dem Weg zur Toilette ausgerutscht war? Ich musste die Angelegenheit künftig subtiler regeln. Das Älterwerden brachte mich meinen Wünschen, am Fernsehprogramm stärker teilzunehmen, jedenfalls etwas näher. Aber oft nicht nahe genug. Zum Hindernis wurden mir die Altersfreigaben zu Sendungen im Programmheft „Gong". Kaum zu glauben, was alles erst ab 12 Jahren empfohlen oder erlaubt war. Da blieb fast nur das „Sandmännchen" übrig. Ausgerechnet wegen dieser Angaben hatten sich die Eltern den „Gong" ausgesucht, der mir immer wie ein verkapptes Kirchenblatt erschien. Da man bekanntlich nicht für die Schule, sondern für das Leben lernt, bot sich nun eine Transferaufgabe an. Im Schulheft sollte nicht radiert werden, also bearbeitete ich die Fehler behutsam mit einer Rasierklinge meines Vaters. Im Programmheft sollten keine falschen Altersfreigaben stehen, also war auch hier die entsprechende Korrektur, genauer gesagt Tilgung, erforderlich. Freilich durch zwei Bedingungen erschwert: Es musste auf dem Weg vom Zeitschriftengeschäft nach Hause erfolgen und es bedurfte größter Sorgfalt.

Das Glätten des Papiers mit dem Daumennagel sorgte für ein perfektes Finish.

Die Sache funktionierte. Der Kauf der Fernsehzeitschrift musste natürlich unter meiner persönlichen Kontrolle bleiben. So hilft man sich selbst und entlastet gleichzeitig die Familie von lästigen Diskussionen über kindgerechte Sendungen.

Erste Lektüreerfahrungen

Gegenüber dem Lesen spielte Fernsehen nur eine Nebenrolle. Das Vorlesen aus Büchern gehörte in fast allen Haushalten zur vorschulischen Erziehung. Das prägte und motivierte zum Lesenlernen und ausgiebigen Lesen. Die „Kinder- und Hausmärchen" der Brüder Grimm, wunderbar illustriert von Ludwig Richter, standen ganz oben im Lektürekanon. Es folgten Wilhelm Buschs Bildergeschichten. Viele unserer Streiche verdankten wir seinen Anregungen.

Auch der „Struwwelpeter" konnte uns nicht traumatisieren, da wir eher schadenfroh waren, es an Solidarität mit den Zöglingen fehlen ließen.

Nachdem ich etwa in der zweiten Klasse für das Lesen Feuer gefangen hatte, wollte mir mein Vater eine größere Auswahl ermöglichen. So besuchten wir an einem Sonntag nach dem Amt das nahegelegene Schwesternhaus, das mir als Kindergarten noch lebhaft in Erinnerung geblieben war. Eine gewisse Skepsis mag daher meine Voreinstellung bestimmt haben. Mein Vater eröffnete der zuständigen Schwester, dass ich heute und künftig hier Bücher ausleihen wolle. Die Schwester ging zu einem Regal, – das leichte Rasseln ihres Rosenkranzes beim Gehen klang noch vertraut, – dem sie etwas entnahm, das allerdings nicht meiner Erwartung entsprach.

Mit der Aufforderung, mal da reinzuschauen, drückte sie mir eine dicke schulheftartige Kladde mit marmoriertem Einband in die Hand. Nun stand ich inmitten eines großen Raumes voller Bücher, wollte ein Kinderbuch, aber die Schwester gab mir das Letzte, was ich mir gewünscht hätte. Befremden wechselte in Empörung, als ich das „Buch" öffnete. Ich sah darin nichts anderes als eine altmodische Handschrift, vermutlich die der Nonne vor mir. Hatte sie ein Buch geschrieben und mich als erstes Opfer ausersehen? Musste man etwa erst darin lesen, bevor man etwas Richtiges bekam? – Nach wenigen Sekunden, die ich dem Machwerk gewidmet hatte, drückte ich es der Schwester wieder in die Hand. Mein Urteil sollte sie auch gleich hören: „Das gefällt mir nicht!" Sie sah ratlos zu meinem Vater und empfahl ihm, mir beim Suchen zu helfen. Dieser Hinweis führte uns schnell zu einem Regal mit vielen tollen Büchern. Warum nicht gleich so? Papa gab mir die Erklärung: Die Schwester hatte mir den handgeschriebenen Bibliothekskatalog gegeben. In dem wollte ich wirklich nicht lesen. Auch später traf ich meine Auswahl, wie wohl jedes Kind, direkt am Regal.

Lesen war wunderbar, später hätte man vielleicht von einem echten Kick gesprochen, den es verschaffte. Dafür reichte die Zeit des Tages und der abendlichen Lektüre vor dem Schlafengehen nicht. Ab neun Uhr musste nämlich das Licht aus sein. Da meine Tür zum Flur offen bleiben musste und der Lichtschalter am Fußende des Bettes war, entschied ich mich für klassische Kerzenbeleuchtung. Ein kurzes kräftiges Pusten löschte das Licht und damit die Spur meiner nächtlichen Leseabenteuer. Versuche mit Taschenlampen waren zuvor an den Batteriekosten gescheitert. Als neues Lesefutter entdeckte ich Comics: Micky-Maus, Fix und Foxi, Tarzan, Sigurd und ähnliche Hefte.

Bald verfiel ich, nach Tipps von anderen Jungs, dem Karl-May-Fieber. Dabei zeigten sich die sehr unterschiedlichen Wertungen dieses Schriftstellers und seines umfangreichen Werkes. Meine Freunde und auch deren Väter liebten es, Lehrer verachteten es. Selbst unsere Schulschwester, die uns zu Beginn der dritten Klasse nach unserer Lieblingslektüre gefragt hatte, reagierte mit Abscheu auf meine ehrliche Antwort und hielt mir diese Geschmacksverirrung vor, wenn sich eine Gelegenheit bot. Hatte sie etwa erwartet, dass ich die Bibel nenne?

Übrigens lieh ich mir alle Karl-May-Bände in der Pfarrbibliothek aus.

Schule
Nostalgie, Tradition und Kirchturm

Auch bei der Einschulung war ich später dran. Wie immer hielten mich die Eltern für unreif und hatten mich deshalb wieder zurückgestellt.

Am ersten Schultag

Die Volksschule sorgte organisatorisch für eindeutige Verhältnisse. Sie war Konfessionsschule (katholisch) und trennte zusätzlich nach Geschlechtern.
„Nach can. 1374 dürfen katholische Kinder keine akatholischen, neutralen oder Simultanschulen besuchen." H. Jone (1885- 1967), „Katholische Moraltheologie".

Auch schreibtechnisch herrschte zunächst reinstes Mittelalter: Schiefertafeln und Schiefergriffel. Tiefe Rillen behinderten mit der Zeit zunehmend das Schreiben, doch zum Glück zerbrachen die Tafeln leicht. Auf ein Neues. Ab der zweiten Klasse zog technischer Fortschritt in Gestalt von Kunststofftafeln und Wachsstiften ein. Dafür erlebten wir ab der dritten Klasse wieder eine Rückstufung in die Anfänge der Schreibkultur: Tintenfässer in den Bänken und Schreiben mit austauschbaren Spitzfedern und Federhaltern aus Holz.

Die Schulschwester füllte alle drei bis vier Tage die kleinen Porzellanfässchen neben der Federablage in der Schulbank mit Tinte auf. Wir durften sie zuvor dabei beobachten, wie sie vorsichtig und sorgfältig aus einem Tintenfass konzentrierte Tinte für unseren Gebrauch verdünnte. Solches Schreiben war eine elende Kleckserei. Seitdem galt meine besondere Bewunderung jenen Mönchen in den mittelalterlichen Schreibstuben, die dem Pergament mit höchster Sorgfalt und sicherer Hand durch Eisengallustinte und eine fein gespitzte Gänsefeder heilige Worte kunstreich anvertrauten. Nur verstand ich nicht, warum wir Kinder auf diese antike Art schreiben mussten, da es doch schon längst absolut preiswerte Füllfederhalter gab. Gelegentlich sogar Kolbenfüller zu einem Stückpreis von nur einer Mark. Aber vielleicht sollten wir mit der Geschichte des Schreibens unmittelbar vertraut gemacht werden, vielleicht auch den Fortschritt am Beispiel der Schreibgeräte erleben können. Vielleicht aber waren auch nur die Lehrpläne und Materialien von vorgestern.

Historischen Charakter trugen auch die anderen Lehr- und Lernmaterialien. Manchmal sah man ihnen an, dass sie tapfer die Kriegszeiten überlebt hatten.

Kein Plünderer hatte sich an ihnen vergriffen. Ein Los von Bildungsgütern.

In den ersten Jahren erlebten wir einen mehrfachen Lehrerwechsel, was uns Kinder aber nicht verdross. Denn das bot Abwechslung. Man studierte den neuen Menschentyp mit seinen Stärken und interessanten Schwächen. Darüber tauschten wir uns aus, agierten und interagierten gemeinsam mit diesem Wissen. Wer Lehrer werden möchte, sollte sich über diese sozialen Mechanismen immer im Klaren sein.

Obwohl die Klassen – aufgrund der speziellen religiösen und geschlechtlichen Einteilung – jahrgangsübergreifend unterrichtet werden mussten, leisteten die Lehrkräfte unter diesen erschwerten Bedingungen ordentliche Arbeit. Unterschiede zu heute finden sich natürlicherweise bei den Unterrichtsinhalten und den Sanktionen.

Zu den Merkwürdigkeiten der Inhalte nur ein kleines Beispiel, das ich in einem noch erhaltenen Heft aus der zweiten Klasse finde.

Die ersten acht Seiten gelten dem Kuchenbacken. Die Überschriften lauten:

Was die Bäcker richten! – Beim Kuchenbacken: – Was wir zum Hefeteig brauchen: – Wir backen einen Hefekranz. – Ich will (sic!) einen Hefekranz backen.

War ich dem Backe-backe-Kuchenspiel im Kindergarten entkommen, so hatte mich dieses Thema nach dem Prinzip des klassischen Spiralcurriculums wieder erwischt.

Erstklässler erhalten von den Eltern immer wohlgemeinte Ermahnungen mit auf den Weg zur Schule und ins ernste Leben. Zwei dieser dringenden Ratschläge mussten die Eltern allerdings umgehend wieder zurücknehmen, weil sie nicht ganz den Bedingungen der Realität entsprochen hatten.

Auf den neuen Schulranzen sollte ich gut aufpassen. Das konnte ich verstehen, denn ich durfte ihn mir beim Händler aussuchen. Er war aus hellbraunem Leder, zeigte einen Pferdekopf auf dem Ranzendeckel und gehörte zu den teuersten im Sortiment.

Deshalb verstand ich den Lehrer nicht recht, als er mich mit der Frage, warum ich den Ranzen auch im Pausenhof trage, behelligte. Nun gut, manchmal müssen Kinder Erwachsenen etwas erklären, was ich denn auch tat. Er versicherte mir, es bestehe während der Pause im Klassenzimmer keine Gefahr für das wertvolle Stück. Aber erst als die Eltern sich der Meinung des Herrn Lehrer angeschlossen und ihre wenig differenzierte Anordnung zurückgenommen hatten, trat ich unbeschwert in den Pausenhof.

Die zweite Ermahnung betraf mein Verhalten ; vermutlich verbunden mit vielen weiteren Punkten wurde mir das Prügeln und Balgen mit anderen Kindern strikt verboten. Dabei entsprach das eigentlich nie meinem Verhaltensmuster. So musste ich, der wegen seiner zu späten Schulreife zu den älteren und recht akzelerierten Vertretern der ersten Klasse gehörte, Prügel einstecken ohne selbst auszuteilen oder zurückzuschlagen. Diese Passivität regte selbst ängstliche und schwächliche Mitschüler zu Aggressionen gegen mich an. Mehrfach berichtete ich, nicht ohne gewisse Spuren, die für sich sprachen, zu Hause über meine Erlebnisse. Dann hieß es plötzlich: Lass dir nichts gefallen! Den neuen Rat sofort umsetzend, hatte ich sogleich wieder meine Ruhe.

Letztlich wurden beide Ermahnungen dann auch angemessen verwirklicht. Nach dem Unterricht bot der benachbarte Kirchgarten den Schauplatz für kleine Ringkampfveranstaltungen zur notwendigen Bestimmung einer Rangordnung nach Stärke. Wie noch heute im Boxsport üblich, gingen diesem Treffen verbale und gestische Drohungen im Unterricht voraus. Während andere Jungs ihren Ranzen in kämpferischem Zorn zu Boden schleuderten, legte ich den meinen fast schon sorgfältig ab. Es gab zwar blaue Flecken, aber keine Verletzungen.

Während wir Kinder einander nicht verprügeln sollten, wünschten die meisten Eltern von den Lehrern ausdrücklich Prügel für ihre Kinder. Man hätte manchmal den Eindruck gewinnen können, die pädagogische Qualität bestehe in der Quantität körperlicher Züchtigungen. Der Grundsatz hieß ganz brachial: Nichts wie drauf!

Selbst unser hochwürdiger Herr Dekan wurde nicht müde, Sprüche 23 zu zitieren:

„Lass nicht ab, den Knaben zu züchtigen ... Du haust ihn mit der Rute; aber du errettest seine Seele vom Tode." Die Generation unserer Eltern und Lehrer war ständig mit solchen Rettungsmaßnahmen für unsere Seelen befasst.

Dabei stand man als Kind ziemlich allein. Die Eltern wehrten jegliche Klage sozusagen generalpräventiv ab. Da hieß es etwa: „Komme bloß nicht und beschwere dich über die Prügel vom Lehrer, sonst kriegst du gleich noch von mir welche!" – Harte Zeiten also für Kinder.

Die Strafaktionen erfolgten entweder ganz puristisch manuell, wobei man gerne in schulischer Metaphorik von guter Handschrift sprach, wenn jemand böse zuschlagen konnte. Oder man bediente sich tradierter Schlaginstrumente.

Den Klassiker verkörperte im schulischen Bereich der Zeigestock, der oft mehr als Schlagstock fungierte. Man bekam gezeigt, wie schwer man sich verfehlt hatte. Dabei war die Wirkungsweise unterschiedlicher Modelle erfahrbar: rund, eckig, lang, kurz, aus heimischem Holz oder eher exotischem Bambus. Auch die Techniken und Anwendungsbereiche variierten: auf den Hintern in verschiedenen Neigungswinkeln, die vom Exekutierenden durch Nackendruck mit der linken Hand eingestellt wurden; oder die Linke fasste den Hosenbund, um die Hose stramm zu ziehen, was zu einer verstärkten Wirkung führte, aber technisch und kräftemäßig für den Züchtigenden anspruchsvoller war.

Zu den nennenswerten sonstigen Strafformen zählten Schläge auf die Handflächen, auch liebevoll „Patschhändchen" genannt. Unsere Schulschwester praktizierte diese tatsächlich mildere Methode. Man konnte durch geringe Spannung in der Hand die Wirkung etwas abschwächen. War eine Lehrkraft gemein, sehbehindert oder sehr ungeschickt, dann trafen die Schläge die Finger oder gar deren Kuppen. – Grausam!

Wie auch immer die Strafe aussah, man durfte sich den Schmerz nicht anmerken lassen. Die Luft etwas anhalten und bloß keine Träne, selbst wenn es ein paar Hiebe zuviel gab und die Erziehungsperson mit hochrotem Gesicht ziemlich außer Atem geriet.

Lehrkräfte galten deshalb oder trotzdem generell als Respektspersonen. Die weibliche Form lautete Fräulein, auch bei Verheirateten. Vielleicht war in früheren Zeiten bei ihnen der Zölibat üblich. Wir Kinder wurden recht unpersönlich mit unseren Nachnahmen angeredet, was zur Folge hatte, dass wir zum Beispiel untereinander im Gespräch über abwesende Mitschüler auch diese Namensform oder eben den Spitznamen benutzten.

Als besondere Ehre betrachteten wir Privataufträge für den Lehrer während der Unterrichtszeit. Sie wurden oft vergeben, aber nur ein kleiner Kreis von Schülern kam dabei zum Einsatz, wohl solche, die das Lernpensum schneller bewältigen konnten. Bei mir wollte der Lehrer zudem einen potentiellen Störer für eine gewisse Zeit loswerden.

Es waren zum Beispiel Briefmarken zu besorgen oder Butter und Kaffee zu kaufen.

Schön, wenn man auf der Straße gefragt wurde, warum man nicht in der Schule sei. Dann konnte man mit dem Auftrag Eindruck schinden. Auch im Geschäft nannte man zunächst den Auftraggeber. Bei einer speziellen Mission durfte ich sogar im religiösen Bereich tätig werden.

Wenige Tage vor einem Wandertag im Sommer ging es um die Verpflegung, denn preiswerte Schnellimbisse gab es nicht. Der Termin war an einem Freitag. Da eine generelle Empfehlung von Käsebroten oder Fischbrötchen im Sommer nicht unproblematisch sein mochte, stellte sich die Frage, wie mit dem Verbot von Wurstwaren an Freitagen, der sogenannten gebotenen Abstinenz, umzugehen sei. Griff der Seelsorger nach seinem Handbuch der Katholischen Moraltheologie von Heribert Jone (zitiert nach der Ausgabe von 1930), so konnte er darin lesen: „Verboten ist aber nur das Fleisch von Säugetieren und Vögeln, aber auch deren Speck, Blut, sowie Knochenmark, Gehirn, Herz, Leber usw. – Erlaubt sind aber Fische, Frösche, Schildkröten, Schnecken, Muscheln, Austern, Krebse. – ... Abstinenz halten müssen alle von Vollendung des 7. Lebensjahres bis zum Lebensende."

Wir hätten mit einem Hartwurstbrot allerdings keine schwere Sünde begangen, denn: „Ebenso würde jemand nicht schwer sündigen, wenn er an einem Abstinenztage 20 Gramm Fleisch essen würde, wohl aber wenn er mehr als 60 Gramm essen würde."

Unser Lehrer schickte mich deshalb zum Herrn Pfarrer. Das war ein kurzer Weg, gerade mal etwa hundert Meter. Dieser erschien, wohl beleibt, das silbern glänzende Haar frisch gekämmt und nach Rasierwasser riechend an der Tür, als ich nach längerem Warten gerade wieder gehen wollte. Ich trug ihm das Anliegen vor. Nach kurzer Pause, er überlegte wohl seine Entscheidung, verkündigte er in feierlich wirkendem Ton, dass er Dispens erteile mit der Auflage den Abstinenztag am folgenden Samstag nachzuholen.

Von der Möglichkeit einer Dispens durch den Pfarrer hätten wir eigentlich nicht Gebrauch machen müssen, denn „diejenigen, die eine anstrengende Reise zu Fuß oder mit dem Wagen machen", sind entschuldigt. Mit seiner zusätzlichen Auflage wurden wir also eigentlich strenger behandelt, als es die Moraltheologie vorsah. Der Herr Pfarrer war sozusagen päpstlicher als der Papst.

Beim Überbringen seiner Botschaft und Entscheidung bemühte ich mich um einen angemessen feierlichen Ton und Ausdruck.

Der Klassensaal als Tribunal

Manche Lektionen des Lebens und der Schule folgten und folgen einem ganz eigenen ungeschriebenen Lehrplan.

Unser Lehrer musste den Klassensaal oft und für längere Zeit verlassen, meistens um mit einem jüngeren Fräulein zu konferieren. Man kann sich leicht vorstellen, wie nötig für sie als Anfängerin der Austausch mit einem schon erfahrenen Berufskollegen war. Während dieser Zeit erledigten wir sogenannte Stillarbeit, die uns zu Eigenständigkeit erziehen sollte. Arbeit hatten wir, aber Stille wollte nicht recht einkehren. Vielleicht stand auch uns der Sinn nach dem Konferieren. Um dies zu verhindern, gab es einen Aufpasser, der im Auftrag des Lehrers jeden, der schwätzte oder irgendwie störte, an die Tafel schrieb. Wiederholungstaten wurden durch eine Strichliste kenntlich gemacht. Er hatte nicht wenig zu tun und war um diese heikle Aufgabe kaum zu beneiden. Man bedrohte ihn, versprach ihm Rache. Er arrangierte sich geschickterweise mit der Klasse oft durch das Auswischen der Einmaltäter. Bei der Rückkehr des Lehrers erfolgte die Abrechnung. Meist gab es Strafarbeiten.

An manchen Tagen warnte uns der Lehrer bei seinem Eintritt mit lauter Stimme und erhöhter Tonlage, er sei heute geladen wie eine Kanone. Gelegentlich genoss ich sogar persönlich die Ehre einer solchen Begrüßung beim Betreten des Klassensaals. Er nannte dann meinen Familiennamen, statt die ganze Klasse anzusprechen. Pars pro toto? Einer für alle? War das nicht eigentlich ganz nett?

Einen ziemlich dramatischen Vorfall erlebten wir einmal durch die schlimme Verfehlung eines Mitschülers.

Er war, ohne durch die Erstkommunion berechtigt zu sein, einfach morgens in einem der zahlreichen Schulgottesdienste mit zur Kommunionbank gelaufen, hatte sich eingereiht und, da es noch keine Handkommunion gab, seine Zunge zum Empfang der Hostie präsentiert, die ihm auch nicht verweigert worden war.

Vermutlich hatte ein Kaplan sie ihm gegeben.

Diese Tat galt als extrem schlimme Verfehlung, als Sakrileg.

„Ein reales Sakrileg wird begangen durch Verunehrung heiliger Sachen. Dies kann geschehen: a) durch unwürdigen Empfang, Spendung oder Behandlung der heiligen Sakramente, besonders des hochheiligen Altarsakramentes." (Jone, Katholische Moraltheologie)

Unser Lehrer betrat, nachdem er von der Tat gehört hatte, in höchster Erregung den Klassensaal und knüpfte sich den Jungen gleich zum Unterrichtsbeginn vor. Gerhard A. leugnete zunächst, aber es wurden Zeugen, auch aus anderen Klassen, gerufen und gehört.

Schließlich stellte ihn der Lehrer auf sein Pult, was an sich schon etwas ganz Neues war. Er hatte sich selbst erhöht und wurde nun, ganz nach den Worten der Bibel, erniedrigt. Dort stand er, der von seinem Aussehen her etwas an Wilhelm Buschs Max erinnerte, nun weinend. Er sollte vor der Klasse einen schlichten Satz nachsprechen, weigerte sich aber lange trotzig, bis er ihn endlich herauspresste: „Ich bin ein Lügner!" Damit wurde er nach Hause geschickt. Auch uns ging dieser Vorfall mächtig unter die Haut. Dem Drama sollte aber noch eine letzte tragikomische Szene folgen: der Auftritt des Vaters. Wir hörten ihn lautstark das Schulgebäude betreten, der Lehrer eilte ihm entgegen, hatte nicht einmal Zeit, um den Aufpasser zu bestellen. Der hätte ausnahmsweise auch nichts zu tun gehabt, denn wir lauschten gespannt und nicht ohne Schadenfreude, wie der zornige Vater den Lehrer in Grund und Boden brüllte.

Im Vergleich dazu kam ich bei anderer Gelegenheit noch gut davon.

Unser Lehrer hob sich von den übrigen Dorfbewohnern durch viele besondere Eigenschaften ab. Sein Auftreten wirkte weltmännisch, fast aristokratisch. Er sprach mit auffällig hoher Stimme, kleidete sich betont elegant und gepflegt, auch trug er in der Öffentlichkeit immer einen Hut von modischem Schnitt, vielleicht deshalb, weil er sich schon in jungen Jahren mit dem Verlust seines Haupthaares zu arrangieren gelernt hatte. Ich ertappte mich oft dabei, wie ich sein seidenes Halstuch, das den offenen Kragen in üppiger Farb- und Strahlkraft ausfüllte, bewundernd anstarrte.

Sein Eau de Toilette roch gut, heute würde ich auch teuer hinzusetzen. Roch übrigens einer aus der Klasse plötzlich ziemlich übel, dann fragte er eher rhetorisch, aber gewählt: „Wer hat sich da wieder aufgeführt?" Eine solche Wortwahl zivilisierte auch unsere Sprache, die für solche Vorkommnisse nur ziemlich derbe Ausdrücke kannte, sodass wir uns manchmal beschwerten: „Herr Lehrer, da hat sich einer aufgeführt!"

Im Dorf wurde man damit leider nicht verstanden.

Malen war eines seiner Hobbys, was den Tafelbildern wirkliche Qualität verlieh.

Aber alles das wurde durch sein Orgelspiel in den Schatten gestellt. Dabei gehörte er nicht zu jener Sorte Organisten, die versteckt in einem mächtigen Gehäuse ihre eigene Aufgabe als bescheidenen Dienst betrachten. Die Einsätze schien er sich selbst zu geben. Erst musste

Ruhe herrschen. Er empfand vielleicht oft seine musikalische Leistung mit jenen Perlen vergleichbar, die vor Säue geworfen werden. Die Gemeinde sang zu schlecht und zu langsam. So steigerte er mitunter demonstrativ das Tempo seines Spiels, als wolle er den Sängerinnen und Sängern einen kräftigen Schubs verpassen. Aber die musikalische Formbarkeit der Gottesdienstbesucher ließ zu wünschen übrig. Gesanglich gab es zu viele Schwererziehbare. Auch ich gehörte mal wieder zu den Übeltätern. Da ich als Schüler seinem unmittelbaren Zugriff ausgesetzt war, erlebte ich bei dieser Gelegenheit die klassische Rolle des Sündenbocks.

Gerade hatte sich unser musikbegeisterter Lehrer für den Gesangsunterricht das Akkordeon angeschnallt, da klagte er wieder einmal über die schrecklich falschen Töne vieler Gottesdienstbesucher. Leider bemerkte dazu ein Mitschüler, der gewiss nicht über die möglichen Folgen seiner Worte nachgedacht hatte, dass ich immer sage: „Ich singe Schusterbass!" Diese Redewendung hatte ich irgendwo aufgeschnappt, sie gefiel mir. Und außerdem sang ich wirklich gerne möglichst tief. War das nicht ein Zeichen von Männlichkeit? So hoch wie der Herr Lehrer hätte ich nie singen oder sprechen wollen. Mag sein, dass da ein wunder Punkt bei ihm berührt worden war. Fast so schnell wie wir mittags zum Raufen unsere Ranzen abwarfen oder – wie ich – ablegten, hatte er sein Akkordeon abgenommen, stürzte sich buchstäblich auf mich, um seinen Zorn über meinen Schusterbass und wohl über alle Kakofoniker unserer Pfarrgemeinde an mir beidhändig abzuarbeiten.

Anschließend sang er mit der Klasse verschiedene Lieder, wenngleich die Stimmung, nicht nur bei mir, gründlich im Keller war. Da ich hier den seltenen Fall erlebte, absolut ungerecht verprügelt worden zu sein, brauchte ich mir ausnahmsweise ein paar stumme Tränen nicht zu verkneifen. Sie waren Zeichen meines Protestes, vielleicht auch von berechtigtem Selbstmitleid. Und wenn schon!

Aber auch im Kopf des Lehrers musste eine Reflexion des Vorfalls stattgefunden haben. Nach der Musikstunde rief er mich zu seinem Pult, sagte etwas von einer vielleicht zu heftigen Reaktion und bot mir eine Art Versöhnungsgeschenk an. Da ich ihm als eifriger Briefmarkensammler bekannt war, schenkte er mir einige schöne, große und herrlich bunte ausländische Marken. War ich korrumpiert worden? Jedenfalls betrachtete ich mich als moralischen Sieger und die Gabe als Entschädigung und Entschuldigung. An dieser Stelle bedarf es vielleicht einer kurzen Klarstellung. Erinnerungsbilder aus der Schulzeit haben eher den Charakter von Momentaufnahmen, sie bilden die skurrilen und spektakulären Ereignisse ab. Dem Gesamtbild werden sie damit nicht gerecht. Denn unser Lehrer hatte ein herausragendes Wissen und ungewöhnliche künstlerische Fähigkeiten, die er mit Geschick und Engagement zu unserem Nutzen einsetzte. Er zeigte wirkliche Hilfsbereitschaft und echtes Interesse für seine Schüler, auch über deren Schulzeit hinaus.

Dennoch erwies sich mein Verbleiben in der Volksschule für ein weiteres Jahr nicht als sinnvoll. Meine Eltern hielten mich wieder, wie eigentlich immer, für zu unreif, um auf ein Gymnasium zu wechseln, das man im Dorf die Stadtschule nannte. Der Unterricht begann mich zu langweilen. Ich unterhielt mich, zwangsläufig auch Mitschüler und Lehrer, durch Aktionen, die man allgemein Störungen nennt. Von den Hausaufgaben, die ich subjektiv für unnötig hielt, dispensierte ich mich generell. Diese Abstinenz ermöglichte mir vielfache unterhaltsame Erfahrungen mit meinen Freunden in der Freizeit. Einmal kam es aber zu einer misslichen kleinen Panne. Dummerweise unterhielten sich meine Eltern mit dem Herrn Lehrer und beklagten sich dabei über den Mangel an Hausaufgaben. Sie hätten mich nachmittags gerne mit Schularbeiten beschäftigt gesehen. Die folgende Zeit habe ich in meinem Gedächtnis als unschön verdrängt. Damals muss man beschlossen haben, meine Erziehung in ein strafferes System einzubinden.

Kirche und Schule bemühten sich schon jetzt, wie ich empfand, um eine ziemlich lückenlose Kontrolle ihrer Schäfchen. Der Herr Pfarrer und der Herr Kaplan unterrichteten uns im Fach Religion. Die hauptamtlichen Vertreter der Kirche sahen naturgemäß ihre wichtigste Aufgabe darin, unsere Teilnahme an gottesdienstlichen Veranstaltungen zu kontrollieren. Die Methode folgte einem schlichten, aber wirksamen Schema. Zu Beginn des Religionsunterrichts verlangte der Herr Pfarrer, dass alle, die am Sonntag nicht im Gottesdienst waren, von ihrem Platz aufstehen. Wenige erhoben sich. Die Sitzenden wurden nun nach Details befragt: Farbe des Messgewandes, Lieder, Lesung, Predigt usw. Da half es nur bedingt, wenn man sich vorher kundig gemacht hatte.

Wenigstens ergab sich durch dieses Kriterium eine einigermaßen transparente Notengebung.

Kein Wunder übrigens, dass wir die Sonntagsmessen gelegentlich mieden: Die Erfahrung massiver Kontrolle beherrschte sogar den Gottesdienst in Gestalt eines Kirchenschweizers.

Er trug eine schwarze Robe und hielt in der Hand einen langen schwarzen Stab, mit einer Bronzekugel, auf der als Spitze ein Kreuz saß. Dieses Instrument benutzte er, um uns ständig spürbar zurechtzuweisen. Kaum bewegte man sich etwas lebhafter oder machte eine geistreiche Bemerkung zur Predigt, die der Herr Pfarrer ohne Konzept zu halten pflegte, bekam man das schon verbogene Kreuz im Kreuz zu spüren oder man konnte von ihm sogar feierlich aus der Messe ausgeschlossen werden. Wir empfanden die Nähe Gottes, so wie wir ihn uns wünschten, nämlich als lieben Gott, eher außerhalb des institutionalisierten Gottesdienstes. So verbrachten wir die Zeit des Amtes von zehn bis elf Uhr unmittelbar unter Gottes freiem Himmel in seiner herrlichen Natur. Statt nach Weihrauch roch es dabei allerdings oft nach Zigaretten.

Was uns und das Dorf sonst noch bewegte

Das dörfliche Leben hatte seine eigene Dynamik, die nicht zu unterschätzen war. Besonders faszinierte mich immer das informelle Kommunikationssystem, dessen Leistungsfähigkeit sich besonders deutlich bewährte, wenn die Totenglocke ertönte. Wie ein Lauffeuer verbreitete sich der Name der verstorbenen Person im Ort. Der Tod hielt für eine kurze Zeit alle Arbeiten an. Man trat vor das Haus, man rief sich über die Straße die Frage oder den Namen zu und gab die Information weiter. In den entlegeneren Straßen ergriffen ältere Frauen ihre schwarzen Handtaschen, um ins Dorf, also ins Zentrum, zu eilen. Man musste wissen, wen man verloren hatte.

Die Teilnahme an der Beerdigung war eine Ehrensache im umfassendsten Sinn. Wer es einrichten konnte, der kam, trug schwarze Kleidung und roch oft dezent nach Mottenkugeln. Man sah sich und registrierte die Teilnahme zu einer Zeit, als im Dorf Kondolenzlisten noch nicht bekannt waren. Später konnte man darüber diskutieren, wer unentschuldbar gefehlt hatte. Besondere Wertschätzung und Beachtung verdiente es, wenn sich jemand eigens freinahm.

Viele Bürgerinnen und Bürger gehörten einem Gesangverein an, aber noch mehr zahlten als passive Mitglieder ihren monatlichen Beitrag, weil ihnen dann am Grab gesungen wurde. Der eindringlichen emotionalen Wirkung des Grabgesangs konnte man sich kaum entziehen. Spätestens bei diesen Liedern kamen die Taschentücher, bei den Frauen meist mit Spitzen besetzt, zum Einsatz. Hier durften sogar gestandene Männer weinen. Auf den Gräbern türmten sich Berge von Kränzen, Gestecken und Blumen. Oft legte man zusätzlich zur Trauerkarte einen Geldschein bei. Das sollte ein bescheidener Beitrag zur Anlage eines Grabes sein.

Der Pfarrer kannte diese Art der Hilfsbereitschaft. Sie war manchmal mehr als angemessen, also zur Finanzierung der Beerdigung geradezu notwendig. Dennoch hörte man immer wieder, dass Hochwürden massiv darauf drang, mit diesem Geld Messen lesen zu lassen... Der Herr Dekan soll übrigens ein Ferienhaus in der Schweiz besessen haben.

Neben den Chören sorgten Laienspielgruppen für ein eigenständiges kulturelles Angebot im Dorf. Eine

Aufführung von Schillers Drama „Wilhelm Tell" blieb mir besonders deutlich im Gedächtnis, weil sie eine Szene des Schauspiels ganz eigen interpretierte. Denn in der 1. Szene des 5. Aufzugs fragt Ruodi: „Wo ist der Stier von Uri?" Dieser antwortet darauf ebenso schlicht: „Hier! Was soll ich?" – Daraus wurde, vielleicht weil die Katholische Jugend das Theaterstück auf der Bühne des Schwesternhauses aufführte, ein beeindruckender dramaturgischer Höhepunkt. Das Freiheitsdrama zeigte dadurch nämlich die Züge eines Mysterienspiels, denn mit der Antwort „Hier! Was soll ich?" schob sich vom linken Rand der Bühne ein Stier ins Blickfeld. Unter weißen Bettlaken, die vorne Hörner trugen, hörte man seine sonore Stimme, die sich ihrer Wunderwirkung bewusst schien. Schauspieler und Publikum unterstrichen diesen Auftritt mit erstauntem Ah und Oh. Insofern enttäuschten mich meine spätere Lektüre und jede weitere Aufführung, die ich zu sehen bekam. Ich vermisste immer den Stier.

Noch mehr Menschen als ins Theater kamen, musste das Kino aufnehmen, wenn kostenlose „Pril"-Filme gezeigt wurden. Zunächst waren im Dorf schlichte Handzettel ausgeteilt worden, auf denen die Aufführungszeiten standen. Wer nicht lange vorher kam, hatte das Nachsehen, durfte aber nach diesem Termin die zweite Aufführung des Films sehen. Bis auf den letzten Platz war der Zuschauerraum besetzt und die Luft war zum Schneiden, wenn in einem Comic-Film die Pril-Ente mit einfachster Handlung ihr Publikum unterhielt. Dabei spielte oder spülte natürlich das Geschirrspülmittel die eigentliche Hauptrolle. Nach dem Film gab es am Ausgang sogar kostenlose kleine Warenproben. Was wollte man mehr?

Kleine Geschenke verteilte auch der Nigrin. Aber die eigentliche Sensation für Kinder und Jugendliche war er selbst. In Windeseile hatte sich die Botschaft seiner Ankunft verbreitet. Man rannte zum Marktplatz. Dort stand ein Mann mit schwarzem Zylinder und Anzug. Ein Riese von geschätzten vier Metern, dessen lange Beine und die schlackernden Hosen den Verdacht nahelegten, dass er Stelzen trug. Er warb für jene kräftig riechende Nigrin-Schuhwichse. Und weil das Schuhputzen zu den Aufgaben der Kinder gehörte, war er sozusagen unser Mann.

Die Kerwe war unbestritten das jährliche Großereignis des Dorfes. Überall liefen schon Tage vorher die Vorbereitungen. Die besten Freunde und Bekannten lud man zum Kerwesonntag ein. Sie kamen eigentlich immer, sodass die Einladung nur eine Formsache darstellte. Das Fest bot einen Anlass neue Kleidungsstücke zu kaufen oder anfertigen zu lassen.

Beim Bäcker und Metzger sammelten sich lange Bestelllisten, die dazu führten, dass manches heimische Rind statt dem kerwefrohen Bauern nun dem schlachtgestressten Metzger begegnen musste. Denn jedes Jahr gab es als Festessen Rindfleischsuppe mit Markklößchen als Vorspeise, gerne auch zwei Teller. Nachverlangen galt als Kompliment, und dann Rindfleisch mit Meerrettich, aber nicht den gekauften, gar schon irgendwie zubereiteten. Der taugte nichts, war nicht frisch genug oder noch schlimmer: einfach eine Mehlpampe. Zur Meerrettich-Ernte begleitete ich meine Großmutter Anna. Wir zogen über die Felder und sahen bald an Wegesrändern die großen grünen Blätter, die uns die begehrten Wurzeln versprachen. Was nun folgte, war echte Arbeit. Unter Einsatz einer Hacke mussten vorsichtig die verzweigten braun-schwarzen Wurzeln dem festen westpfälzischen Lehmboden abgerungen werden, deren Geruch die Würze des Wurzelgemüses erahnen ließ. Zu Hause setzte sich die Knochenarbeit beim Reiben dieses widerspenstigen Gemüses fort. Bittere Tränen mussten dabei seinem scharfen Duft geopfert werden.

Weil alle Anwesenden sonntags wussten, welche Mühe dieser weiße sämige Brei, dessen Schärfe durch Sahne zu einem ausgewogenen Geschmackserlebnis wurde, erfordert hatte, verstummte beim Genuss die Unterhaltung zu andächtig genießendem Schweigen.

War der Nachtisch beendet, dann durfte man nicht zu lange warten, wenn man noch einen guten Platz in der Nähe des Kerweredners bekommen wollte.

Festlich gewandet, wartete man. Zu den üppigen modischen Kerwekleidern ihrer Frauen standen die schwarzen Hochzeitsanzüge mancher Männer in hartem Kontrast, verwiesen dabei wohl auch dezent auf eine lange Ehezeit. Ihr Stoff, Schnitt und Tragezustand deuteten nicht selten auf die silberne oder gar goldene Hochzeit hin. Die meisten Männer waren nichts weniger als modebewusst. Beim Besuch einer Verwandten im Ortsteil Hohlbach hatte diese meiner Großmutter im Kleiderschrank ihre Garderobe gezeigt. Am Ende dieser Demonstration üppiger Pracht öffnete sie eine schmale Seitentür des riesigen Schrankes. Darin hing ein solcher schwarzer Anzug, den sie uns als den Anzug ihres Mannes vorstellte. Davon war ich nachhaltig beeindruckt.

Zur Gaststätte, an der der Kerwestrauß aufgesteckt wurde, zogen in musikalischer Begleitung die Bierflaschen schwingenden Straußbuben und der mit Frack und Zylinder ausstaffierte Kerweredner.

Kerwerede

In lustigen Reimen wurde das Dorfgeschehen des letzten Jahres aufs Korn genommen, mitunter mit recht gelungenen Spitzen, die nur Einheimische verstehen konnten. Hinterher zu Hause beim Kaffeetrinken, mit echtem Bohnenkaffee, versteht sich, folgte die Nachbesprechung und Kritik.

Für uns Kinder erfüllte der Rummelplatz kleine Träume. Dazu brauchte man aber das nötige Geld: Das Schenken von Kerwegeld galt als eine Tradition, die solche Investitionen ermöglichte. Geldgeber waren Eltern und Großeltern; im wörtlichen Sinn in Frage kamen aber auch Onkel, Tanten, Patin, Pate und jeder sonstige freiwillige und freizügige Geber. Die Beträge lagen in der Regel zwischen fünfzig Pfennigen, das reichte für eine Runde auf der Autobahn, heute Autoscooter genannt, und zwei bis drei Mark. War das Geld beisammen, dann begann die schwierige Phase der Auswahl aus dem reichen Angebot. Ziel war eine Mischung aus vergnüglicher, aber vergänglicher Unterhaltung durch die Fahrgeschäfte und bleibenden oder langsam konsumierbaren Dingen. Eine Rose mit einem Schuss auf den zersplitternden weißen Kalkstift, in dem sie steckte, zu gewinnen, war riskant, aber prestigeträchtig und erfüllte beide Wünsche. Der Budenbesitzer tolerierte stillschweigend das Aufstützen der Ellenbogen. Mit kleinen halbrunden Blättchen für zwanzig Pfennige, die man an den Oberkiefer drückte, ließen sich Vogelstimmen imitieren. Oder man kaufte sich für etwa vierzig Pfennige Veilchenpastillen, deren feines Aroma sich raumfüllend ausbreitete. Die Überlegungen und Kalkulationen machten lange Rundgänge über den Rummelplatz erforderlich. Am Ende verschaffte das Kerwegeld immer ein kleines Stückchen Glücksgefühl. Und nicht zuletzt machte es Spaß, anderen zuzusehen. Die sogenannten Halbstarken, die auch am Badeplatz ihren Mut bewiesen, sorgten am „Hau den Lukas" für kostenlose Unterhaltung. Der Zeiger des Apparates diagnostizierte die Kraft des Schlages, oft mit witzigen und spöttischen Formulierungen, die ein Danebenstehender laut hörbar und für alle Anwesenden vorlas.

In gewisser Weise stellte das Fronleichnamsfest das religiöse Pendant zur Kerwe dar. Die Prozession bot eine Demonstration von Pracht und Macht unserer katholischen Kirche. Die evangelische Minderheit feierte eher bescheiden ihr Gustav-Adolf-Fest, hatte doch Martin Luther in der Fronleichnamsprozession eine Gotteslästerung gesehen. Aus jedem katholischen Haus hing eine Fahne. Manche Fahnenhalter – im doppelten

Sinn des Wortes – hatten das Tausendjährige Reich und den Krieg überstanden und durften jetzt mit anderem Fahnenschmuck Wiedergutmachung leisten. An vielen Fenstern hingen zusätzlich purpurrote Stickereien mit religiösen Symbolen und Inschriften. Auch ich trug bei der Prozession stolz meine Fahne.

Unter einem Baldachin aus goldfarbener Paramentenstickerei, der von besonders honorigen unverheirateten Männern der Pfarrgemeinde getragen wurde, schritt in einem zu dem Tragehimmel passenden Rauchmantel der Herr Dekan mit der Monstranz und dem Altarsakrament, welchem die eigentliche Verehrung zugedacht war. Als Kind konnte ich das nicht so genau auseinanderhalten. Während der hochheiligen Handlung an den fürstlich geschmückten Altären, an denen man hielt, wurden von Ferne jeweils drei mächtige Salutschüsse abgegeben. Die Böllerkanonen standen weit entfernt auf einer Anhöhe über dem Dorf. Mittels einer speziellen Fahne gab von einem Punkt mit Sichtverbindung ein ernst und wichtig wirkender Mitbürger das Zeichen zu den Schüssen, die wie Donner durch die Talgemeinde hallten. Gänsehaut sollte die Ergriffenheit verstärken und tat es auch. Wie gerne wäre ich gleichzeitig bei den Kanonieren gewesen. Am Nachmittag wurde auf dem Kirchplatz zünftig mit Bier, Limonade, Bratwurst, Fischbrötchen und Blasmusik gefeiert. Mancher benutzte sicherheitshalber anschließend auf dem Heimweg das Geländer der Kirchentreppe.

Den Platz um die Kirche, der an diesem Tag profanen Zwecken diente, sollten wir Kinder nicht als Spielplatz missbrauchen. Wir taten aber noch Schlimmeres. Denn die Mariengrotte, nur wenige Meter von der Kirche entfernt, schien wie geschaffen für vielgestaltige Freizeitaktivitäten. Man hatte sie nach dem Krieg als Dank- und Sühnezeichen errichtet: einen künstlichen Hügel.

Die Lourdesgrotte

Die vordere Seite zeigte zur Kirche hin einen hohen steinernen Rundbogen, dessen höhlenartige Öffnung einem Steinaltar Platz bot. Darüber, also auf dem Hügel, befand sich eine schmale kleinere Grotte mit einer weißen, fast lebensgroßen Marienfigur. Auf der linken Seite hatte man einen kleineren Hügel geschaffen, auf dem – ohne Überdachung – eine weiße Mädchengestalt kniete, die ihr Gesicht der Mutter Gottes zuwandte. Ihre Ober- und Unterarme bildeten fast einen rechten Winkel, die Hände waren perfekt gefaltet und die Fingerspitzen reichten bis kurz vor ihre Nase. In solcher Haltung und Inbrunst sollten auch wir beten. Aber was taten wir hingegen? Wir spielten Fangen und Versteck auf dieser und um diese auf ihrer Rückseite mit kleinen Bäumen und Sträuchern bepflanzten Grotte. Ideales Gelände auch für Indianerszenarien, bei denen man alle Anwesenden einbeziehen konnte. Eine Rothaut bedroht mit dem Colt das weiße Mädchen. Es kniet ängstlich nieder und betet zur Jungfrau Maria, die ein Wunder bewirken kann. Da stürmten in himmlischem Auftrag Cowboys heran, denen es gelang, die gemeinen Indianer zu überwältigen. Wir fanden solche Spiele viel schöner als Betandachten. Irgendwie zeitgemäßer.

Aber auch Hochwürden ging mit der Zeit, wenn es seinen Vorstellungen entsprach.

Die Marienverehrung nahm Ausmaße an, die selbst die Dreieinigkeit in den Schatten drängte. Die Hintergründe seines späteren Abgangs erklären möglicherweise manches dieser Obsession. Er selbst sprach in seinen Predigten mitunter von visionären Träumen, in denen die Jungfrau Maria, die er meist als die unbefleckte Empfängnis bezeichnete, eine Rolle spielte, deutete sogar persönliche Botschaften von ihr an. Daraus ergaben sich weitere Konsequenzen, nämlich persönliche umfassende Vollmacht, die jemandem zustand, der für einfache Gemüter den Ruch der Heiligkeit genoss, bis andere Dinge ruchbar wurden.

Religiöse Filme, etwa „Das Lied von Bernadette", wurden in Sondervorstellungen vor einer nahezu vollständigen Pfarrgemeine aufgeführt. Schließlich zeigte unsere Grotte die Abbildung der Legende um das französische Mädchen. Ein kleiner Teich mit Springbrunnen ergänzte deshalb auch unsere Grotte. Der Plan zu diesem Szenarium musste auf unseren Dekan zurückgehen. Wallfahrten nach Lourdes galten entsprechend als Höhepunkte frommen Tuns, vergleichbar etwa mit der Verpflichtung zur Reise nach Mekka bei den Muslimen, der Hadsch. Das Werben des Pfarrers brachte im Laufe der Jahre manchen Omnibus auf den weiten Weg in das nördliche Vorgebirge der Pyrenäen, in dem Menschen saßen, die sonst nie eine Reise unternommen hätten. Schon das bedeutete ein kleines Wunder. Viele waren kränklich, stiegen dort aber in eine nasskalte Grotte. Dass sie nicht kränker als bei der Hinfahrt heimkehrten, grenzt ebenfalls an ein Wunder. Großmutter Anna war nicht nur katholisch, sondern auch einmal nach Lourdes gereist. Als Souvenir brachte sie für mich ein großes Herz zum Aufhängen mit, in dessen von kleinen roten Steinchen umgebenen Zentrum ein schwarzweißes Foto der Grotte zu sehen war. Gut gemeint, aber weit weg von meinen Wünschen und meinen Vorstellungen. Gab es dort nichts anderes oder kannte mich die Oma so schlecht?

Von ihrem eigenen Mitbringsel sollte ich aber – ihrem festen Glauben nach – ab und zu profitieren. Es war eine gläserne Madonna in zarter blau-weißer Tönung, die mit heilkräftigem Lourdeswasser gefüllt war. Um bei Erkrankungen dieses letzte und stärkste Mittel einzusetzen, musste man der Heiligen Jungfrau eigenhändig den Kopf abdrehen. Er diente nämlich als Schraubverschluss.

Eine Lambretta und ihre Alternativen

Die Bundesstraße 10 hatte noch nicht jene Konkurrenz durch die nun schon seit Jahrzehnten parallel auf dem Bergrücken oberhalb des Dorfes befindliche Autobahn. Diese folgte wieder dem bewährten Verlauf der alten Römerstraße. Das bedeutete eine erhebliche und notwendige Entlastung der Menschen im Schwarzbachtal. Erlaubte doch die noch spärliche Motorisierung in der ersten Hälfte der fünfziger Jahre sogar Ballspiele auf der Durchgangsstraße. Von Zeit zu Zeit legte man wegen eines in gemächlichem Tempo nahenden Autos eine kurze Pause ein.

Denn wer es eilig hatte, benutzte in der Regel sein Fahrrad oder den Zug. Das Omnibus-System befand sich im Aufbau. Ältere Fußgänger legten sich Stöcke zu. Diese glichen eher den heutigen Gehhilfen als den alten Wanderstöcken. Beim Eintritt in den Rentnerstand kaufte „Mann" sich eine dunkelblaue Bergmütze, die im Winter einen herunterklappbaren Witterungsschutz bot, und als weiteres Attribut einen solchen Stock. Rentnergruppen vermittelten mit dieser Ausstattung den Eindruck einer paramilitärischen Organisation. Vom Krieg war ohnehin fast immer die Rede. Vielleicht hatte man sich an das Uniformtragen oder an Uniformität ganz allgemein gewöhnt. Auch leisteten die Stöcke nützliche Dienste bei der Verwarnung ungezogener Kinder. Wie oft sahen wir solches Winken, begleitet von Drohungen der Art: „Du kriegst gleich den Stock ins Kreuz!". Die allgemeine Mobilmachung, besser Motorisierung, ließ sich aber nicht aufhalten. Sparsamere Bürger oder als halbstark bezeichnete junge Männer leisteten sich ein Moped, Sportliche ein Motorrad, für den Familienan-,zusammen- oder -ausschluss eventuell mit einem an- und abhängbarem Beiwagen. Das ermöglichte Flexibilität im Sinne des Fahrers. Mein Vater hatte sich für einen Motorroller entschieden. Es handelte sich meiner Erinnerung nach um die Lambretta 250ccm, ein elegantes Fahrzeug, glänzend von Chrom und rotem Lack.

Die Lambretta

Ein Foto aus dem Jahr 1951 verbürgt den terminus post quem, wie Historiker den frühesten Beleg des erfolgten Kaufes bezeichnen würden. Den terminus ad quem, die Abschaffung also, kann ich genauer bestimmen. Denn sie folgte unmittelbar auf die Feier zur Anschaffung des ersten Tanklöschfahrzeugs der Gemeinde im Jahr 1954. Was beide Ereignisse miteinander zu tun haben, sieht man vom leuchtend roten Lack der Fahrzeuge ab, wird sich zeigen. Mit auf dem Roller zu fahren, war ein zauberhaftes Erlebnis: Mutter beherrschte den Soziussitz, während ich vorne zwischen dem Lenker und meinem Vater stand, der mir beim Fahren über den Kopf schaute. Meine Größe behinderte ihn nicht, aber meine Position entsprach nicht den Verkehrsvorschriften. Zwischen Knien und Armen von Papa galt ich als nicht ausreichend gesichert. Mehrfach hielten uns Polizisten an, die dann lange mit meinem Vater sprachen. Als eher unangenehm erinnere ich mich an Verkehrspolizisten. Wegen ihrer weißen Schirmmützen und Jacken wurden sie allgemein und auch von meinem Vater als weiße Mäuse bezeichnet. Aber nur in ihrer Abwesenheit. Er stellte dann auf der Landstraße bei Tempo 70 plötzlich lapidar fest: „Da vorne stehen weiße Mäuse!"

Schon erhob sich eine Polizeikelle und winkte uns zum Anhaltepunkt. Führerschein, Belehrung, meist wohl nur mündliche Verwarnung. Mein Vater verfügte über eine einfache, aber wirksame Eloquenz. Vermutlich erwähnte er, dass er beim Militär als Fahrlehrer tätig, die Schirrmeisterei sein Gebiet war, weshalb er die Sache, also mich, voll im Griff habe. Die Militärnummer hat damals wohl immer gezogen. Man war im Krieg, der Krieg war vorbei, aber die Kameradschaft musste weiter halten in der neuen Republik. So etwa lautete der allgemeine soziale Grundgedanke, der schon mal über enge Vorschriften hinwegsehen ließ. Alte Kameraden eben!

Im Sommer 1954 besuchten wir Verwandte in Thaleischweiler. Onkel Theo, Spätheimkehrer aus sibirischer Gefangenschaft, hatte für mich aus hellen Holzlatten Stelzen gebaut und mir gezeigt, wie man mit ihnen laufen kann. Da ich nicht mehr absteigen wollte, verzögerte sich unsere Heimfahrt um etwa eine halbe Stunde. Das hat uns möglicherweise das Leben gerettet. Auf dem Rückweg sicherten Polizisten notdürftig eine Unfallstrecke ab, wiesen uns zu langsamer Fahrt an. Meine

Position als Galionsfigur auf dem Motorroller blieb hier nebensächlich und unbeachtet. Etwa eine halben Stunde zuvor hatte ein sturzbetrunkener Feuerwehrmann auf der Rückfahrt vom Feuerwehrfest unserer Gemeinde den für den Gastbesuch genutzten Löschwagen zu einer Amokfahrt eingesetzt, hatte Kollisionskurs auf jedes entgegenkommende Fahrzeug genommen. Die Bilanz sah schrecklich aus. Auf einem leicht ansteigenden Wiesengelände neben der Straße wurden Verletzte versorgt. Manche Personen waren schon mit grauen Planen abgedeckt. Jahre später kamen mir gewisse Zweifel an den so schnell erfolgten Todesdiagnosen.

Der Schrecken saß jedenfalls tief. Nie zuvor oder später erfuhr ich solche, zudem unverdiente Dankbarkeit durch meine Eltern. Ohne es geahnt zu haben, war ich für einen Augenblick zum Lebensretter geworden.

Die Gespräche der Eltern, die dem Unfall gefolgt waren, hatte ich nicht mitbekommen. Aber nach etwa drei Wochen ging Papa wieder zu Fuß, dafür stand in Mamas Küche ein weißer Kühlschrank von beeindruckender Größe mit einem silberfarbenen Hebel, dessen Betätigung ein neues Reich öffnete. Von nun an konnte man auch im Sommer leicht verderbliche Lebensmittel aufbewahren, sogar Eis herstellen. Die Produktion von hausgemachtem Speiseeis wurde aber bald aufgrund von Qualitätsmängeln bei der Konsistenz und speziellen Sensorik eingestellt. Mama schien jedenfalls über den Einzug des technischen Fortschritts in ihrer Küche hocherfreut. Was Papa dachte, weiß ich nicht.

Spezielle Versorgungssysteme

Nicht nur die Kartoffeln, sondern auch Kohle, Koks und Briketts, also alle üblichen Heizmaterialien, wurden mit Pferdefuhrwerk oder Klein-LKW zum Kunden gebracht. So lag dann ein Berg der schwarzen Fracht auf oder an der Straße vor dem Haus, musste also schnellstens an den Bestimmungsort im Keller gebracht werden, wollte man nicht bei seinen Nachbarn und Mitbürgern als faul und unorganisiert erscheinen. Hier wurden alle Hände gebraucht, und nicht immer ermöglichte ein Kellerfenster die Verkürzung des Transportweges. Bald wuselten auch wir Kinder mit kleinen Eimern auf dem durch seine schwarze Markierung unverwechselbaren Weg in einen Kellerraum. Manchmal handelte es sich dabei um frühere Schweinekoben, die durch halbhohe Trennwände und Türen ihre ehemalige Bestimmung verrieten. Diese Räume dienten zudem als Lager für einen Grundbedarf an Baumaterialien und nicht zuletzt als eine Art Strafgefängnis für böse Kinder. Wenn die Tracht Prügel allein der Schwere der Tat nicht gerecht werden konnte, musste für eine gewisse Zeit der dunkle fensterlose Kellerraum die pädagogische Maßnahme ergänzen. Man saß heulend auf einem Berg Kohlen und hatte Zeit zum Nachdenken. Nicht immer stand dabei die Reue im Mittelpunkt.

Wegen der Geruchsbelästigung gab es nur noch selten häusliche Schweinezucht, dafür gehörte bei vielen Familien den Hühnern ein Teil des Gartens und der Geräteschuppen. Weniger spektakulär als die Schlachtung von Hausschweinen verlief die der Hühner. Das war eher Feinarbeit. Im Hof warteten der Hauklotz und ein kleines scharfes Beil, bis das richtige schlachtreife Huhn gefangen war. Das gelang oft nur mit Täuschung und Tücke. Man trat freundlich und scheinbar tierlieb den gefiederten Eierproduzenten entgegen, streute Körner, die sie besonders mochten. Und während sie so eifrig auf dem Boden pickten, packte oder pickte die Besitzerin, denn Hühner waren Frauensache, blitzschnell ihr Opfer, den künftigen Braten, heraus. Manchmal half noch jemand mit, denn das Huhn wehrte sich mit der ganzen Kraft seines kleinen Leibes und schrie entsetzlich. Um den Kopf aber mit einem kurzen festen und gezielten Schlag abtrennen zu können, bediente man sich eines weiteren Tricks. Das Huhn wurde mit der rechten Hand an den Beinen gepackt, um es dann vertikal rotieren zu lassen, was an eine gymnastische Übung erinnerte, damit ein hoffentlich barmherziger Schwindel jedem der Beteiligten die Sache erleichtere.

Selbst wenn aber der abgetrennte Kopf bereits auf dem Hauklotz lag, war das Huhn sozusagen noch nicht klinisch tot. Genau dies faszinierte uns Kinder. Denn manches Huhn schaffte noch einen flatternden Höhenflug, den man ihm bei Lebzeiten kaum zugetraut hätte. Drehte wohl noch eine Runde seines Totentanzes oder stürmte wie weiland Klaus Störtebeker durch die Reihen seiner erschütterten Artgenossen, denen plötzlich der Appetit an den Körnern vergangen war.

Wir Zuschauer bekamen die abgehackten Hühnerfüße zum Spielen und um anatomische Grundstudien damit betreiben zu können. Mit den freiliegenden Sehnenenden betätigten wir den langen Strecker und Beuger wie eine Greifzange. Lustige Schockeffekte ließen sich damit bei den Mädchen auslösen, wenn man ihnen ganz plötzlich die gelb-schuppigen Hühnerkrallen vor die Nase hielt und dabei deren natürliche Mechanik betätigte.

Den heimischen Wald wusste man als vegetarische Nahrungsquelle zu nutzen. Neben Brombeeren gab es reichlich Pilze, wenn man seine Plätzchen kannte und sich auf das Suchen gerne einließ. Großmutter Anna durfte ich oft dabei begleiten. Da sie sichergehen wollte, sammelte sie ausschließlich Pfifferlinge und zwei bis drei andere wenig verwechselbare Arten. Gegen Schluss, wenn sich genug für eine Mahlzeit in dem großen bunten Baumwolltuch befand, sammelten wir noch getrocknete Zapfen von Nadelbäumen auf. Bei ausgeschaltetem Licht und geöffnetem Ofentürchen glühten sie im Winter lange und malerisch. Man saß dann wie vor einem offenen Kamin und erzählte.

Brombeersucherinnen erkannte man an der aluminiumgrauen Milchkanne, die sie sich mit einer Schnur um den Hals gehängt hatten, um mit beiden Händen ernten zu können. An großen Büschen soll unter den Sammlerinnen öfter Streit entstanden sein, weil die zuerst angekommenen das moralische Recht zum kompletten Abernten für sich beanspruchten. Verschiedene Auslegungen ungeschriebenen Rechts mündeten dabei gelegentlich in Handgreiflichkeiten. So stammten manche Kratzer nicht von dem Brombeerstrauch.

Nahrungsmittel mussten grundsätzlich und gründlich verwertet werden. Dieses Prinzip galt unumstößlich als Gebot Gottes, denn was er uns geschenkt hat, dürfen wir nicht wegwerfen. Ich gestehe gerne, dass ich mich noch heute zu diesem Grundsatz bekenne und ihn weitergegeben habe. Daraus ergaben sich oft interessante und kreative Ideen. Was konnte alles für eine gute Suppe taugen! Das andere Argument betrachtete ich schon damals als zu zeitspezifisch. Irgendwann konnte ich diesen Refrain einfach nicht mehr hören: „In der schlechten Zeit wären wir froh gewesen, wenn …" Oder: „Was hätten wir in der schlechten Zeit darum gegeben, wenn..." Die schlechte Zeit war aber zum Glück vorbei. Und das stand den meisten Leuten direkt, in mehr oder weniger fetten Buchstaben, auf den Leib geschrieben.

Die Schuld an dieser plötzlichen Leibesfülle muss man mehreren Faktoren zuschreiben. Die langen Jahre des Hungers, die ich aus vielen Erzählungen kannte, hatten ein enormes Nachholbedürfnis wachsen lassen. Man konnte sich gut vorstellen, wovon eine ganze Generation hoffnungsvoll und sicher detailliert geträumt hatte: Gänsebraten mit dicken Saucen, fette Sahnetorten, Schlachtplatten und ähnliche Schlemmereien. Das Wirtschaftswunder kam auch bald in unserem Dorf an, eher bescheiden, aber dennoch sättigend. Dazu trat aus dem benachbarten Frankreich eine neue Speise ihren Siegeszug an, der einem Blitzkrieg glich. Besser gesagt: Es war die Eroberung der Herzen durch die Mägen, noch bevor Konrad Adenauer im Januar 1963 den deutsch-französischen Freundschaftsvertrag zusammen mit Charles de Gaulle im Pariser Élyséepalast unterzeichnete. Sie waren plötzlich in aller Munde: die Pommes frites. Es gab sie sonntags nach dem Gottesdienst zusammen mit einem Brathähnchen und Salat. Mutter hatte einem riesigen Berg von festkochenden Kartoffeln die klassische lange schmale Schnittform verpasst, füllte nun immer wieder was ging in den Gitterkorb, den sie in den großen gusseisernen Bräter senkte, bis sich die gewünschte goldgelbe Farbe zeigte. Die Folgen des neuen Speiseangebots blieben nicht aus. Der Schneider bekam neue Aufträge, die Konfektionsgröße änderte sich. Der genussvoll erworbene

Wohlstandsbauch erfuhr keineswegs gesellschaftliche Diskriminierung, sondern Anerkennung. Man hatte es geschafft, war kein Hungerleider mehr.

Zur guten Speise gehörte schon immer der angemessene Trunk. In der Westpfalz konnte das nur Bier sein. Die Parkbrauerei in Zweibrücken lieferte den bodenständigen Durstlöscher: Trockne Kehle – Parkbräu wähle!

Gegenüber unserem Haus befand sich eine Gastwirtschaft. Nach dem wohlverdienten Feierabend und am Sonntagmittag schickte man mich mit einem verantwortungsvollen Auftrag über die Straße. In der Hand trug ich einen zunächst noch leeren gläsernen Maßkrug. Mit diesem betrat ich die Wirtsstube, begab mich zum Schanktresen und setzte dort das Gefäß ab. Bis der Wirt den Krug gefüllt hatte, blieben mir einige Minuten Zeit, die ich immer gut zu nutzen verstand. Meist ging ich gleich zur Jukebox, wählte einen Titel und beobachtete genüsslich, wie die Mechanik die kleine Platte ergriff und zum Abspielen brachte. So entstand das Gefühl einer akustischen Bestimmung für den Raum und die anwesenden Erwachsenen. Wer waren sie? Rasch verschaffte ich mir einen Überblick über die Gäste. Im Grunde kannte ich sie alle wenigstens vom Sehen. Witzig erschien mir, dass immer ein oder zwei Gäste einen Bierwärmer im Glas hängen hatten. Warum mochten Menschen warmes Bier, obwohl die Werbung immer die kühle Frische pries? Auch den Bewusstseinszustand oder den Grad der Nüchternheit versuchte ich zu erfassen. Die Betrunkenen boten einfach den höheren Unterhaltungswert. Hatte ich Glück, so sprach mich einer von ihnen an und ich konnte witzig und schlagfertig parieren. Mein Sieg nach Punkten ließ sich an dem schadenfrohen Lachen der anderen Zecher ablesen. Auf dem Rückweg musste ich vorsichtig, aber zügig die Bundesstraße überqueren. Damit nichts aus dem Krug verschüttet werden konnte, sah ich mich genötigt, ein wenig abzutrinken. Das geschah aus Gründen der Diskretion schon im Vorraum der Schänke. Der Wirt hatte gut gemessen. Ohnehin stand mir der Schaum zu. Das war allgemeiner Brauch. Man wollte Kinder behutsam an das Erwachsenwerden heranführen.

Da die Gastwirtschaften noch nicht über elektrische Kühlanlagen verfügten, hielten sie die Bierfässer im Keller durch Eisstangen kalt. Im Sommer lieferten die Fahrer der Brauerei immer solche Eisblöcke fast im Format von Bahnschwellen zusammen mit den Fässern aus. Handschuhe und Haken erleichterten es den Männern, ihre frostige Fracht abzuladen. Ein schöner Brauch bestand darin, den zuschauenden Kindern ein paar Eisbrocken abzubrechen, die dann auf recht urige Weise geschleckt und geknabbert wurden. Einer lachte über den anderen.

Über das medizinische Versorgungssystem im Dorf konnte man sich kaum beklagen. Es lag fast ausschließlich in den Händen zweier Hausärzte. Diese Bezeichnung verdienten sie voll und ganz, denn sie kamen grundsätzlich, wenn jemand Fieber hatte oder sich nur sehr beschwerlich zur Sprechstunde hätte schleppen können.

Der ältere der beiden Ärzte war für seine schneidige Fahrweise bekannt. In seinen jungen Jahren soll er noch mit einer Pferdekutsche, einem Einspänner, seine Krankenbesuche durchgeführt haben. Er genoss großen Respekt und wusste sich diesen auch durch klare Ansage zu verschaffen. Seine Kompetenz umfasste die komplette medizinische Bandbreite, einschließlich der Zahnheilkunde, seine Einsatzbereitschaft dauerte 24 Stunden am Tag. War jemand bettlägerig erkrankt, dann konnte man auch im Schwesternhaus Bescheid sagen und um den Besuch einer der beiden Krankenschwestern bitten. Als Mitglied im Krankenpflege-Verein, dem Elisabethen-Verein, hatte man diese Option. Meist erschien die Schwester schon früher als der Arzt am Krankenbett. Ihm wollte sie nicht gern bei der Visite begegnen. Sie wurde beim Eintritt mit dem für sie üblichen Gruß: „Gelobt sei Jesus Christus!" empfangen, den sie mit: „In Ewigkeit. Amen." erwiderte und ergänzte. Mutter informierte sie dann über die Beschwerden. Meist stellte Fieber ein Begleitsymptom dar. Ihr üblicher Rat ging in die Richtung: Schwitzen mithilfe von dicken Decken oder – wirklich hart – Kartoffelwickel. Einmal wollte es der Zufall, dass gerade, als die Schwester wieder gehen wollte, der Herr Doktor an der Haustür klingelte. Zu meinem Erstaunen bat die Schwester herzlich und mit flehendem Ausdruck darum, sich bis nach dem Arztbesuch in den benachbarten Raum, es war das Schlafzimmer der Eltern, zurückziehen zu dürfen. Als meine Mutter den Arzt fragte, ob sie mich mit solchen Wickeln, die ihr eben empfohlen worden waren, behandeln sollte, verbot ihr der Doktor eine solche Rosskur. Das blieb mir im Gedächtnis. Die Wickel wurden mir erspart und künftig auch der Besuch der Schwester. Gut gemeint ist nicht immer gut. Beinahe-Begegnungen der beschriebenen Art soll es mehrfach gegeben haben. Etwa zwanzig Jahre später lernte ich den alten Doktor auch privat etwas näher kennen und seinen feinen hintersinnigen Humor schätzen. So hielt er bei der Feier seines neunzigsten Geburtstags eine längere sehr geistreiche, amüsante und geschliffene Rede. Es waren mindestens zehn Zettel, die er dabei verwendete. Als er die Rede beendet hatte, konnte ich zufällig feststellen, dass diese Zettel absolut unbeschrieben waren.

Für die größeren medizinischen Leistungen standen die beiden Krankenhäuser der Stadt zur Verfügung. Zu Beginn des Jahres 1956 erlebte ich dort anlässlich einer Entfernung von Rachenmandeln und Polypen noch eine Äthernarkose. Ich sehe noch heute den Arzt und die Schwester mit ihrem Mund-Nasenschutz über mich gebeugt; man legt mir eine Art halbovales metallenes Gitterkörbchen über Mund und Nase, bedeckt es mit einem weißen Stoff und träufelt darauf eine Flüssigkeit.

Eine der OP-Schwestern sagte, dass ich bald einschlafen werde. Und schon saß ich auf einem Motorrad und raste eine kurvenreiche Bergstrecke hoch. Als die rasante Fahrt beendet war, wachte ich wieder auf. An den folgenden Tagen konnte ich nichts essen. Die Eltern holten mich deswegen vorzeitig aus dem Krankenhaus. Unser Hausarzt hatte sich zur häuslichen Nachsorge bereiterklärt. Zu allem Überfluss erfuhr ich, dass es im evangelischen Krankenhaus nach diesem Eingriff immer leckeres Speiseeis gebe.

Alltagserfahrungen
Mit dem Schneewittchensarg im Rückwärtsgang

Zugfahrten vermittelten durch die Dampfloks noch ein echtes Erlebnis. Zunächst erstand man am Kartenschalter des Bahnhofs die Karte. Solche für den Nahverkehr konnte der Beamte aus einem Metallschrank mit speziellen klammerartigen Halterungen entnehmen. Die etwa zwei auf vier Zentimeter großen Fahrkarten aus festem Karton enthielten die üblichen Angaben über Ziel, Preis und Klasse. Bei längeren Fahrten empfahl es sich schon sehr früh den Fahrschein zu kaufen. Er musste zusammen mit einem Durchschlag in sauberer Schrift unter Zuhilfenahme von Lineal, Kursbuch und Entfernungslisten ausgefüllt werden. Dieser behördliche Akt konnte zehn Minuten dauern. Und der Bahnhof als solcher war ein Ort, an dem Menschen arbeiteten, die entschlossen schienen, jeder Hektik und jedem Stress Widerstand zu leisten. Wer übrigens mit auf den Bahnsteig wollte, musste eine kostenpflichtige Bahnsteigkarte erwerben. Einige Minuten vor der Ankunft des Zuges schloss der Beamte die Schranken mittels einer mechanischen Handkurbel. Eine Betätigung, die von einem lauten Glockensignal untermalt wurde. Dann öffnete er die Sperre, um die Karten zu kontrollieren und zu knipsen.

Halt und Abfahrt des Zuges beeindruckten durch die Kraft elementarer Naturgewalten: Feuer, Wasser und Dampf, nur teilweise im mächtigen schwarzen Stahl gezähmt. Kein Wunder, wenn die meisten Jungs auf die Frage nach ihrem Berufswunsch Lokomotivführer sagten. Während der Fahrt, natürlich in der Holzklasse, schaute ich, grundsätzlich auf einer kleinen Bank stehend, aus dem geöffneten Fenster. Der Koloss fauchte, man roch den herben Rauch und sah die sprühenden Funken, von denen immer einige den Weg in neugierige Augen fanden.

Der Alltag selbst wurde, wie ich in meiner Unreife empfand, zu sehr von der Schule bestimmt. Schon das frühe Aufstehen widersprach dem natürlichen Bedürfnis. Mir fehlte der Appetit für die Schule und das Frühstück. Dieses sollte gesund sein, leicht zuzubereiten und zu essen: also Porridge. Man hätte es treffender als Haferbrei-Pampe bezeichnen können. Zwei Varianten standen zur Auswahl, nämlich eine mit und eine ohne Kakao. So wie es mir schmeckte, kaute ich lange und lustlos den Brei, entsprechend musste ich mich jeden Tag beeilen, um noch pünktlich zum Unterricht zu kommen. Dafür konnte ich wenigstens Radio hören. Im Südwestfunk spielte fünf Jahre lang das Rundfunkorchester unter der Leitung von Emmerich Smola für einen kleinen Morgenmuffel. Meine positive Einstimmung in den Tag. Ich durfte dem großen Musiker als dem Vater einer ehemaligen Kollegin später begegnen. Er erwies sich als ein liebenswerter Mensch von herzlicher unprätentiöser Art.

Ich hätte ihm eigentlich danken müssen, dass er mir fünf Jahre lang dabei geholfen hat, morgens beim Frühstück den Alltag der Schule zu vergessen. Gott möge es ihm vergelten.

Andererseits gab es Menschen, die gewissermaßen professionell gegen das Vergessen der Schulzeit kämpften: die Schulfotografen.

Bei diesem Thema muss ich meine Befangenheit gestehen. Zu vieles, was ich in einem halben Jahrhundert diesbezüglich erlebt habe, wirkte sich unvorteilhaft auf mein Urteil über diese Berufsgruppe aus. Da Verallgemeinerungen immer falsch sein müssen, beschränke ich mich auf ein einzelnes, aber extremes Beispiel. Wieder einmal erschien ein Fotograf an unserer Schule, um für unsere mehr oder weniger stolzen Eltern Fotografien ihrer mehr oder weniger fleißigen, erfolgreichen oder gutaussehenden Kinder zu machen. Der reisende Fotograf erhielt von der Schule die Adressen der Eltern und machte sich nach der Entwicklung der Lichtbilder auf, um an den Haustüren die Resultate seiner Bemühung zu verkaufen. Er bediente sich einer besonders brutalen psychologischen Methode. Vor dem Läuten an der Haustür erhielt das Foto einen silberfarbenen Passepartout-Rahmen. Er nannte zunächst einen astronomischen Preis, den er anschließend reduzierte. Wenn man zu diesem Preis aber nicht kaufen wolle, dann werde er das Foto auf der Stelle zerreißen. Schon nahm er es aus dem Rahmen. Welche Mutter konnte ertragen, dass ihr Kind vor ihren Augen zerrissen wird? – Das erfolgreiche Geschäftsmodell hatte gewiss zu vielen Erinnerungsfotos verholfen.

Eine interessante Fotoserie, gewissermaßen eine Homestory über den Alltag kleiner Leute, hätte ein Fotograf montags bei uns zu Hause vor seine Linse bekommen. Montag war Waschtag. Zwar genoss meine Mutter schon einige Erleichterungen, denn sie brauchte nicht zum öffentlichen Waschplatz und hatte sogar eine Wäscheschleuder. Diese war sehnlichst erwartet worden. Für ihre Ankunft hatte man gedanklich einen dicken roten Teppich von der Straße zur Waschküche im Keller ausgerollt. Ihre schützenden Holzlatten wurden vorsichtig entfernt, die Stromversorgung hergestellt, nun von oben gefüllt, konnte sie, nachdem der Deckel geschlossen war, gestartet werden. Mit zunehmender Lautstärke und in ansteigender Tonfrequenz entfaltete sie die nötige Zentrifugalkraft. Als wahrnehmbares Zeichen ihrer Anstrengung und der Rechtfertigung ihres Preises strömte aus ihrem Abflussrohr anschwellend, anhaltend und schließlich versiegend das Waschwasser. Die Wäsche konnte nach dem Stillstand der am Ende langsam torkelnden kupferfarbenen Trommel in einem merkwürdig gepressten und gewundenen Zustand entnommen und in den Wäschekorb gelegt werden.

Das eigentliche Waschen erforderte bis zum Kauf einer Waschmaschine im Jahr 1964 noch echte Handarbeit. Mama war montags in ungünstiger Stimmungslage.

Schon in morgendlicher Frühe hatte sie ihre Kittelschürze, ein Kopftuch und Gummistiefel angezogen, hatte sich in der Waschküche vor den Waschkessel aus Beton gekniet und ihn mit Holz und Briketts befeuert. Wie in einem Hexenkessel kochte darin bald die Wäsche. Eine Stimmung, die sich offenbar übertrug. Ein Stampfer, der aus einer Art Messingzylinder am unteren Ende eines Holzstils bestand, musste Druck auf die Wäsche ausüben, um ihr den Schmutz auszutreiben. Das Waschbrett sorgte für rhythmische Abwechslung in der Orchestrierung einer rauschenden und dampfenden Symphonie bei der Montagsmatinee nach Henkels Waschmittelkompositionen in Tonlage Moll, vorwiegend furioso.

Die Anwesenheit schien für jugendliches Publikum wenig ratsam.

Zum Reichen der Wäscheklammern beim Finale war man aber wieder willkommen.

Langsam begann gegen Ender der fünfziger Jahre auch für eine etwas breitere Bevölkerungsschicht die automobile Zukunft: Sie hieß zum Beispiel Goggomobil, BMW Isetta oder Lloyd 300 – mit 10 PS. Wir stellten uns wirklich zehn ausgewachsene Pferde vor, was diesen schmächtigen Motoren in unseren Augen erheblichen Respekt verschaffte. Am meisten aber beflügelte meine Fantasie der Messerschmitt Kabinenroller, den man bald liebevoll Schneewittchensarg nannte. Von zehn unsichtbaren Pferden angetrieben, konnte man in ihm glücklich und mit Panoramasicht sogar die Alpen in Richtung Italien überqueren, wie wunderschöne Werbegrafiken zeigten. Seine schlicht gepolsterten roten Sitze schienen eher für zwei der sieben Zwerge als für zwei Erwachsene geschaffen. Wir drückten uns an der Plexiglashaube die Nasen platt. Es musste traumhaft sein, damit zu fahren, denn das Innere glich entfernt einem Düsenjägercockpit. Am Tag des offenen Flugplatzes hatten wir jedes Jahr Gelegenheit zum Vergleich.

Eine Wette zwischen einem auf dem Flugplatz stationierten Amerikaner und einem Kabinenrollerpiloten machte bald die Runde im Dorf. Die Amis verfügten durch einen sehr hohen Dollarkurs selbst in niedrigen militärischen Rängen über eine beachtliche Kaufkraft. An der Theke unserer Kino-Bar kam es unter den beiden Besitzern ganz unterschiedlicher Autos, einem Ami-Schlitten und einem Schneewittchensarg, zu einer Wette über die Möglichkeiten des Rückwärtsfahrens.

Der Deutsche behauptete nämlich, dass sein Auto mehrere Rückwärtsgänge habe, mit denen er sogar bis zu 90 km/h schnell fahren könne. Dem GI schien bei dieser Behauptung ein beträchtlicher Wetteinsatz berechtigt und sicher. Hier und jetzt wollte er das sehen.

Man fuhr auf die alte Römerstraße beim Flugplatz. Sie verlief gerade, wurde selten befahren und vermutlich kaum durch die Polizei kontrolliert. Ein paar Drinks an der Kino-Bar dürften diese Vorsichtsmaßnahme zusätzlich begründet haben. Der Besitzer des kleinen Wunderwerks deutscher Fahrzeugtechnik drehte dort nun seinen Zündschlüssel statt nach rechts in linker Richtung, und schon drehte auch der Motor andersherum. Er konnte nun alle vier Gänge als Rückwärtsgänge nutzen. Vermutlich hat er nicht bis Tempo 90 beschleunigt. Auch musste der amerikanische Straßenkreuzer gar nicht zum Vergleich antreten, denn sein Besitzer drückte dem Gewinner der Wette ein kleines Bündel Dollar in die Hand, von dem anschließend ein gewisser Teil bei Freddy in der Kino-Bar zur anderen Seite des Tresens wechselte. Einen deutschen Sieg musste man schließlich feiern.

Zum dörflichen Alltag gehörten auch einige geistig Behinderte. Sie waren auf ihre Art durchaus integriert. Man nannte ihre Vornamen, wenn man von ihnen sprach, uns Kindern schärfte man ein, sie nicht zu ärgern. Um dieses moralische Gebot abzusichern, warnte man uns vor ihrer Kraft, die uns dann vielleicht unbeherrscht treffen könnte. Nur selten kam es zu primitiven Streichen mit ihnen, dann aber nur durch Erwachsene. Die Dorfgemeinschaft hat das aber immer eindeutig verurteilt.

Man hatte diese Behinderten auch in der Volksschule als Mitschüler erlebt. Ob es daran lag, dass es noch kein ausgebautes Sonder- oder Förderschulsystem gab? Jedenfalls saßen sie ihre Zeit in der Schule ab. Aus seiner persönlichen Perspektive mag einer von ihnen richtig geurteilt haben, als er einmal sagte: Schule ist der größte Quatsch, den es gibt!

Nach der Schule fanden einige von ihnen Arbeitsplätze in der Stadt. Einer soll allerdings am ersten Arbeitstag verzweifelt die Fabrik gesucht und lautstark darüber geklagt haben, sie sei gestern noch dagewesen. Man half ihm aber gerne, sie wiederzufinden.

Geschenke und herbe Verluste

Der Wunschzettel für das Christkind umfasste eine Menge Positionen. Da ich aber nie brav war, handelte es sich um unberechtigte Erwartungen, also eine wirkliche Wunschliste. Es blieb dementsprechend weitgehend beim Wünschen. Das Christkind hat zum Beispiel immer die Dampfmaschine gestrichen. Bei Besuchen in der Stadt stand sie im Schaufenster des Spielwarengeschäftes: ein hochglanzpolierter Messingkessel mit einem Schauglas, das den Wasserstand anzeigte, verschiedene Ventile, ein altkupferfarbenes Kesselhaus mit Ziegelsteinmuster neben einem großen Schwungrad und der Dampfpfeife. Mit einem Blick auf den Preis war mir klar, dass man dazu ziemlich brav und fromm sein musste. Immerhin ging ich nicht leer aus, das Christkind gönnte mir regelmäßig etwas zum Lesen, schöne Schreibgeräte, Rätselsammlungen und Spielzeugautos. Diese Ausrichtung scheint meine Wünsche bis heute zu bestimmen. An die Geschenke eines bestimmten Weihnachtsfestes kann ich mich deshalb noch gut erinnern, weil das Christkind Dinge gebracht hatte, die die Eltern etwas entsetzten. Drei Kampfpanzer rollten über den Wohnzimmerteppich. Gab es beim lieben Christkind Sympathien für die Gründung der Bundeswehr im Jahre 1955? Nannte man nicht die Leuchtmunition im Krieg Christbäumchen?

Musste man unserer Bedrohung durch die Atheisten im kommunistischen Osteuropa nicht massive Kampfbereitschaft entgegensetzen, wie unser Herr Pfarrer immer predigte?

Die Panzer machten den weihnachtlichen Wunderkerzen Konkurrenz. Beim Fahren erzeugten kleine Feuerzeugzündsteine rechts und links der Kanone Funken, die Mündungsfeuer simulierten. Bei einem Modell erhob sich fortlaufend ein Soldat mit dem Oberkörper aus dem Panzerturm und verschwand dann wieder. Schon damals hielt ich das für ein riskantes Verhalten beim Kampfeinsatz oder einen Konstruktionsfehler. Sollte man einen geschützten Ausguck vergessen haben? Damit die Panzer nicht so allein oder nur gegeneinander kämpften, was bei drei Exemplaren immer unsportlich sein musste, inszenierte ich kleine bescheidene Kriegsszenarien, die unsere Krippe, die Hirten, die Heiligen Drei Könige und auch die Heilige Familie an der Handlung beteiligten. Dabei achtete ich immer darauf, dass dem Christkind selbst nichts passierte. Ich wusste schließlich um sein späteres Schicksal. Auch Christbaumkugeln eigneten sich hervorragend zum Beweis, dass man Panzersperren einfach wegschieben kann. Der Einsatz von Kerzen hätte allerdings zu unberechenbaren Risiken für das Schlachtfeld auf dem Teppich geführt.

Bei einem anderen Weihnachtsgeschenk war mir – völlig überraschend – schon nach wenigen Tagen der Spaß verdorben worden. Es handelte sich um einen Kaufladen, der nach Konstruktion und Größe etwa einer Puppenküche entsprach. In seine Regale ordnete ich mit geschäftigem Eifer die kleinen Warenpackungen ein. Sie zeigten unterschiedliche Farben und Formen.

Ihre Beschriftung verwies auf übliche Waren, etwa Mehl, Salz, Zucker, Nudeln oder Reis. Die Öffnung und Verkostung enthüllte eine Form von Etikettenschwindel, denn alle enthielten eine Art süßen Reis. – Man muss ja wissen, was man verkauft.

Es gab eine Kasse, verschiedene Schubladen und Spitztüten, die – von einem winzigen Schnürchen zusammengehalten – seitlich am Regal hingen.

Auf ihre Verwendung warteten hübsche bunte Liebesperlen, die in Bonbongläschen abgefüllt waren. Ein eher überdimensionierter Block diente der Abrechnung des Einkaufs. Nun erwartete ich Einnahmen in echter Währung. Spielgeld sollte nicht akzeptiert werden.

Kaum war der Laden neu eröffnet, wurde er aber schamlos ausgeplündert. Eine schlimme Erfahrung, die mich zur baldigen Geschäftsaufgabe bewegte.

Es begann ganz harmlos. Bekannte hatten ihren Besuch angekündigt. Ich musste versprechen, mich brav und höflich zu verhalten, auch gegenüber der etwa gleichaltrigen Tochter, die mitkomme. Das war nun mein Problem. Sie kam, sah sich um und hatte sich wohl entschieden. Statt mit mir irgendetwas zu spielen, machte sie sich einfach über den Kaufladen her, fragte nicht lange, aber langte dafür richtig zu. Die Liebesperlen knirschten unter ihren Zähnen, bald folgten die Reisfüllungen mehrerer Päckchen. Als man sich nach ein paar Stunden verabschiedete, Mädchen immer mit Knicks, Jungs mit Diener, war mein Kaufladen schamlos geplündert. Einen Großhändler für diese Miniaturwaren gab es nicht. Ich war traurig, zornig und geschäftlich ruiniert. Den Kaufladen, dieses Mahnmal falsch verstandener Höflichkeit, schaffte ich aus meinem Gesichtsfeld. Bei einem Gegenbesuch ließ ich mich – höflich – entschuldigen und blieb bei Großmutter. Ein Racheakt oder eine Gegenaktion war denn doch nicht mein Niveau. Aber der Konflikt zwischen marktwirtschaftlichen und sozialen Regeln war offen zutage getreten.

Am Neujahrsmorgen machte man der Patin und dem Paten nach dem Gottesdienst seine Aufwartung. Das Neujahr musste mit einem möglichst lauten Kracher angeschossen werden. Das Kaliber „kleiner Kanonenschlag", würfelförmig und mit grau-gelber Kordel umwickelt, stellte einen vertretbaren Kompromiss zwischen persönlicher Risikogrenze und Bedeutung des Anlasses dar. Sein Knall ersetzte die Türklingel des Paten und der Patin vollwertig. Nach einem gereimten mundartlichen Neujahrsspruch folgte der Handschlag mit Diener, man trat kurz ins Haus und erhielt vom Paten eine Brezel aus Hefeteig, deren Größe es erlaubte, mit dem linken Arm durch eine der Schlingen zu schlüpfen, damit man sie – über das Schulterblatt geschoben – stolz durch das Dorf tragen konnte. Bei der Patin gab es ein Buttercremetörtchen und meist noch ein Buch. Die Brezel galt als Symbol der Männlichkeit, Mädchen bekamen eine Hefeteigpuppe. Meine kleine Torte aß ich allein, die trockene Brezel schenkte ich Papa. Der hatte ja schlechte Zeiten erlebt und wusste solche einfachere Kost zu schätzen. Was hätte er damals für ein Stück Hefeteig gegeben ...

Manche Gaben weckten zu Unrecht große Erwartungen.

Die Freude über meine Kommunionuhr, den Klassiker unter den Geschenken, sollte nicht lange dauern. Im Buch Kohelet 3 heißt es so vielsagend: „Ein jegliches hat seine Zeit." Das galt bei meinem Zeitmesser in verschärfter Form. Das barocke Vanitas-Motiv, oft durch das Stundenglas dargestellt, wollte sich an dem neuzeitlichen Nachfolgemodell in Erinnerung bringen. Wie treffend beschreibt der Barockdichter Andreas Gryphius in seinen Sonetten zunächst den Prunk, den Glanz und die Pracht. Und wie schnell geht solche Nichtigkeit zugrunde. Über die frühe Vermittlung solch elementarer Erkenntnisse hätte ich mich eigentlich freuen sollen. Ich tat es nicht, denn es mangelte mir bekanntlich an Reife.

Am Arm prangte eine wunderschöne Uhr, hartvergoldet wie ihr Metallarmband. Das Zifferblatt trug auf seiner weißen Fläche vier goldene Ziffern, während die anderen Stunden durch kurze Linien bezeichnet wurden. Sogar ein Sekundenzeiger drehte lautlos, aber lebendig seine Runden: Tanzen hat seine Zeit.

Ihr Totentanz begann an einem Samstag in der Badewanne. Das Badewasser hatte seine optimale Temperatur von etwa 38 Grad. Zwei große Brausetabletten der Duftrichtung Fichtennadel versprachen durch Geruch und herrliche grün-blaue Tönung ein besonderes Vergnügen. Zeit in die Wanne zu steigen. Da manche Menschen das Nichtstun nicht als Quelle der Entspannung empfinden, verschaffen sie sich Unterhaltung. Kinder nehmen ihre Quietscheente mit ins Wasser, vielleicht auch ein Schiffchen. Mir ging es im Beiprogramm um Ernsteres: eine technische Untersuchung. Auf dem Stahlboden der Uhr stand nämlich: „water protected". Das wurde mir als „wassergeschützt" übersetzt. Ich entschied mich – meinem Alter entsprechend – für die lectio facilior, also die einfachere Lesart, die einen grundsätzlichen und umfassenden Schutz der Uhr vor dem Wasser versprach.

Wer vor Wasser geschützt ist, dem kann Wasser nichts anhaben.

Wie hätte ich wissen sollen, dass dieser Schutz nur Spritzwasser betraf. Nicht einmal dauerhaftes Spritzwasser.

Das Unheil schickte schon nach dem Bad einen Vorboten.

Das Glas des Zifferblattes zeigte sich erheblich beschlagen. Der Schrecken über diese Erkenntnis ließ mich die Uhr an einem sicheren Ort zum Ausdünsten ablegen: in der Schublade meines Nachttisches. Tägliche Kontrollen konnten es nicht verhindern, dass sich am dritten oder vierten Tag an den Zeigern eine winzige Spur von Rost, aber keine Bewegung mehr zeigte. Die Uhr war kaputt.

Als ob mein Kummer über den Verlust des Kommuniongeschenkes meiner Eltern nicht schlimm genug gewesen wäre, mussten sie meine Lage zusätzlich durch Fragen nach der Uhrzeit verschlimmern und komplizieren. In der leider irrigen Annahme, mir, dem Uhrenbesitzer, eine besondere Freude damit zu bereiten, wollten sie – ohne besonderen Anlass – immer wieder die genaue Zeit wissen. Das hielt ich mit viel Mühe recht lange durch. Irgendwann kam die Stunde der Wahrheit. – Wegwerfen hat seine Zeit.

Manche Dinge überlebten die Zeiten besser als man annehmen, vielleicht sogar wünschen sollte. Kohelet sagt: „Zerreißen hat seine Zeit." Sollte er dabei vorausschauend auch unsere Hemden im Blick gehabt haben? Der Zeit des Wegwerfens oder Zerreißens schienen unsere Hemden mehrfach entgangen zu sein. Sie verdankten dieses Überleben einer bestimmten ökonomisch-technischen Strategie, die entfernt an heutige Schönheitsoperationen erinnert.

Erste deutliche Abnutzungsspuren zeigten sich meist an den Kragen und Manschetten.

Die Nachbarin sorgte gegen einen kleinen Obolus für Abhilfe. Es wurde gewendet. Nächste Stufe der Rettung: Herrenhemden verfügten über eine großzügige Länge. Das erlaubte eine Art Amputation des von der Hose verdeckten unteren Segmentes der Rückseite. Aus ihm ließ sich ausreichend Material für die Transplantation gewinnen. Damit ersetzte man die gewendeten oder nicht mehr wendbaren und verwendungsfähigen Teile. An die Entnahmestelle kamen Reste eines zur Ausschlachtung freigegebenen Hemdes. Bei größeren Schäden erfolgte eine Amputation des Ärmels auf das Maß eines Halbarmhemdes, dessen Stil und Material, oft Baumwoll-Piqué, allerdings die Vorgeschichte auf unschöne Art sichtbar machte. Armutszeichen Kurzarm? – Ärmel ab: arm dran?

Mied ich deshalb bis ins reifere Mannesalter Hemden mit kurzem Arm?

Wer im Sommer beim Wandern das Hemd über der Hose tragen wollte, wie es junge Männer nach dem Modetrend gerne taten, durfte also nicht jedes Hemd tragen. Wanderer, oft in kleinen Gruppen, belebten besonders sonntags Felder und Wälder. Niemand dachte an Fitnesstraining, man suchte Geselligkeit, frische Luft und ein Picknick. Wie schon Kohelet weise erkannt hat, „dass es nichts Besseres dabei gibt als fröhlich sein und sich gütlich tun in seinem Leben. Denn ein Mensch, der da isst und trinkt, hat guten Mut bei all seinem Mühen, das ist eine Gabe Gottes". Das wird der Herr Pfarrer wohl praktiziert haben, aber gepredigt hat er es nicht. Auch seine

Schäfchen hatten es schwerlich in der Bibel gelesen, eher war es unmittelbarer und kollektiver Eingebung und Erfahrung entsprungen. Im Unterschied zu heutigen Wandergruppen sang man laut und dauerhaft. Im Wald wurde man also eher gehört als gesehen. Unangenehme Wildbegegnungen blieben dadurch aus. Es gab dabei immer wieder Virtuosen, die sogar die zweite Stimme singen konnten. Mit ihr begleiteten sie die erste Stimme auf eine Art, die diese sozusagen auf den zweiten Platz verwies. Sie krönten den Gesang durch ihre Terz.

Auffällig waren auch Kopfbedeckungen, die aus einem spontanen Schutzbedürfnis entstanden. Zipfelartige Knoten an den vier Enden eines großen bunten Taschentuches ließen einen einfachen und lustig aussehenden Kappenersatz entstehen. Am meisten faszinierte mich aber, was gerade die Kahlköpfigen unter ihnen damit anstellten. Sie freuten sich nämlich auf die nächste Begegnung mit einem Ameisenhaufen. Auf ihn legten sie ihre Kopfbedeckung, warteten ein bis zwei Minuten, schüttelten dann die kleinen Biester ab und zogen das von Ameisensäure getränkte Tuch wieder über den bloßen Kopf. Das sei gesund. Es fördere die Durchblutung. Durch den unmittelbaren Kontakt mit der Kopfhaut erlebten kahlköpfige Menschen einen evidenten Vorteil. Tatsächlich therapieren manche Homöopathen damit Hautausschläge oder Nierenleiden. Da Gleiches mit Gleichem bekämpft werden soll, eignet sich also ein Mittel, das Haut und Nieren schädigen kann zu deren Heilung. Ob es in der angewendeten Konzentration half? Den Haarwuchs hat es jedenfalls bei keinem wiederbelebt.

Mein Freund Bruno und ich verbrachten viele Stunden unserer Freizeit zusammen. Dass dabei gelegentlich

Dinge zu Bruch gingen, deren Haltbarkeitsdatum noch lange nicht erreicht war, versteht sich von selbst. Das zog, den näheren Umständen zufolge, gewisse Strafen nach sich. Wieder einmal war etwas kaputt gegangen. Die Bedingungen sprachen deutlich für uns als Täter, Strafmaßnahmen wollten wir unbedingt vermeiden. Unser Leugnen fand aber keinen Glauben. Das brachte uns auf eine clevere Idee, bei der wir uns einer etwas komplexeren Kommunikationssituation bedienten. Damals wohnte ein Verwandter für einige Tage bei uns. Er war etwa sieben Jahre älter als wir und so fromm und brav, dass er mir oft als Vorbild hingestellt wurde. Vielleicht gehörte dieses Ziel sogar zum unausgesprochenen Besuchsprogramm. Insofern war sein Besuch jedenfalls eine ziemliche Pleite. Wir wussten ihn sogar zu instrumentalisieren. Im Durchgang neben unserem Haus spielten wir manchmal. Dort befand sich neben der Haustür das kleine Toilettenfenster. Unser Plan entstand in Windeseile, als der fromme Gast zum WC ging. Zufällig spielten wir neben dem Fensterchen und unterhielten uns dabei augenzwinkernd über die ungerechtfertigten Anschuldigungen, beklagten bitter den Vertrauensverlust der Eltern und die Unmöglichkeit einer Rechtfertigung. Diese Botschaft gelangte denn auch bald nach der Betätigung der Spülung an die vorgesehene Adresse. Der Plan hatte perfekt funktioniert. Leider kam nicht nur die Wahrheit, sondern auch der raffinierte Trick heraus. Meine kriminelle Kariere schien begonnen zu haben. Man überlegte nun anscheinend ernsthaft, mich, der doch zugleich unreif war, nach Queichheim bei Landau in ein Heim für Schwererziehbare zu geben. Nur eine solche Anstalt könne meiner noch Herr werden. Ich hörte mir diese Klagen ohne große Aufregung an, denn ich kannte nicht nur mich, sondern auch meine Freunde. Nach diesen Maßstäben hätte ich dort meine besten Kameraden treffen können. Eine lustige und starke Truppe, aber keine Kriminellen. „Clever & Smart" hieß eine Comicserie zu Beginn der sechziger Jahre. So etwa sahen wir uns.

Gegen Ende der fünften Klasse, die ich wegen meiner Unreife noch in der Volksschule verbringen musste, konfrontierte man mich mit einer Art Kompromiss. Nicht ein Heim für Schwererziehbare, sondern ein katholisches Internat sollte meine künftige Schul-, Lebens- und Erziehungsstätte werden.

Blieb mir eine andere Wahl?

2

Die eigentümliche Welt eines katholischen Internats

Regeln und wie man manche umgeht

Abbruch und Aufbruch
Aus der Freiheit in die Kasernierung

Mit einer solchen neuen Lebensperspektive musste man sich erst einmal vertraut machen. Von Anfreunden konnte keine Rede sein.

Ein mageres Faltblatt mit einigen schwarz-weißen Fotos weckte wenig Begeisterung.

Einige Herrn in klerikaler Kleidung, Bischof Dr. Emanuel, Prälat Dr. Weindel und Direktor N., beglückwünschten sich und einen Architekten mit Handschlag zum ersten Spatenstich, darunter das moderne Gebäude nach seiner Fertigstellung im Jahre 1958, ein Blick in den Speisesaal, in die sogenannten Studierräume, aber auch Jungs beim Fußballspiel – , immerhin.

Der Text begründete die Wahl des Ortes durch „die verhältnismäßig ländliche Abgeschiedenheit des Dahner Tales und nicht zuletzt die lieblich-romantische Landschaft." Zur Zielsetzung hieß es: „Das unter geistlicher Leitung stehende Heim hat sich zum Ziel gesetzt, junge Menschen zu charaktervollen christlichen Persönlichkeiten heranzubilden, für sie zunächst die besten Dispositionen zu schaffen, den Anforderungen der Schule gerecht zu werden und zugleich eine ganzheitliche Bildung zu erstreben."

Zuvor aber galt es noch eine Aufnahmeprüfung für das Internat zu bestehen.

Auf dreißig Plätze für die künftige Sexta gab es achtzig Bewerbungen.

Da stand nun meine Zukunft auf dem Spiel. Dieses Internat wirkte nicht gerade abschreckend, die Alternative könnte eher dem Modell einer Erziehungsanstalt entsprechen. Grund genug, sich wirklich einmal anzustrengen. Ein bequemes Jahr an der Volksschule klang schließlich gerade locker aus. Hatte nicht unser Lehrer immer gesagt: „Der kann, wenn er will!" – Jetzt musste ich wollen. Ob ich wollte oder nicht.

Auftakt zu darwinistischen Szenarien. Im Speisesaal des Internats traten Kinder gegeneinander an, die vermutlich alle lieber zu Hause leben wollten. Die Autos, mit denen viele gebracht worden waren, ließen durchaus luxuriöse Verhältnisse vermuten. Wie sich etwas später abzeichnete, gab es verschiedene Kategorien von Aspiranten: darunter Schwererziehbare und solche, die in einem niveauvollen Ambiente störten. Da war mir mein Fall schon lieber.

Lehrer des Gymnasiums leiteten die Prüfung: Deutsch (Diktat und Aufsatz) und Rechnen. Es lief ganz gut. Später wurde ich im Internat mehrfach von Nonnen auf meinen Aufsatz angesprochen. Es handelte sich um eine kurze Erzählung anhand einer Bildvorlage. Was hatten die Schwestern denn mit der Prüfung zu tun?

Sie hatten den Text gelesen. Er war anscheinend gut genug, dass man Nonnen damit erfreuen konnte. – Gern geschehen. – Erst etwa zwanzig Jahre später erfuhr ich eher beiläufig von meiner Mutter, dass ich die beste Prüfung abgelegt hatte. Der chronisch Unreife sollte sich nicht auf solchen Lorbeeren ausruhen. Vielleicht hätte ich mich aber einfach mal über einen Nachweis meiner

Leistungsmöglichkeiten gefreut. Vielleicht hätte das meine gewohnte Methode des sparsamen Einsatzes bei schulischen Leistungen künftig etwas verändert. Aber alles hat sein Gutes. Ich entwickelte mich nie zu einem Streber, nahm mir auch für die Schule nie zu viel Zeit.

Der täglich mit Hoffen und Bangen erwartete Brief, in dem die erfolgreiche Teilnahme an der Aufnahmeprüfung bestätigt wurde, löste bei den Eltern Freude, aber bei mir eher gemischte Gefühle aus.

Der Countdown lief. Die beiliegende Liste der Materialien, mit denen künftige Internatszöglinge ausgestattet sein mussten, war lang. Mutter holte mein dünnes rotes Sparbuch aus der Schublade, sie zeigte auf die Sparsumme neben der letzten Unterschrift des Bankbeamten, es waren etwa 250 DM. Sie erklärte mir, dass dieser Betrag komplett abgehoben werden müsse. Ein weiterer Tiefschlag. 120 DM hatte ich insgesamt an Geldgeschenken zur Erstkommunion bekommen. Mein Status konnte nun als ein wenig abgeschoben und finanziell mittellos, also prekär, definiert werden. In der Strafjustiz hätte man vermutlich von einer Geld-und Haftstrafe gesprochen.

Sämtliche Kleidungsstücke erhielten kleine gewebte Namensschilder. In roter schwungvoller Schrift prangte ab jetzt mein Name mittig an der Innenseite der Hemdkragen oder am Rand der Taschentücher.

Der erste Eindruck vom Internat an jenem Sonntagnachmittag vor dem ersten Schultag glich dem eines Massenquartiers für Evakuierte. In der drangvollen Enge vor schmalen Schränken, die den Flur säumten, hantierten vorwiegend hektische Mütter, die Söhne schauten beim Einräumen zu, manche mit feuchten Augen, während die Väter Abstand hielten und das Gespräch mit anderen anwesenden Männern suchten. Wir, die neuen Zöglinge, musterten schon mal unsere künftigen Nachbarn. Noch herrschte eher skeptische Distanz. Die Gefühlslage drängte nicht zur Kommunikation, denn mancher Kloß hinderte beim Sprechen. Schränke, Betten und Schreibtische, die mit einem Rest an Persönlichem ausgestattet wurden, trugen eine Nummer: unsere Nummer. Soviel zum Thema Individualität.

Ein drahtiger Herr in mittleren Jahren, mit ausgeprägten Geheimratsecken und scharfen Gesichtszügen, bemühte sich eifrig darum, alle Anwesenden kurz zu begrüßen. Er stellte sich als unser Präfekt vor.

Präfekt V.

Am nächsten Tag informierte mich mein kleines Lexikon, dass dies im antiken Rom der Titel von Beamten der Verwaltung oder des Heeres war. Alles schien irgendwie zu passen. Wochen später erfuhren wir von seinen Kriegsverletzungen. Dass er hinter seiner Stirn eine Metallplatte trug, beeindruckte mich und beflügelte meine Phantasie. Ich stellte mir mit einer Art Röntgenblick eine dicke Stahl- oder Silberplatte vor und spekulierte über den Einfluss dieser Prothese auf seinen Charakter, sein Wesen und Denken.

Langsam lichtete sich nun der Flur. Der Abschied erfolgte draußen in unterschiedlichen Varianten. Manche meiner neuen Mitschüler mussten sich gar noch abküssen lassen.

Erste Kontakte mit Schicksalsgenossen entwickelten sich aus purer Verlegenheit.

Smalltalk unter Entwurzelten. Um Heimat und Hobbys kreisen die meisten Gespräche. Bloß jetzt nicht von Gefühlen reden.

Nach dem Abendessen, über das sich eine ernstere Stimmung als über einen dörflichen Leichenschmaus gelegt hatte, zeigte man uns verschiedene Einrichtungen des Hauses, die Spielsäle, die Aula, das Fernseh- und Billardzimmer, den Schuhkeller mit den Tischtennisplatten und den Kiosk.

Zum Abschluss des Tages versammelte man sich in der Mitte des langen Flurs um den Präfekten, der eine kurze Ansprache hielt mit aktuellen Ermahnungen und Erinnerungen. Ein gemeinsames Gebet schloss den Tag ab. Dies sollte jeden Abend in gleicher Weise geschehen. Unser Leben bekam eine klare und präzise Struktur.

Dazu gehörte das absolute Sprechverbot vom Abend bis zum nächsten Morgen nach der Frühmesse, die täglich gefeiert wurde. Die Regel des Heiligen Benedikt schien unsere Hausordnung unverhältnismäßig stark zu bestimmen. Kein Wort innerhalb von etwa zehn Stunden. Nicht einmal geflüstert. Wer erwischt wurde, erhielt eine Bestrafung, die der Präfekt sofort in seinem kleinen Büchlein notierte, das er aus Gründen der Arbeitsvereinfachung und als stumme Warnung gleich in der Hand trug. Nur wenn er diese zum beidhändigen Schlagen benötigte, steckte er es kurz ein. Auch nach dem Schlafengehen schlich er durch den Flur, blieb zuweilen vor den geöffneten Schlafzimmertüren stehen, um zu horchen, ob jemand flüsterte. Denn dann stand er blitzschnell mit einer kräftig leuchtenden Taschenlampe im Schlafsaal, um den oder die Täter zu identifizieren.

Auch der erste Morgen bot schon das Muster für jeden Tag. „Guten Morgen. aufstehen, Betten zurückschlagen, Vorhang auf!" Der laute Ruf des Präfekten erfolgte im Abstand von jeweils etwa zehn Sekunden für alle sechs Schlafräume mit jeweils zehn Betten der Unterstufe. Das Licht wurde dabei eingeschaltet, man sprang aus dem Bett, rannte über den Flur in den Waschraum und beeilte sich mit der Morgentoilette, denn nach etwa zehn Minuten ging es zum Gottesdienst.

Das Anziehen war so geregelt, dass das Ablegen der Schlafanzughose und das Anziehen der Unterhose unter der Bettdecke zu erfolgen hatte. Nacktheit war strengstens verboten.

„Bei Personen desselben Geschlechts unehrbare Teile flüchtig oder aus Neugierde anzuschauen, ist eine lässliche Sünde; es wird aber zu einer Todsünde, wenn es absichtlich und lange geschieht." (Jone, Katholische

Moraltheologie) Es sah allerdings irgendwie komisch aus, wenn auf der Bettdecke abgelegte Kleidungsstücke beim Umziehen in lebhafte Bewegung gerieten, zumal uns der Sinn dieser seltsamen Vorschrift nicht zugänglich war. Wollte man nicht im Büchlein notiert werden, dann hielt man sich an die vorgeschriebene Prozedur. Hatte ich nicht selbst mit meinen Bildern von nackten Teufeln das Grundmotiv zu diesen Aufführungen präludiert?

Die gemeinsame Frühmesse war alles andere als eine Verlängerung der Nachtruhe.

Wer nicht als Messdiener am Altar seine Rolle spielte, musste mitsingen. Der Präfekt kontrollierte und ermahnte wie ein Kirchenschweizer.

„Der Teilnehmer muss
1. körperlich anwesend sein, d.h. er muss so gegenwärtig sein, dass er zu den Besuchern des Gottesdienstes gerechnet werden und der Messe wenigstens in Bezug auf ihre vorzüglichsten Teile folgen kann.(...);
2. andächtig der Messe beiwohnen, er muss also die entsprechende Absicht und Aufmerksamkeit haben."
(Ione, Katholische Moraltheologie)

Auch solche, die wie ein Schluck Wasser über und in den Bänken hingen, erhielten deutliche Signale vom Präfekten. Sogar an der Kommunion sollten möglichst alle teilnehmen. Dass dann für ein Frühstück wenig Zeit verblieb, war vielleicht beabsichtigt. Der Mensch lebt nicht vom Brot allein.

Der Weg zum Gymnasium erforderte zunächst ein Abtauchen in die halbdunkle Unterwelt des Schuhkellers. Denn gutes Schuhwerk verlangte der morastige

Pfad zum Gymnasium, er führte über eine saure Wiese, durchzogen von Rinnsalen und einzelnen Tümpeln, gleich neben dem Haus von Oberstudiendirektor Q.

Nach dem Läuten betrat unser Klassenleiter, Deutsch- und Religionslehrer Studienassessor H., den Saal. Er verbreitete den Eindruck von kühler norddeutscher Distanz und freundlicher Zuwendung in einem Wechsel, der verunsicherte.

Während er seine Sprache souverän und präzise beherrschte, kämpfte er permanent mit seiner Haartolle, die er mit Kopfschwung, aber auch in Kombination mit einer Hand, nach hinten warf oder strich. Zunächst füllte er die ersten Seiten des Klassenbuches mit unseren Namen und Daten. Es gelang mir aber schon bald, seine Reaktionen zu testen. Man musste schließlich wissen, wie es um den Humor und die Reizbarkeit von Lehrern bestellt war. Wer diese individuellen Grenzen kennt, bewegt sich darin verhältnismäßig frei und sicher. Wegen der Sitzordnung musste er sich zum Abschluss nach Schülern mit Sehfehlern erkundigen. Die waren aber eigentlich schon durch ihre Brillen markiert und hatten sich vordere Sitzplätze gesucht. Hörprobleme sah man nicht, deshalb fragte er, ob jemand von uns schlecht höre. Darauf meldete ich mich mit der Aussage:

„Ich höre schlecht im übertragenen Sinn."

Seine Antwort kam spontan: „Dafür haben wir hier die besten Mittelchen."

Der Punkt ging an ihn. Er verstand also Spaß und wusste zu kontern. Nicht nur für mich gehörte er zu den prägenden Persönlichkeiten des Gymnasiums, aber in durchaus ambivalenter Art.

Was wir beim Austesten unserer Lehrkräfte bald ahnten und später bestätigt fanden, war deren Reichtum an sehr ausgeprägten Persönlichkeitsmerkmalen. Selbst langweilige Fächer gewannen dadurch an Unterhaltungswert. Unser Schulort, damals noch nicht durch den Status einer Stadt geadelt, lag quasi am Ende der Welt. Die französische Grenze war nah, die nächste wirkliche Stadt aber über zwanzig Kilometer entfernt. Wer nach Dahn kam, musste entweder die Ruhe und die Natur sehr lieben oder er kam unfreiwillig. Nicht alle diese interessanten Pädagogen schienen zu den Naturfreunden gehört zu haben. Jeder Lehrerwechsel bedeutete also ein neues Unterhaltungsprogramm. Davon wird noch die Rede sein.

Unsere Klasse passte damit zu den Lehrkräften. Auch wir waren nicht alle wegen der guten Luft gekommen oder der lieblich-romantischen Landschaft. Das versprach doppeltes Vergnügen. Wenn die richtigen Akteure zusammentreffen, ergibt sich spannende Unterhaltung, ganz ohne Drehbuch. Heute würde man vielleicht sagen, dass hier Stand-Up Comedians in hoher Zahl aufeinandertrafen.

Im Grunde waren der größte Teil des Tages und die gesamte Nacht, außer den Träumen, geregelt. Das Mittagessen wurde gleich nach der 6. Unterrichtsstunde um 13 Uhr eingenommen. Ein Läuten rief alle zum großen holzgetäfelten Speisesaal. Jeweils zehn Schüler belegten die fünfzehn Tische. An einer Seite stand ein Tisch quer vor der Wand, die Art seiner Bestuhlung sollte weitgehend den Rücken und die Blickrichtung auf den Saal freihalten. Es war der sogenannte Herrentisch. In dessen Mitte fand der Direktor seinen Platz.

Der Internatsdirektor

Er trug glattes, leicht nach hinten gekämmtes Haar mit Seitenscheitel und eine Hornbrille, deren oberer Rahmen sich vom Steg aus steiler als die Augenbrauen in die Höhe schwang, dahinter herrschten hellwache blaue Augen. Die kräftige Gesichtsfarbe verwies auf seine Herkunft aus einer alten Winzerfamilie. Ursprünglich hatte er Architekt werden wollen, aber durch die Erlebnisse des Krieges eine wichtigere Berufung erhalten. Er verbreitete den Eindruck einer natürliche Autorität, malte hervorragend, und unter seiner Regie entstanden fast professionelle Theateraufführungen. An der mit grün-blauem Stoff bespannten Wand hinter ihm hing ein großes Kruzifix. Ihn flankierten die Stufen-Präfekten, gelegentlich noch eine studentische Aushilfe.

In wenigen Minuten hatte sich der Saal bis zum letzten Platz gefüllt.

War Stillschweigen eingekehrt, trug ein Schüler der Oberstufe ein längeres Mittagsgebet vor, dessen Text – von einer Folie geschützt – mit besonderer sprachlicher Sorgfalt verlesen wurde.

Nach dem Gebet begaben sich die Mitglieder der Tischgruppe, die gerade Wochendienst hatte, zur Küche, um die Speisen, die auf fahrbaren Tischen warteten, abzuholen und aufzutragen.

Alle anderen nahmen schweigend Platz und hörten, während die Suppenlöffel klapperten, für etwa zehn Minuten Tagesnachrichten. Diese las jeweils ein Primaner aus dem Büroraum, der sogenannten Pforte, über Mikrofon vor. Die Auswahl der Nachrichten hatte mit Sicherheit die Heimleitung getroffen. Nur einmal gab es ein großes Hallo unter uns Zuhörern, weil der Bericht über eine Straftat vorgelesen wurde. Einer der Präfekten schoss sofort aus dem Speisesaal, kurz darauf brachen die Nachrichten ab. Eine Praxis, die in manchen politischen Systemen bis heute überlebt hat.

Redete jemand während dieser Zeit des Schweigens, dann musste er sich an die Wand neben seinem Tisch stellen, bis ihn irgendwann gegen Ende der Mahlzeit ein Wink vom Herrentisch her erlöste. Nach den Nachrichten ließ sich der Direktor noch ein wenig Zeit, er war schließlich souverän, um dann das Tischgespräch freizugeben. Das geschah in einer sicher altehrwürdigen Zeremonie, deren Ursprung vielleicht bis zur Cäsarenzeit, zumindest aber in die Anfänge klösterlichen Gemeinschaftslebens zurückgehen dürfte: Er erhob seine rechte Hand, streckte kurz die Schwurfinger nach oben, was man als eine Geste der Freigabe verstehen konnte, und sprach: „Satis!" Ältere Mitschüler übersetzten uns gerne und stolz den Begriff mit „genug" – in Bezug auf das Schweigen. Wir hatten unsere erste lateinische Vokabel im Speisesaal erlernt. Die tote Sprache lebte hier.

Der Vorleser brachte von der Pforte einen großen Stapel Briefe und Postkarten mit, die er auf dem Herrentisch ablegte.

Nach Beendigung der Mahlzeit, wenn die Servietten, nach eher symbolisch anmutendem Gebrauch, in ihren Hüllen verschwunden waren, sortierte der Direktor, manchmal auch ein Präfekt, die Post nach den Stufen. Karten wurden dabei meist ungeniert gelesen, manchmal auch zur Begutachtung am Tisch weitergereicht.

Nach dem abschließenden Gebet versammelte man sich um den Präfekten auf dem Flur der jeweiligen Stufe. Es gab kurze Informationen und dann endlich die Post, den einzigen Berührungspunkt mit dem Zuhause. Darauf musste man oft sehr lange warten. Ob der Inhalt der Briefe immer erfreulich und aufbauend war, darf man bezweifeln. Wir hielten uns in dieser Hinsicht möglichst bedeckt. Blößen machten verwundbarer. Aber man spürte oft die Trostlosigkeit. Auch dann, wenn lange Zeit die Post ausblieb. Während manche Mitschüler mit Großeltern, Geschwistern und Tanten korrespondieren konnten, waren andere auf den wöchentlichen Brief der Mutter angewiesen. Wenn der sich verspätete oder länger ausblieb, war das ein stilles Drama. Das Faltblatt meinte zur Rolle der Eltern etwas verklausuliert, aber unmissverständlich: „Es ist erfreulich, dass der Kontakt mit der Jugend und die langjährige Sorge um ihre individuelle Formung auch eine unmittelbare aktivierende Wirkung auf die Eltern auslöst."

Wie konnten wir selbst mit unseren Angehörigen kommunizieren? Auf einem, nennen wir es, erweiterten Postweg. Wir mussten unsere Briefe in einen kleinen Briefkasten neben dem Schwarzen Brett einwerfen, doch durften sie nicht zugeklebt werden. Der spezielle Service des Hauses sah eine Korrektur der Rechtschreibung vor. Bei dieser Gelegenheit fand man sich zu einer Art von Upgrade, einer zusätzlichen pädagogisch-kommunikativen Dienstleistung bereit. Die Eltern sollten vor Missverständnissen oder Fehlinformationen geschützt werden. Dazu zählten in erster Linie unzutreffende, also negative Aussagen über das Leben im Heim.

Der Präfekt teilte nach der Durchsicht die Briefe wieder aus. Wer nur Rechtschreibfehler zu korrigieren hatte, sie waren mit Bleistift verbessert, konnte dies schnell erledigen. Alle anderen Fehler zogen eine klärende Aussprache und die Änderung des Textes nach sich, man musste also einen neuen Brief schreiben. Mit der Zeit kam es seltener zu solchen Gesprächen. Entweder man vermied Negatives, setzte also die Zensurschere im Kopf ein, oder man drückte sich vorsichtiger aus. Ich entschied mich für die letztere Variante. Sie hatte den Reiz des Kreativen, erforderte aber ein erhöhtes Maß an kommunikativer Kompetenz beim Empfänger. Ich hätte damals gesagt: Hoffentlich verstehen sie mich zu Hause. – Absicht oder nicht? Sie verstanden mich nicht immer.

Einfach war meine Botschaft zum Beispiel beim Nierengulasch zu deuten: „Vorgestern hatten wir Nierchen. Die waren genau wie bei Mutter Anna." Mama störte sich sehr am Geruch der Schweinenieren, die ihre Schwiegermutter ab und zu kochte. Im Internat kündigte eine Geruchsfahne, die mich unweigerlich an ein Pissoir erinnerte, gelegentlich diese mir widerliche Speise an. An solchen Tagen beschränkte ich mich auf die Beilagen. Einmal allerdings hatte ich das Pech, dass der Direktor bei seinem Rundgang die fehlende braune Saucenspur auf dem Teller bemerkte. Zur Rede gestellt, erklärte und begründete ich meine Abneigung, den Vergleich mit dem Pissoir verkniff ich mir dabei allerdings.

Sei es, dass der Chef des Hauses grundsätzlich gegen solche Unbotmäßigkeit und Verweigerungshaltung vorgehen wollte, sei es, dass er, der ja die schlechten Zeiten, Krieg und Gefangenschaft erlebt hatte, mir die Essbarkeit von Schweinenieren beweisen wollte oder mich die christliche Tugend der Selbstüberwindung zu lehren versuchte, das Ergebnis war eine vom Chef persönlich geschöpfte Großportion Nierengulasch. – Mahlzeit!

Als das Abendessen beendet, das Gebet gesprochen war und der Saal sich geleert hatte, saß ein appetitloser, verstockter Zögling missmutig und trotzig vor einem mit Nudeln und Nierengulasch gefüllten Teller.

Freundliche Appelle aus der Küche blieben unerhört. Nach einiger Zeit schauten Norbert und Franz zum Speisesaal herein und kamen zu mir an den Tisch. Schnell war der Beschluss gefasst, ein Gefäß zu beschaffen, mit dem ich unbemerkt dieses urologische Material entsorgen konnte. Das funktionierte.

Im Brief durfte ich diese Geschichte nicht im Klartext mitteilen. Auch andere Beschwerden gelang es mir, geschickt zu verpacken.

Voltaire formulierte einmal treffend: Eine Satire, die der Zensor versteht, verdient mit Recht verboten zu werden.- Briefeschreiben wandelte sich zu einer kleinen Kunst, die kryptografische und satirische Fähigkeiten ausbildete. Man wurde also sehr komplex gefördert.

Manchmal schaffte ich es sogar, den Eltern aus der Ferne eine kleine Freude zu bereiten. Von dem kleinen Schreibtisch im Studierraum aus fiel mein Blick auf die Berge, Wälder und Felsen des Wasgau. Ein Anblick, der mir so gut gefiel, dass ich ihn auf einer Postkarte mit dem Bleistift festhielt. Nach meiner Selbsteinschätzung konnte sich das Ergebnis durchaus sehen lassen. Da ich wusste, dass Kunstwerke auch eine Bezeichnung erhalten, schrieb ich darunter: Dahner Impressionen.

Die Karte kam nicht nur an, sondern so gut an, dass ich postwendend aufgefordert wurde, meinem ehemaligen Lehrer auch solche Impressionen zu schicken.

Wahrscheinlich hatte die prätentiöse Bezeichnung mehr Eindruck als die Zeichnung selbst verursacht. Der Herr Lehrer bedankte sich mit einem wunderbaren Brief. Auf feinstem hellblauen Papier standen in kalligrafisch schöner Schrift aufmunternde und ermutigende Worte, die ich oft in schweren Stunden las, obwohl ich sie mit der Zeit wohl auswendig kannte.

Im Zentrum der Pädagogik
Die religiöse Erziehung

„Wer auf den Gewinn einer metaphysisch unterbauten Ganzheitserziehung nicht verzichten will, wird zugeben müssen, dass in einer vielschichtigen, pluralistischen Welt eine zielstrebige, weltanschaulich klar ausgerichtete Internatserziehung eine durchaus akzeptable Lösung ist." (Faltblatt, Direktor N.)

Die Diözese Speyer hatte dieses architektonisch modern gestaltete Studienheim erst wenige Jahre zuvor erbauen lassen. Es wirkte in seiner Gesamtanlage hell und großzügig. Moderne und eher traditionelle Kunst waren durch Bilder, weitgehend Originale, in den meisten Räumen gegenwärtig und schufen so ein beachtliches Ambiente für einen kleinen Jungen aus einfachen dörflichen Verhältnissen.

Unterhielt man am Bischofssitz in Speyer mit dem dortigen Konvikt die Kaderschmiede und das Trainingslager für den künftigen Priesternachwuchs, so diente unser Internat eher als Ersatzbank oder der Heranziehung von Laien mit einer Bereitschaft zu religiös-kirchlichem Engagement.

Entsprechend vielfältig griff dieses Konzept in den Lebensalltag ein.

Für den Gottesdienst, der jeden Morgen vor dem Frühstück gefeiert wurde und über eine halbe Stunde dauerte, brauchte man jeweils zwei Messdiener. Bei 150 Schülern hätte man vermutlich genügend Freiwillige dafür finden können. Das religionspädagogische Konzept sah aber vor, dass alle Zöglinge als Messdiener ausgebildet und eingesetzt werden. Schon nach zwei bis drei Wochen erhielten wir den Auftrag, die lateinischen Texte der Liturgie und das, was man die Choreografie der Gottesdienste nennen könnte, innerhalb einer bestimmten Zeit zu erlernen.

Noch war uns diese vorkonziliare lateinische Sprache fremd, aber schon jetzt sollten wir in ihr die vorgeschriebenen Dialoge mit dem Priester führen. Und das sogar auswendig! – Ich wollte nicht.

In abendlichen Runden prüfte der Präfekt die Textkenntnisse und notierte die Ergebnisse in seinem kleinen Büchlein. Er trennte die Schafe von den Böcken.

Ich war, bis es nicht mehr länger ging, bockig bei meinen Mitböcken, um dann als Bock in den Schafspelz zu schlüpfen. Irgendwie kam ich durch die Abfrage der liturgischen Texte. Es war wohl eine einfache Textpassage. Ab dann benutzte ich das Gesangbuch als Spickzettel. Die akustischen Verhältnisse überdeckten die Schwäche, machten mich gottesdienstlich verwendbar. Das Spiel des Harmoniums überlagerte unsere schnelle Rezitation. Es kam vor allem auf die Schlussworte an, die für den Priester das Stichwort für seinen Part bedeuteten. Sie wurden laut und in erhobener Tonlage ausgerufen: Ad Deum, qui laetificat juventutem meam. (Zu Gott, der mich erfreut von Jugend auf.)

Das Stufengebet, vor den Stufen zum Altar gebetet, wurde auch Staffelgebet genannt. Eine Bezeichnung, die viel zutreffender war, denn es handelte sich um einen verbalen liturgischen Staffellauf, an dem Priester und Messdiener sich beteiligten. Wie bei Fischers Fritze versuchten wir möglichst schnell und fehlerfrei zu sprechen. Nie hat uns ein Priester deswegen zurechtgewiesen. Geschwindigkeit und Tempo waren keine Sünde. Priester und Messdiener wollten dem lieben Gott keine Zeit stehlen.

Bald sollte mir Messdienen Spaß machen. Nicht nur wegen der sportlichen Aspekte durch Schnellsprechen und Kniebeugen. Das unterhielt entschieden besser als das, was in den Bänken an Aktivitäten möglich war. Noch heute sitze ich lieber selbst am Steuer eines Autos als auf dem Beifahrersitz. Aber eine weitere Attraktion winkte im Dämmerlicht der Sakristei. Es waren nicht die Messdienergewänder. Im selben großen Wandschrank, in dem sie nach Größe geordnet aufbewahrt wurden, stand nämlich immer eine schon entkorkte Flasche mit Messwein. Für den Priester hatte eine der Schwestern daraus ein kleines Fläschchen abgefüllt, aus dem wir als Messdiener etwas in den Messkelch zu gießen hatten. Bevor wir zur Messweinprobe schritten, hatten wir von einigen Priestern bereits starke, wenn auch indirekte Hinweise auf die besondere Qualität des Tropfens erhalten. Beim Einschenken gaben sie uns klare Zeichen, dass wir mehr von dem Wein, aber weniger Wasser eingießen sollten. Mancher hob den Kelch schon nach dem ersten Wassertropfen ganz schnell an. Das konnte nur heißen: Der Stoff ist zu gut, um ihn mit Wasser zu panschen. Das musste von uns überprüft werden. Recht hatten sie.

Um bei der kleinen Weinprobe nicht von einem Priester oder einer Nonne überrascht zu werden, man musste im Hause immer mit ihnen rechnen, stand einer von uns an der Sakristeitür Schmiere. Der andere verzichtete der Einfachheit halber auf die gewohnte Etikette und trank seinen Schluck in etwas rustikaler Manier direkt aus der Flasche.

Der Messwein war ziemlich süß, eine Geschmacksrichtung, die uns mundete. Auf die Beigabe von Wasser konnten wir verzichten.

Diese Aperitifs bekamen mir im Gegensatz zu jenen hochprozentigen Digestifs ausgesprochen gut. Das Staffelgebet und die Kniebeugen erhielten dadurch einfach mehr Schwung. Im Übrigen wussten wir von dem Wein, der beim Abendmahl der Protestanten die Runde machte. Sollte an uns katholischem Kirchenvolk etwa gespart werden? Theologisch stand bei dem noch nicht konsekrierten Wein nichts im Wege. Nihil obstat.

Da bei jedem Gottesdienst fast einhundertundfünfzig ausgebildete Messdiener anwesend waren, wurden gelegentliche Unsicherheiten oder Fehltritte bei der liturgischen Choreografie bemerkt und hinterher mehr oder weniger spöttisch kommentiert.

Wie es der Zufall oder der Teufel wollte, trat bei einem besonders feierlichen Gottesdienst mit Aussetzung der Monstranz eine Art Team von Schusseln an. Einen davon hätte man führen können, ähnlich wie ich später immer beim Tanzen geführt werden musste, weil ich mit den Schrittfolgen nicht klarkam.

Aber vier orientierungslose Ministranten ohne einen kundigen Lotsen versprachen ein besonderes Unterhaltungsprogramm. Im Theater hätte man die Vorstellung abgebrochen, wenn die Tragödie zur Lachnummer geworden wäre. Es fehlte jede Koordination beim Laufen oder Knien. Der Priester musste ihnen wie ein Souffleur Anweisungen geben, die dann trotzdem zu Patzern führten, während ihr Umgang mit dem Weihrauchfass ein Sicherheitsrisiko für die kostbaren Stickereien der Messgewänder darstellte. Als sie das Segensvelum, ein reich besticktes rechteckiges Tuch, das dem Geistlichen um die Schultern gelegt wurde, um eine unmittelbare Berührung mit dem Allerheiligsten zu vermeiden, zu Boden fallen ließen, war das Gelächter der Schülerschaft nicht mehr aufzuhalten, entlud sich laut, schüttelte uns eruptiv, ließ Tränen quellen. Selbst die Präfekten konnten diese Situation kaum beherrschen, sie war wie das Velum entglitten.

Nach dem Gottesdienst verkündigte der Direktor kollektive Sanktionen. Es sollte aber nicht bei diesem einen Störfall bleiben. Ein anderes Mal geschah beinahe Blasphemisches während einer Andacht in der Fastenzeit. Es ereignete sich an einem Sonntagabend, an dem irgendeine Veranstaltung, vielleicht ein wichtiges Fußballspiel, im Fernsehen übertragen wurde. Unsere Bitte, die Andacht zu verschieben oder ausfallen zu lassen, hatte keinen Erfolg gehabt. Nun lagen Spannung und Missmut in der Kapelle über der versammelten Gemeinschaft. Im Lied wurden nun die Wunden Jesu verehrt und der Erlösung für uns gedacht. Irgendjemand hatte die Idee einen langen S-Laut als Zeichen von Protest und Sabotage zischen zu lassen. Das griff sofort um sich. Nun sang die Gemeinschaft: „Durch die heilige Wunde deines rechten Fußßßßßß." Der S-Laut schloss unsere Responsorien schließlich immer wie ein Auszischen ab, auch wenn die Worte nicht mit S endeten. Die spezielle Lippenstellung verhinderte jede individuelle Ahndung durch das pädagogische Personal.

Diesmal erfolgte eine ins Kirchenjahr passende Strafmaßnahme. Unser Direktor verkündete verschärftes Fasten. Damit meinte er nicht den Verzicht auf Süßigkeiten oder Limonade, was ohnehin galt, sondern unsere Verköstigung durch die Küche. Für die Dauer einer Woche gab es nur Beilagen oder einfache vegetarische Ernährung.

Das Heim konnte sparen. Wir hingegen mussten an unsere Ersparnisse, mit denen wir Emil K. aufsuchten. Emils Lebensmittelladen – oberhalb des Gymnasiums – war genauso Kult wie Emil selbst, der keinen Wert auf Gesieztwerden legte. Gern versorgte er uns mit allem, was sein Laden bot, schnitt und belegte uns frische Brötchen, alles großzügig und preiswert. Er war wirklich eine Marke für sich. Von großer und eher hagerer Gestalt mit deutlich gelichtetem Haar, das gelegentlich zerzaust wirkte, trug er einen weißen Kittel. Aber das Besondere an ihm war seine sehr lebhaft-expressive Art, sich in Sprache und Gestik mitzuteilen. Wir trafen in unserer Pause auf einen Kommunikator, mit dem sich Lehrer und Erzieher nicht messen konnten. Selbst wenn er zum zwanzigsten Mal erzählte, wie er in seiner Kriegsgefangenschaft im Lager Mainz-Bretzenheim elenden Hunger erlebte und Ratten fing, um sie zu verzehren, standen wir bewundernd um ihn herum. Das war die Hardcore-Version des Spruchs von den schlechten Zeiten. Hier stand ein Zeitzeuge, Volksredner und Kumpel. Er mochte karikaturhaft wirken, aber wir ließen nichts auf ihn kommen. Ich erinnere mich dunkel, dass man irgendwann versuchte, den Pausentreffpunkt bei Emil zu verhindern. Ganz konnte das aber nicht gelingen. Während der verordneten Fastenwoche fanden wir bei ihm Verständnis und Verpflegung. Kumpel halten zusammen.

Religiöse Rahmenbedingungen herrschten auch an der Schule. Das betraf nicht nur das Kruzifix über der Tafel, sondern auch das Gebet vor dem Beginn der ersten Stunde. In der Schublade des Lehrerpultes lag, geschützt durch eine Klarsichthülle, eine kleine Sammlung von einzelnen Zetteln mit passenden Gebetstexten, aus denen wir eine Auswahl trafen. Der Klassensprecher stand zu Beginn der ersten Stunde als Vorbeter vor der Klasse neben dem Lehrer.

Als ich im letzten Jahr meiner Internatszeit, der 9. Klasse, Klassensprecher war, hielt ich die Zeit dafür gekommen, mit neuen aktuellen Gebeten den Unterrichtstag einzuleiten. Schließlich hatte das II. Vatikanische Konzil gerade starke Impulse zur Öffnung, zum

Aggiornamento, gegeben. Entsprechend sollten es nun eigene individualisierte Gebetstexte sein. So wie ich das schließlich auch beim eigenen Beten pflegte. Oft stellte ich mir vor, wie Gott vor Langeweile die Augen verdrehte und nach oben schaute, wenn er wieder die gleichen aus- und heruntergeleierten Gebete hörte. Warum tut ihr mir das an? Ihr redet doch auch untereinander nicht so gestelzt und in altmodischen Formeln.

Wie reizvoll musste es also sein, aktuelle Bezüge in die Gebetstexte einzubauen.

Man behielt gewisse Strukturen und Formeln bei, ergänzte sie jedoch individuell und aktuell. Die Gebete wurden dadurch sehr persönlich, sie sparten auch nicht an Appellen, die an Gott gerichtet waren, aber unmissverständlich den neben mir stehenden Lehrer betrafen. Wir hatten ihn buchstäblich in unser Gebet eingeschlossen.

Taschengeld
Chronische Finanznot, Abhilfen und Ausgaben

Die Überwindung von sozialen Klassenunterschieden gehört zu den christlich-biblischen Grundprinzipien. Über die Frage nach dem sprachlichen Ausdruck für diesen Gedanken mag es ideologischen Streit geben. Inhaltlich bestehen keine Zweifel. Den Wegbereitern unseres Studienheimes durfte man für diese grundsätzliche Position danken. Alle sollten über die gleichen finanziellen Mittel verfügen. Erprobten wir einen christlichen Kommunismus, wie er im 4. Kapitel der

Apostelgeschichte angedeutet wird? Die sozialen Unterschiede zeigten eine enorme Spannweite. Man sah das an Elternbesuchstagen. Einige kamen, wie meine Eltern, mit dem Zug, andere mit Autos – vom Kleinwagen bis zur absoluten Oberklasse oder mit Privatchauffeur. Eine Widerspiegelung in unserem Heimleben wäre unerträglich.

Die Regulierung sollte über das einheitliche Taschengeld erfolgen.

Der Geburtsfehler dieser großartigen Idee lag leider, um es euphemistisch auszudrücken, in der Höhe der Beträge. Die Staffelung des wöchentlichen Taschengeldes begann bei 1,50 DM für die Sexta. Weil damit auch Hefte und Schreibmaterialien bezahlt werden mussten, konnte man sich fast nichts leisten. Zum Glück durfte man von zu Hause Süßigkeiten und Hefte mitbringen. Bedenkt man aber, dass zwischen unseren Heimfahrten oft Monate lagen, bot diese Möglichkeit keinen dauerhaft wirksamen Ausgleich.

Zur Lösung des Problems gab es verschiedene Modelle. Die häufigste Variante könnte man als „Schwarze Kasse" bezeichnen. Dabei steckten die Eltern ihren Söhnen eine gewisse Summe zu, die dann diskret in den Konsum einfließen konnte. Meine Mutter legte immer großen Wert auf korrekte Einhaltung von Regeln, während mein Stolz mir verbot, bei den Eltern um Geld zu betteln. Daher kam für mich offiziell nur die zweite, ungleich schlechtere Variante zum Tragen: der Vorschuss auf das nächste Taschengeld. Um diesen ersuchte man nur im Notfall, denn bei der nächsten Taschengeldausgabe am Samstagnachmittag zahlte der Präfekt nur noch den läppischen Differenzbetrag zwischen wenig und nichts aus. Eine Sackgasse also.

Not macht erfinderisch, vor allem wenn es um Geld geht.

Manche Kameraden boten Teile ihrer beweglichen Habe zum Verkauf an. Bei Notverkäufen erkennen die Kaufinteressenten die prekäre Lage und drücken dementsprechend den Preis. Beim Geld hört bekanntlich die Freundschaft auf. So wechselten Kugelschreiber, Süßigkeiten, Briefmarken oder Spielzeuge zu Schleuderpreisen ihre Besitzer. War es ein Zufall, dass sich die Käuferschicht weitgehend mit jener deckte, deren Eltern einen etwas plutokratischen Eindruck vermittelten?

Vielleicht hatten diese Eltern viel schneller erkannt, dass man mit dem amtlichen Taschengeld einfach arm dran war, hatten vielleicht über den Betrag gelacht, weil sie ihn als Witz empfanden. Manche Mitschüler verliehen gegen Gebühren Comics. Diese Hefte standen hoch im Kurs, in Büchereien gab es sie nicht, das ermöglichte einen entsprechend hohen Preis für die Ausleihe. Aber die Söhne reicher Eltern überließen solche Geschäfte nicht denen, die Geld brauchten, sondern machten hier selbst ihre Gewinne. Besonders einer unserer Mitschüler, Hanno G., ging mit seinen Ausleihpreisen bis ganz hart an die Schmerzgrenze.

Der Sohn des Generalvertreters einer Nobelmarke im Autohandel und ehemaligen Ritterkreuzträgers verfügte – standesgemäß – über prächtige von Hand in Leder gebundene Sammelbände der Walt-Disney-Hefte. Der Tagessatz lag etwa bei dem halben Taschengeld einer Woche. Da galt es schnell zu lesen. War es Zufall, dass Hanno, wegen seines Aussehens die Schildkröte genannt, oft in Schlägereien verwickelt war?

Eine faire Möglichkeit bot das Glücksspiel. Bei Kartenspielen wechselte mancher Kleinbetrag den Besitzer. Das ermöglichte neue Erfahrungen des sozialen Ausgleichs. Man kiebitzte und informierte den, der finanziell klamm war: „corriger la fortune" lautet dafür die treffende Bezeichnung in der französischen Sprache.

Wir spielten auch Fußball-Toto. Dabei konnte ich oft meinen Wetteinsatz von zwanzig Pfennigen vervielfachen. Da ich von Fußball-Vereinen keine Ahnung hatte, war das auf den ersten Blick paradox, aber auf den zweiten durchaus logisch. Denn meine Wette widersprach den Prognosen der Kenner. Wenn aber eine krasse Außenseiterwette zutraf, dann musste ich mir die Summe nicht mit anderen teilen. Mein Freund Heiner, der ausgewiesene Fußballexperte, empörte sich: „Der hat keine Ahnung und gewinnt immer die größten Beträge!"

Briefe mit einem Geldschein entzückten jeden von uns. Meine beiden Großmütter versorgten mich ab und zu mit dieser im wahrsten Sinne notwendigen Post. Dann konnte ich mir abends am Kiosk eine Cola und Salzletten leisten.

Eine besondere Art der Geldbeschaffung begann mit der Frage: „Was kriege ich, wenn...?" Es folgte ein Vorschlag, dann wurde geboten. War man sich handelseinig, kam es zur Vorführung und Auszahlung. So einfach lief das.

Manchmal kam es zu Kommunikationsproblemen, wie das folgende Beispiel veranschaulicht. Norbert brauchte etwas Geld. Kurz vor der sogenannten Studienzeit, als alle zehn Schüler unserer Gruppe schon an ihren Schreibtischen saßen, eröffnete er sein Angebot: ein Glas Tinte trinken. – Mal was Neues!

Wir wurden uns rasch über einen Pro-Kopf-Beitrag von zehn Pfennigen einig. Das war uns der Spaß wert. Genüsslich und gespannt schauten wir auf unseren Kameraden. Er öffnete das volle Tintenglas, setzte es an und leerte es. Für einen Moment verharrten er und wir, demonstrativ und fasziniert, dann spuckte er die blaue Tinte in den Papierkorb. Sofort erhob sich lautstarker Protest. Trinken war vereinbart. Für Ausspucken gibt es nichts. Norbert wirkte zunächst einen kurzen Augenblick ratlos. Sein Mund war etwas geöffnet und zeigte die kräftigen, leicht nach vorne weisenden Zähne in bizarrer Blaufärbung. Seine Situation ließ keinen Verhandlungsspielraum zu. Er hatte das ganz schnell erkannt und verlangte nach einem neuen Tintenglas. Diesmal beobachteten wir an seinem Adamsapfel die Schluckbewegung. Er öffnete anschließend zum Beweis den Mund, präsentierte einen tiefblauen Schlund, der die Blaue Grotte von Capri hätte blass aussehen lassen und kassierte den Einsatz. Weniger Intelligente gelangten gelegentlich sogar durch Selbstverletzungen zu Geld. Aber das wirkte unästhetisch und peinlich. Einige Male kam ich durch Luftanhalten zu Einnahmen. Der Gruppenwaschraum diente als Austragungsort, ein Waschbecken wurde gefüllt, ich holte tief Luft und tauchte mein Gesicht unter die Wasseroberfläche. Einer der Anwesenden sagte alle zehn Sekunden die Dauer an. Anfangs bot ich zwei, später musste ich bis auf drei Minuten gehen. Mit einer großen, durch Flötenspiel trainierten Lunge konnte man also auch Geld verdienen. Manche Methode verlor allerdings ihren Kurswert wegen eines erhöhtes Angebots und zurückgehender Nachfrage. Kleine Lehrstücke in Sachen

Marktwirtschaft. Das zeigte sich eindrucksvoll in unserem Schwimmbad.

Es war gerade fertiggestellt worden und bot einen demonstrativen Beweis für unsere luxuriöse Unterbringung, da die Stadt Dahn damals noch über kein Schwimmbad verfügte. Ich erinnere mich, dass irgendwann ein Schüler der Oberstufe einen Sprung vom Dreimeterturm ins Becken bei voller Bekleidung anbot. Rasch wurde eine hübsche Summe Geld eingesammelt. Der Sprung wirkte als Sensation.

Da es nun aber sehr schnell viele Nachahmer gab, sank der Kurswert der Darbietung dramatisch. Zwar erfolgte nach wenigen Tagen das Verbot solcher Sprünge durch die Internatsleitung. Man begründete es damit, dass den Eltern die unnötigen Kosten für das Waschen der nassen Kleidung nicht zuzumuten sei. Aber das Geschäftsmodell war ohnehin baden gegangen.

Eine traumhafte Einnahmequelle durfte ich gegen Ende meiner Internatszeit erleben: die Dahner Sommerspiele. Eine frisch aus der Taufe gehobene Veranstaltungsreihe zur Aufwertung der jungen Stadt, die in Ermangelung repräsentativer größerer Räume in der Aula unseres Heimes stattfand. Dafür brauchte man einen Garderobendienst, der im vorderen Spielsaal, nahe der Aula, die oft eher repräsentativen als sommerlichen Kleidungsstücke entgegennahm und wieder ausgab. Als ich davon gehört hatte, drängte ich mich dem Direktor geradezu auf.

Es gab pro Abend etwa eine oder zwei Mark Vergütung. Aber die Trinkgelder übertrafen diesen Betrag erheblich. Das erhöhte unsere Freundlichkeit und Dienstfertigkeit, was sich wiederum auf das Trinkgeld auswirkte. Selbst einige unserer Lehrer, die als Knauser galten, sich die Haare von ihren Frauen schneiden ließen, was schon von fern zu erkennen war, rafften sich zu ungewöhnlicher Großzügigkeit auf. Und als ob das nicht genügt hätte, konnten wir, wenn auch mit leichter Verspätung, an der Tür zur Empore stehend, den Theatervorführungen folgen. Die bescheidene Größe des Raums und seine Vertrautheit schufen eine faszinierende Nähe. Schon am Nachmittag vor der ersten Aufführung hatte ich es geschafft, einen Freund zu überreden, dass er zur Aula mitkommt. Dort wurden die technischen Voraussetzungen für den Abend geschaffen. Vor allem aber begegnete man den Schauspielern sozusagen privat. Backstage nennt man das heute wohl. An der Pforte hatte ich mir zuvor für zwanzig Pfennige das kleine, manchmal nur vier Seiten umfassende Programmheft besorgt. Denn es enthielt die Bilder und Namen der Akteure. Man erkannte sie, bat um ein Autogramm und kam ins Gespräch.

Das verlieh der Aufführung am Abend eine persönliche und tiefere Dimension.

Wir hatten in der Mittelstufe noch eine weitere Gelegenheit zu einem besonderen Nebenverdienst, der in Naturalien, in diesem Fall Süßigkeiten, ausgezahlt wurde: das Obstholen.

Damit wir ausreichend mit Vitaminen versorgt wurden, konnten unsere Eltern für uns Obst abonnieren. Die übliche Menge der Wochenration betrug ein Kilo. Es handelte sich um eine saisonale Mischung, die ein örtlicher Händler zusammenstellte und in kräftige grau-grüne Tüten verpackte, auf die er in ungelenker, aber sauberer Schrift die Namen des Empfängers schrieb.

Da er kein motorisiertes Fahrzeug besaß, packte er die Kisten mit den Obsttüten auf einen großen Handkarren, den vier Schüler bei ihm abholten.

Wer mittwochs nach der fünften Stunde frei hatte, konnte sich für diesen Job melden. Das Interesse hielt sich in Grenzen, weil man ziemlich viel Kraft und Anstrengung aufbringen musste. So waren wir ein eingespieltes Team, wenn wir gleich von der Schule aus mit den Ranzen bei dem kleinen Lebensmittelladen von Herrn Schreiner in der Vogelsbergstraße erschienen.

Der alte weißhaarige Mann im grauen Arbeitsmantel empfing uns freundlich. Die Jahre und wohl auch der Krieg hatten ihn erkennbar gebeugt, meist hantierte er noch an der Fracht, zurrte sie ordentlich fest. Besonders, wenn es regnete und stürmte, musste die Plane aus grünem Wachstuch gut abschließen. Er schien eher wortkarg. Aber wenn er fertig war, sprach er den Satz, auf den wir alle warteten: „Ehr kriesche noch was." (Ihr kriegt noch etwas.) Dann begab er sich in seinen Laden, und wir sahen von draußen durch das kleine Schaufenster, wie er hinter der Theke verschiedene Süßigkeiten aus Gläsern und Regalen zusammensuchte, sie in kleine Tüten füllte, die er uns dann überreichte, wofür wir uns höflich bedankten.

Wir verstauten unsere Ranzen und packten anschließend gemeinsam den schweren Karren, mit dem wir einen ersten Anstieg zu überwinden hatten. Dann gönnten wir uns eine kurze Verschnaufpause. Zufällig vorbeikommende Passanten konnten vier Jungs sehen, die in vier kleinen Tüten stöberten, hier und da Süßigkeiten herausnahmen, sie begutachteten und in den Mund steckten.

Herr Schreiner gelang es immer, uns eine leicht variierende, aber leckere Mischung zusammenzustellen: bunte Nappos, Frigeo-Brause, Kaugummi-Kugeln, gerollte Lakritze und andere Köstlichkeiten. Der weitere Weg ließ sich also versüßen.

Kurz vor dem Internat mussten noch eine ansteigende und vor allem eine abschüssige Stelle bewältigt werden. Da der Karren über keine Bremse verfügte, hatten wir diese in einer steilen Rechtskurve sozusagen persönlich zu ersetzen. Hier trug der Lenker besondere Verantwortung. War aber ein bestimmter Punkt erreicht, dann konnte man sich und dem Gefährt noch den Spaß einer kurzen Schussfahrt gönnen. Auch das Ausladen der Kisten, der Transport zum Speisesaal mit dem Aufzug sowie das Zurückbringen des leeren Karrens gehörte zu unserem Job. Bei dieser Rückfahrt leisteten – immer im Wechsel – einige von uns den Kisten auf der Ladefläche Gesellschaft. Denn Arbeit soll auch Freude machen.

Wenn wir schon auf ein Familienleben verzichten mussten, wollten wir uns wenigstens ab und zu etwas gönnen. Auch und gerade manches, was verboten war.

Eis essen war erlaubt, aber um zur Eisdiele zu kommen, musste man in die Stadt. Dorthin durfte man aber nur mittwochnachmittags und sonntags. An anderen Tagen war Vorsicht geboten. Die räumlichen Grenzen unserer Freizeit hatte man präzise definiert, sie schlossen ein Wiesental, ein Stück Wald und den Heldenfriedhof ein. Zwar Raum genug, um Zigaretten und Pfeife zu rauchen, aber eine Eisdiele gab es hier nun mal nicht.

Beim Pfeiferauchen im Schutz des Waldes

Den Kreuzweg, der an der Pforte zum Heldenfriedhof endete, konnte man auch als Schleichweg in die Stadt gebrauchen oder missbrauchen, je nach Sichtweise. Verließ man ihn dann am Ortsrand, so standen noch etwa dreihundert Meter zwischen dem Eisliebhaber und seinem Ziel, der italienischen Eisdiele. Fuhr die Heimleitung Patrouille oder hatte sie eine geheime Beobachtungsstation an einem Fenster? Denn gar zu oft, und zwar immer erst nach der Rückkehr ins Internat kam die Frage: „Wo warst du heute nachmittag?" Aber Strafen gehörten nun mal zum Lebens- und Vergnügensrisiko. So konnten wir uns den Eisbecher aus der Eisdiele *Venezia* jedenfalls noch frohen Herzens schmecken lassen. Den Fruchtbecher mit zart-cremigem, ausgewogen süß-saurem Zitroneneis und Erdbeereis mit echten kleinen Fruchtstückchen mussten wir schon deshalb nehmen, weil das so lustig klang, wenn die junge Italienerin wiederholte: „Fruttebecka!" Aus einem ähnlichen Grund kaufte ich in der benachbarten Konditorei Schweinsohren, ein Blätterteiggebäck. Es machte mir einfach Spaß, der Verkäuferin die Frage zu stellen:

„Haben Sie Schweinsohren?" – Sie bejahte das prompt und nachdrücklich. Waren ihre Ohren nicht sogar seit dem letzten Einkauf gewachsen und rundlicher geworden? – Solche fantasievollen Vergnügungen bekam man als kostenlose Zugabe.

Als ganz gefährliches und streng bestraftes Freizeitvergnügen galten Besuche von Filmen im örtlichen Kino. Bereits seine Umgebung, das Dreieck zwischen Jungfernsprung, Post und Bahnhof unterlag schärfsten Kontrollen durch das Internat.

Wie oft gab es schon allein deshalb Rüffel, weil man uns vor den Kinoplakaten gesehen hatte. Wir studierten genau alle Bilder und versuchten, Genuss und Risiko eines Kinobesuches abzuwägen. Das dauerte schon etwas. Dabei warteten wir Jungs zu Beginn der Sechziger sehnsüchtig auf den Beginn einer sexuellen Revolution. In Dahn sollte ich ihren Ausbruch jedenfalls nicht mehr erleben. Aber die repressive Stimmung hätte uns als Vorzeichen des Wandels erscheinen können. Vielleicht haben wir das intuitiv wahrgenommen.

Das besondere Kennzeichen des gängigen Filmprogramms lag vielleicht in seiner Harmlosigkeit. Doch es gab natürlich die absoluten Thriller: Edgar Wallace! Das musste man sehen, auch wenn das Risiko einer Bestrafung drohte: „Die Bande des Schreckens" klang nach unserem Freundeskreis, „Die Toten Augen von London" observierten uns permanent und „Der schwarze Abt" mit der langen Peitsche war natürlich ein Erzieher im Internat. Edgar Wallace und seine Schrecknisse faszinierten und waren unserer Fantasie so nah. Wollte denn die Internatsleitung die Entdeckung ihrer geistigen Nähe zu diesem Milieu mit dem Kinoverbot verhindern?

1962 drehten wir selbst einen kleinen Film, einen Krimi natürlich. Klassenkamerad Wolfgang hatte eine 8mm-Filmkamera und berief eine kleine Crew zur Planung und Durchführung des Filmprojekts. So saßen wir nachmittags in einem der Spielräume und dachten uns ein Drehbuch aus. Was dabei in Stichworten auf einem Zettel spontan festgehalten wurde, glich einer bunten, aber leider unlogischen Aneinanderreihung von Action-Szenen. Also eigentlich auf unserem bescheidenen Low-Budget-Niveau das, was man heute auch bei vielen teuren Hollywood-Produktionen finden kann. Die Drehzeit von drei Minuten hätte schwerlich unterboten werden können. Mit geistreichem Wortspiel und stimmiger Metaphorik warb der Titel: „Diebe haben kurze Beine." Auf einer schlecht gereinigten Schultafel konnte man anschließend die Namen aller Beteiligten lesen. Der Großteil des Films zeigte die Akteure beim Rennen. Zunächst schaute Peter vom Turm der Burg Alt-Dahn.

Die Kamera schwenkte in seine Blickrichtung und zoomte eine Gestalt heran, die unterhalb der Burgmauer einen Zettel unter einem Stein verbarg. Sofort eilte Peter nach unten. Verschiedene Einstellungen zeigten die letzten Meter der Turmtreppe und die beeindruckende Torpassage. Er lüftete schnell den Stein, las den Zettel, legte ihn wieder in sein Versteck und rannte nun zu dem Detektiv, der den Fall lösen sollte. Sein Büro lag in der Burgschänke. Herr Blank, der Wirt, hatte uns – als alten Kunden – freundlicherweise das Lokal für die Dreharbeiten kostenlos zur Verfügung gestellt.

Der Detektiv, dessen Rolle ich übernommen hatte, öffnete sogleich die Tür. Er hatte sich wohl gerade über Neuigkeiten aus der Verbrechensszene informiert, wie die Zeitung in seiner Hand vermuten ließ. In etwa fünf bis sechs Sekunden wurde er informiert, ging nun kurz nach drinnen und kam in seinem Detektiv-Mantel, dessen Kragen vorschriftsgemäß hochgeschlagen war, zurück. Die nächste Kameraeinstellung zeigte plötzlich noch eine weitere Person, die nun mitrannte. In der folgenden Szene sah man einen weiteren Gangster, der den mysteriösen Zettel unter dem Stein hervorholte, las, zerriss und die Papierfetzen klugerweise in verschiedene Richtungen um sich warf. Bei dieser schnörkellosen und stringenten Handlung fehlte nur noch der Showdown, die Festnahme. Sie erfolgte nach einem Wechsel des Schauplatzes vor dem alten Holzkiosk am Parkplatz unterhalb des Burgberges. Drei Gute überwältigten drei Schlechte. Mein Bösewicht wehrte sich so massiv, dass ich ihm leider mehrfach kräftig das Knie in den Hintern rammen musste, damit er sich nicht losriss. Das begrenzte Filmmaterial erlaubte nämlich keine Wiederholung der Szene. Und ein Detektiv musste Härte zeigen, wie wir das von „77 Sunset Strip" kannten und bewunderten. So endete alles schnell, gut und mit einem Höhepunkt.

Ab der neunten Klasse fühlten wir uns reif zu weiteren, aber riskanteren Lustbarkeiten. Dazu gehörte ab und zu ein Besuch im Café am Markt, CaM genannt. Es lag nur etwa dreißig Meter von der Eisdiele entfernt im zweiten Stockwerk über einem Lebensmittelmarkt.

Auf dem Treppenflur konnte man sich schon vor dem Betreten, das ja ein Auftritt sein sollte, eine Zigarette anzünden. Lässig durchquerten wir den Raum bis zum Fenster. Von der vorderen Tischreihe an der großen Fensterfront blickte man nicht nur auf die barocke katholische Kirche und das Rathaus, sondern auch auf die Straße. Das vermittelte ein Gefühl von Kontrolle und damit Sicherheit. Der potenzielle Fluchtweg zur Toilette versprach ein kalkulierbares Restrisiko. Das war es schon wert, wenn wir an Sonntagen bei dem Cafébesitzer, einer eleganten und gewandten Erscheinung, der oft ganz unprovinziell eine Fliege trug, unsere Bestellung aufgaben: meist Martini on the rocks. Man nippte leicht daran, beobachtete dabei nicht nur die Straße, sondern auch das langsame Schmelzen der Eiswürfel, das Kommen und Gehen älterer Mitschüler und zog genüsslich an der Zigarette. In unseren schicken Anzügen und Kunststoffhemden gehörten wir dazu.

So und hier wollten wir gesehen werden. Nur nicht von jedem.

Offizielle Freizeitangebote und Beschäftigungsformen

Aus der Sicht der Internatsleitung schien ein breites, aber weitgehend kontrolliertes oder zumindest kontrollierbares Freizeitprogramm sicher erstrebenswert.

Schülern der Unterstufe verschaffte eine Wanderung am Sonntagnachmittag ausreichend Bewegung. Nach dem Mittagessen sammelten sich um 13 Uhr sechzig eher wenig begeisterte Jungs im Hof vor dem Haupteingang. Sie hatten den sonntäglichen Anzug gegen wander- und witterungstaugliche Kleidung getauscht. In ihren Taschen steckte die kleine Liedersammlung, kaum größer als eine Handfläche. Auf ihrem violetten Umschlag stand: „Die Mundorgel – Ein Liederbuch für Fahrt und Lager."

Wir kamen aus einer Art Lager und gingen für den Nachmittag gewissermaßen auf Fahrt. Doch das stramme Wandern genügte in den kommenden drei bis vier Stunden nicht, denn Singen war Pflicht, genau wie im Gottesdienst. Wenn sechzig Jungs in geschlossener Formation singend durch den Wald zogen, brauchten sie zumindest keine Angst vor der Begegnung mit Wildschweinen zu haben. Eher umgekehrt.

Auch die Liedtexte hätten bei den Schwarzkitteln ungute Gefühle erwecken können: >Auf, auf zum fröhlichen Jagen<, >Wilde Gesellen vom Sturmwind durchweht<, >Jung Volker, das ist unser Räuberhauptmann< oder >Wir sind des Geyers schwarzer Haufen<. – Die wilden Räuber freuten sich aber, wenn sie gegen 17 Uhr müde im Heim eintrafen, nicht nur auf Kuchen und heiße Schokolade, deren Duft schon im Flur Vorfreude verbreitete, sondern auch auf die Mittelstufe. Da gab es nämlich keine Sonntagswanderung mehr.

Im Spätherbst und in der Vorweihnachtszeit verbrachten wir die Nachmittage häufig im Keller.

Über welche Weihnachtsgeschenke freuen sich Eltern am meisten? – Richtig! – Dinge, die von den Kindern selbst gebastelt wurden. Dazu stand im Keller unter der Aula ein Bastelraum zur Verfügung. Ein angenehm würziger Geruch von Holz und Leim lag hier in der Luft. Man glaubte, eine Schreinerwerkstatt betreten zu haben, bestaunte große Gerätschaften, die vermutlich nur der

Hausmeister bedienen konnte, oder Hobelbänke, orientierte sich schließlich an Kleinerem, den mannigfachen Sägen, Feilen, Raspeln, Beiteln, Drillbohrern oder Bohrwinden, um am Ende bescheiden ein dünnes Sägeblatt in seine Laubsäge einzuspannen. Die Vorlagen der Firma Faller hatten wir über eine mit dem Taschengeld verrechnete Sammelbestellung bezogen und fixierten unsere dünnen Brettchen nun mittels einer Zwinge.

Ich verabscheute dieses Basteln, weil ich noch nie viel Geduld hatte, vor allem aber wegen der dabei empfundenen Langeweile. Man folgte einer vorgegebenen Linie. Das lag mir nie. War das etwa anspruchsvoller als Malbücher oder Malen nach Zahlen? Zu allem kam auch noch ein weit überdurchschnittlicher Verbrauch an Sägeblättern und die Geräuschkulisse aus dumpfem Hämmern, rauem Hobeln, das mit der Gänsehaut spielte, und meinen eigenen misstönenden Sägegeräuschen. Immerhin haben auch solche Übungen ihren Sinn, dienen, wenn schon nicht einem Erfolgserlebnis, so doch der Erkenntnis, dass man sich beruflich wohl anders wird orientieren müssen – oder dürfen. Immerhin, die Eltern haben sich wirklich über das Resultat dieser aufgezwungenen Bemühung gefreut. Da hat der Junge doch mal was zustande gebracht. Noch jetzt, nach über fünfzig Jahren, benutzt meine Mutter ein als Laubsägearbeit entstandenes Thermometer. Heute finde ich das Motiv eher kitschig: Auf einem Baum, an dem vorne die kleine Quecksilbersäule befestigt ist, sitzt oben in sommerlicher Kleidung ein Junge und dreht dem Mädchen, das unter dem Baum, die Arme in einen dicken Muff vergraben, in der Kälte sitzt, lachend eine Nase. Wahrscheinlich hat das Motiv meine Schadenfreude angesprochen. Ob mich meine Mutter auch heute noch so sieht?

Musik spielte nicht nur beim Wandern eine Rolle. Das konnte man zu bestimmten Zeiten schon vor dem Betreten des Internates hören. Wie Mönchszellen lagen gegenüber den Spielsälen Musikübungsräume. Man musste Etüden sehr mögen, um auf Dauer ihr Nebeneinander zu ertragen. Besonders Anfängerübungen schmerzten. Oder man lernte selbst auf diese Art ein Instrument, übertönte die Etüden anderer und fand etwas Schönes in den kleinen Fortschritten, wenn die Takte präziser und die Töne sauberer wurden. Klavier oder Geige schienen mir zu anspruchsvoll. Ich entschied mich für die Querflöte, klein, fein, silbern. Der Entschluss war freiwillig. Wahrscheinlich war es einer Kombination von Sturheit und Stolz zu verdanken, dass ich auf Dauer dabeiblieb. Meine musikalischen Erfolge hielten sich zwar in engen Grenzen. Doch die Proben für das Schulorchester lieferten ein humorvolles Unterhaltungsprogramm. Der Leiter, ein Stockhausen-Schüler, war ein feinsinniger Musiker von schmächtiger oder graziler Statur, mit randloser Brille und sorgfältig gestyltem kurzen Oberlippenbart, den er bei jeder Gelegenheit mit Daumen und Zeigefinger zärtlich zupfte. Als musikalisch hoch ambitionierter Musiker, Komponist und virtuoser Akkordeonist, der später stellvertretender Direktor der Bundesakademie für musikalische Jugendbildung wurde, empörte er sich oft über meinen Mangel an Übung und Vorbereitung. Norbert, mein Kamerad mit der Geige, und ich brachten uns zudem während der Proben gegenseitig zum Lachen. Beim Geigen kann man sich ein wenig Lachen erlauben, aber die Grundlage für Flötentöne bildet der Lippenansatz. Der war zwar nicht ganz daneben, doch wohl einfach unpassend, gerade so wie mein Verhalten und die

Töne, die daraus entstanden. Einmal wurde ich deswegen aus der Probe rausgeworfen. Ich hätte unserem Instrumentalerzieher ein solches Temperament gar nicht zugetraut. Seine sonst so dezente Stimme wurde laut und unmelodisch, die Worte kamen nicht in musikalisch einheitlichem Tempo und der Taktstock wies am Ende unmissverständlich auf die Tür. Dem Orchester ging der Flötist flöten.

Am Tag der Hausmusik gab es dennoch ein kurzes Solo. Es klang nicht sonderlich gut. Lag es einmal wieder am humoristischen Handicap? Ich hatte tatsächlich eine gewisse Behinderung. Ihre Ursache bestand in einer massiv angeschwollenen Oberlippe. Der Verursacher, Kaplan Sch., saß in der ersten Reihe des Publikums, avancierte später im kirchlichen System sogar so weit, dass er unter den möglichen Kandidaten für das Bischofsamt genannt wurde. Bei mir hatte er zuvor seine Handschrift im Gesicht hinterlassen. Ein kurzfristiges Verbot, sich während der Studienzeit (drei Stunden mit jeweils 5 Minuten Pause) zum Bücherfach an der Frontseite des Studienraumes zu begeben, hatte ich übertreten. Er hatte zugeschlagen, ich die Arme um den gesenkten Kopf gehoben. Da traf mich sein Faustschlag von unten. Anschließende kalte Kompressen mit dem Waschlappen halfen ein wenig. Ich will aber nicht verschweigen, dass mich damals die Vorstellung reizte, ihm, der vor mir saß, mit meiner Querflöte etwas anzutun. Hatte er aber nicht in seinen Predigten immer wieder von Nächstenliebe und Verzeihung gesprochen?

Was konnte mich zusätzlich für die Chöre von Schule und Internat motivieren? Es waren gewisse Vorteile, kleine Privilegien und zusätzliche Abwechslung, die lockten. In der Schule winkte beiläufig eine bessere Note im Fach Musik. Das ist bis heute gängige Praxis, wird aber nicht offiziell bestätigt. Im Internat gab es jährlich einen Tagesausflug, zum Beispiel nach Straßburg. Dafür lohnte es sich mitzusingen. Aber wir sangen schließlich nicht nur, sondern sorgten immer auch für ein humorvolles Unterhaltungsprogramm. Notfalls bis zum Rauswurf.

Andere Freizeitangebote standen den höheren Klassenstufen des Heimes zu, etwa eine Theater-AG, Tennis oder Billard. An Fußball- und Schachturnieren beteiligte ich mich nur auf gutes Zureden. Manchmal hieß es: Wir brauchen noch jemanden im Tor. Mach du das. Wir passen auf, dass kein Ball zu dir kommt.

Für den Bund Neudeutschland, kurz ND, warb die Internatsleitung fast schon missionarisch. Wenn man dem Pfadfinder einen Rosenkranz in die Hand drückte, ergab das ungefähr das Bild des ND-lers. Der religiöse Überbau und die damit verbundenen Tätigkeiten ließen sich in erträglichen Grenzen halten. Dann blieben interessante Gruppenstunden, in denen man nützliche Dinge für ein Leben jenseits der Zivilisation lernte: verschiedene Knoten, Umgang mit dem Kompass oder Feuer anzünden ohne Zündhölzer. Paramilitärische Attribute genießen bekanntlich besondere Beliebtheit bei pubertären Jungs und Erwachsenen, die nie reif geworden sind. Wir trugen uniformartige grau-grüne Hemden, auch Abzeichen, und gehörten verschiedenen, durch Prüfungen erworbenen Rängen an, die mit recht merkwürdigen Begriffen bezeichnet wurden. Möchte man sich sonst etwa Wildling oder Wölfling nennen lassen? Selbst die Bezeichnung Lehrling wurde wegen der entwürdigenden Endung offiziell abgeschafft. Wir nahmen das in Kauf, denn es winkte wieder einmal ein interessantes Privileg: ab und zu ein Wochenende jenseits der Zivilisation. Böse Zungen könnten die gesamte Region so zuordnen. Aber dem wird und muss jeder widersprechen, der dort seine Zivilisation erworben hat. Bei dem besagten Ort handelte es sich um den Großen Eyberg. Hier hatte das französische Militär 1945 eine Anlage aus mehreren einstöckigen grau-grünen Gebäuden und einem 18 Meter hohen Stahlfachwerkturm errichtet. Da passten wir also schon farblich genau hin. Den VW-Bulli des Internats steuerte der Direktor oder ein Präfekt über absolut unwegsames, teilweise auch steiles Waldgelände. Man erreichte schließlich ein eingezäuntes Militärgelände, öffnete das rostige Tor, anschließend die ziemlich maroden Baracken, deren Kargheit sich mit feucht-modrigem Geruch verband.

Proviant und Decken für die alten Feldbetten waren schnell ausgeladen und nach ein paar ermahnenden Worten standen wir mit unserem Fähnleinführer allein, ohne Telefon, Wasser oder Strom. Dann wurde jeder aus unserer Gruppe für die verschiedenen notwendigen Arbeiten eingeteilt: Wasser an einer entfernten Quelle holen, Holz beschaffen, für Herd- und Lagerfeuer sorgen und die Speisen aus dem Internat verstauen.

Auch die Kost entsprach in ihrer Einfachheit den Rahmenbedingungen. Einmal gab es deshalb Proteste, die aber von unserem Fähnleinführer, den wir wegen seiner vermutlich genetisch bedingten extremen Körperbehaarung Esau nannten, empört zurückgewiesen wurden, was die Stimmung deutlich verschlechterte.

Einsatz auf dem Eyberg

Man hatte uns aus der Internatsküche einen großen Eimer mitgegeben, der nach dem Öffnen für eine unangenehme Überraschung sorgte. Sein Inhalt: Schokoladenpudding. Nicht, dass wir keinen Pudding mochten, aber dieses süße Zeug passte uns nicht als Hauptgericht, nicht ins militärische Ambiente und nicht zu unserem Rollenbild, das sich dem Jäger und Sammler nahe sah – und damit Fleischgerichten. Fäkalvergleiche hatten schnell und laut die Runde gemacht.

Andererseits aber glich die Freiheit solcher Wochenenden mit Lagerfeuer, Nachtwanderungen und Zigarettenrauchen auch manche Ärgernisse aus.

Sonntagabends ging es wieder zurück ins Internat.

Dort wartete ein damals noch recht bescheidenes Angebot an modernen Medien.

Dieses hatte aber durchaus seine konzeptionelle Ordnung und Wertigkeit.

Im Faltblatt des Internats begründete Direktor N. es so: „Psychologen und Pädagogen sind sich darüber einig, dass die Reizüberflutung, der das Kind in unserer modernen Zivilisation ausgesetzt ist und die mit Radio und Fernsehen ja bis in die einzelne Familie reicht, eine der ärgsten Gefährdungen darstellt. Es ist ein Glück für junge Menschen, wenn sie im geschützten Bezirk einer Erziehungsstätte aufwachsen können, die sie davor bewahrt und sie durch die Herausforderung und bewusste Pflege der aktiven Kräfte darauf vorbereitet, der Flut später gewachsen zu sein."

Wie man die Medien erfolgreich zensiert

Das Billardzimmer im Heim diente zugleich als Fernsehraum. Anfänglich gab es nur ein einziges Fernsehprogramm mit eher kurzen Sendezeiten. Wenn man hausinterne pädagogische Einschränkungen mitberücksichtigte, blieb eigentlich nicht viel mehr als sonntags die amerikanischen Serien wie „Lassie", „Fury", „Bonanza" oder „Union Pacific".

Unsere Aula hingegen verfügte über eine technisch aufwändige Anlage, mit der wir samstagabends reguläre Spielfilme, vermutlich im 16-mm-Format, sehen konnten.

Die Qualität entsprach dem damaligen Kino-Standard in der Provinz, die Filme waren nicht ganz neu, dafür immer absolut jugendfrei. Als Eintrittspreis wurde von unserem Taschengeld ein Betrag von 50 Pfennigen einbehalten.

Ein einziger offizieller Kinobesuch unseres gesamten Gymnasiums muss jedem, der ihn erlebt hat, in Erinnerung geblieben sein. Denn sein eigentlicher Höhepunkt verdeutlicht den erzieherischen Geist der Zeit beispielhaft. Es handelte sich um einen dieser unvergesslichen Karl-May-Filme der sechziger Jahre. Darin gab es eine Szene, in der Winnetous Schwester Nschotschi, dargestellt von der reizvoll-grazilen Marie Versini, deren Bravo-Poster wir gerne in unserem Wandschrank aufgehängt hätten, von einem hohen Felsen ins Wasser springt. Was für uns diese Szene so attraktiv und wichtig machte: Nscho-tschi legt ihre Kleidung ab. Diese bedeutende Nachricht hatte sich rasch verbreitet. Wir erwarteten also einen besonders sehenswerten Film. Die Szene war endlich da. Man sah die hübsche Figur der jungen Indianerin aus der Ferne, in einer Einstellung, die filmtechnisch vermutlich mit Supertotale bezeichnet wird. Dieser Abstand wurde beibehalten.
 Aber schon das genügte für eine wahrhaft einmalige Aktion.
 Der Ton blieb, aber im Vorführraum schob sich eine Hand vor den Projektor. Die Leinwand und das Kino tauchten in eine ägyptische Finsternis, während das versammelte junge Volk schrie, pfiff und johlte, so laut es ging. Für den Rest des Filmes herrschte Unruhe im Publikum. Im Halbdunkel suchten wir nach dem Präfekten der Unterstufe, den wir als den Zensor im Verdacht hatten, sahen ihn aber nicht im Saal.

Am liebsten hätten wir uns das Eintrittsgeld zurückverlangt.

„Bei Personen des anderen Geschlechts unehrbare Teile anzuschauen, ist Todsünde, ausgenommen, wenn es fast unversehens und flüchtig oder kurz und von Weitem geschieht." (Jone, Katholische Moraltheologie)

Auf dem Index verbotener Schriften des Heimes stand die noch junge und rührend harmlose Zeitschrift „Bravo". Schon dieses Verbot machte sie so interessant, dass sie heimlich gekauft und im Untergrund weitergereicht wurde. Die Aufklärungsserien ihrer Redaktion sollten noch länger auf sich warten lassen. Aber ihr Inhalt entsprach schon jetzt nicht der weltanschaulichen Ausrichtung der Erziehung. Um unsere geistige Nahrung sauber zu halten, bemühten sich die Präfekten manchmal sehr tapfer. Das sah man bei der Kontrolle unserer privaten Lektüre. Einen Vorgeschmack davon durfte ich schon in der Sexta erleben. Auf meiner Wunschliste für Weihnachten stand der „Simplizissimus" von Grimmelshausen. Unser Lehrer hatte uns in der Volksschule daraus vorgelesen, es war jener Dialog des verwahrlosten Kindes mit dem Einsiedel im 8. Kapitel des 1. Buches. Diesen Roman musste ich haben. Da meine Eltern weder den Autor, noch das Werk kannten, fragten sie nun den Präfekten. Der warnte entschieden vor diesem Werk, das ein ganz und gar schlechtes Vorbild für ein Kind biete. Meiner Beharrlichkeit verdankte ich es, dass meine Eltern in einer Buchhandlung nachfragten. Es gab tatsächlich eine Jugendausgabe. Die interessantere Originalausgabe besorgte ich mir einige Jahre später. Zur Strafe musste ich dafür die Hürden der barocken Sprachform überwinden.

Die Kontrolle unserer Lektüre verlief so, dass der Präfekt während der Zeit unseres sogenannten Studiums sich die Bücherfächer jedes einzelnen Schülers an der Stirnseite unserer Gruppenräume vornahm.

„Schlechte Bücher zu lesen, auch wenn sie nicht ganz schlecht sind, ist gewöhnlich eine schwere Sünde. (…) Sachen, die ein wenig unanständig sind, zu lesen, ist an sich nur eine lässliche Sünde. Es kann aber zur Todsünde werden, wenn es aus böser Absicht geschieht oder wenn man aus Erfahrung weiß, dass man in die Versuchung, die dabei entsteht, einwilligt." (Jone, Katholische Moraltheologie)

Bekannte Kinder- und Jugendbücher erhielten schnell seine Paraphe auf der letzten Seite. Sie waren damit genehmigt. So ging es verschiedenen Romanen von Jules Verne, aber auch Mark Twains „Huckleberry Finn", obwohl er aus erzieherischer Perspektive kaum als Vorbild taugen konnte. Für uns war er es.

Andere Lektüren, die mein Interesse so weit geweckt hatten, dass ich dafür sogar Taschengeld ausgab, brachten den Präfekten aber in eine schwierigere Entscheidungssituation. Fall Nummer eins: Goethes „Faust". Nachdem ich am Fernsehen das Puppenspiel gesehen hatte, stand er auf meiner Wunschliste. Da traf es sich bestens, dass ich mit meiner Großmutter Bine in Pirmasens auf dem Ramschtisch eines Kaufhauses eine in hellbraunes Leinen mit dunkelgrünem Rücken gebundene „Faust"- Ausgabe des Eduard-Kaiser-Verlags entdeckte. Sie kostete nur zwei Mark. Ich zückte meinen Geldbeutel, aber meine Großmutter war spendabel, zumal es um Bildung ging.

Bei genauerer Betrachtung traf mich allerdings ein gelinder Schock, als ich erkannte, was ich mir da eingehandelt hatte. Warum musste dieser Goethe die Geschichte als Drama verfassen? Und wenn schon, warum dann nicht in etwas einfacherer Sprache? Das war ihm ja beim „Zauberlehrling" auch gelungen.

Nichtsdestotrotz arbeitete ich mich vor und schließlich sogar durch. Das andere Buch stellte den Präfekten vor ein noch schwierigeres Problem. Das Werk eines Sigmund Freud hatte meine grundsätzliche Neugier erregt. In der Buchhandlung sah ich ein Fischer-Taschenbuch zu zwei bis drei Mark. Das schien mir die Sache wert. Der Titel klang ein wenig sperrig: „Zur Psychopathologie des Alltagslebens". „Drei Abhandlungen zur Sexualtheorie" klangen einfacher und interessanter, wären aber sofort konfisziert worden. Da saß nun ein Zwölfjähriger, der abwechselnd Freud und ein Lexikon bemühte, um an berüchtigte, anrüchige und tabuisierte Erkenntnisse zu gelangen. Ähnlich ging es dem Zensor: Er suchte mindestens eine halbe Stunde nach anrüchigen Stellen, die ein Verbot begründen könnten, fand aber nichts. So waren wir beide uns wenigstens in der Enttäuschung über das Werk Freuds einig. Ein anderes Erlebnis verdankte ich ebenfalls meiner Lektüre. Ein im Vorbeigehen dem Erzieher gezielt hingeworfenes Zitat hatte dazu geführt, dass er mit mir in seinem Zimmer Rücksprache nehmen wollte. Auch da musste ich seine Erwartungen enttäuschen. Es war in der Zeit, als die Aushubarbeiten zum Schwimmbadbau liefen. Kam man durch das Wiesental aus der Stadt, dann führte der Weg durch aufgewühltes Erdreich und verursachte schmutzige Schuhe. So scherzte ich im Vorbeigehen ein wenig mit dem Präfekten: „Gehst du zum Schwimmbad? Vergiss die Stiefel nicht!"

Mein philosophischer, zugleich aber auch psychologischer Test funktionierte prompt. Er bestellte mich am gleichen Abend zu sich und wollte wissen, woher ich diese Formulierung hätte. – Was hatte er sich wohl als Antwort gewünscht? Gern hätte ich ihn danach gefragt. Dennoch, es war auch so recht lustig für mich, ihm mit ernster Miene zu erklären, dass ich aus unserer Internatsbibliothek ein Buch über große Philosophen ausgeliehen und dort das Zitat eines Friedrich Nietzsche gefunden hätte. Seine Enttäuschung stand ihm ins Gesicht geschrieben, ich durfte wieder gehen.

Auch Freud und Goethe durften wieder zurück in mein Bücherregal, erhielten aber nicht die Genehmigungsparaphe. Dieses eigentümliche methodische Prinzip habe ich später in der katholischen Kirche immer wieder beobachten können. Bei heiklen Themen, wenn man nicht weiß, was die Kardinaltugend der Klugheit gebietet, sieht man eher darüber hinweg, als eine moralisch rigorose Entscheidung zu treffen, die der Institution oder dem Amtsträger Ärger einbringen könnte. Besteht vielleicht genau darin die Tugend der Klugheit?

Aber die Revanche des Präfekten sollte und durfte nicht ausbleiben. Zum Beginn der Weihnachtsferien erhielt jeder von uns eine „Beurteilung", die verschiedene Verhaltensnoten und eine persönliche Verbalbeurteilung enthielt. Darin wurde meinem tapfer verteidigten Individualismus wenig freundlich und verständnisvoll bescheinigt: „Er neigt zu Eigenbröteleien." – Frohe Weihnachten!

Prägende Persönlichkeiten und wie man sich gegen manche wehrte

Schulischer Alltag
Seine besonderen Akzente und das Spicken

Unser Gymnasium, klein und beschaulich, lag damals am Rande des Städtchens.

Zur besonderen Atmosphäre trug bei, dass der Schulleiter alle Schülerinnen und Schüler kannte und morgens vor der ersten Stunde am Eingang der Schule stand. Man grüßte und wurde gegrüßt, auch zur Eile aufgefordert, wenn das erste Läuten kurz bevorstand. Er war eine beeindruckende Persönlichkeit, Altphilologe mit einem lateinischen Vor- und Nachnamen, den wir, wenn wir von ihm sprachen, zum Spaß gerne ins Deutsche übersetzten: der glückliche Fünfte. Obwohl er von ausgesprochen kleiner und etwas korpulenter Gestalt war, hatte ich immer das Gefühl zu ihm aufzublicken. Die griechische Philosophie, vor allem Platon, und die christliche Religion bestimmten sein Denken und Handeln. Das wirkte manchmal komisch auf uns, weil es von unseren Mustern deutlich abwich, aber er hatte eine gute Hand für seine Bildungsanstalt und die Menschen, die sie bevölkerten. Mit der Zeit merkte ich, dass er gar nicht so weltfremd war, wie es schien. Bei Reden bewegte er sich auf einem außerordentlich hohen sprachlichen und intellektuellen Niveau, was viele junge Zuhörer als langweilig empfanden. Manche meiner Nachbarn zählten mit, wie oft zum Beispiel der Name Platon genannt wurde oder wie viele Zitate die Rede enthielt. Dass er griechisch und deutsch zitierte, gehörte für ihn zur philologischen Pflicht und Klarheit. In seiner Freizeit schrieb er lateinische und altgriechische Gedichte, oft in den kompliziertesten Metren und in erlesener Metaphorik. Er formulierte sogar im privaten Gespräch nach lateinischen Satzmustern. Als ich ihm einmal auf dem Weg zur Orchesterprobe begegnete, sagte er zu mir etwa: „Es ist gut und ich begrüße das ausdrücklich, wenn Jungen Flöte spielen, denn das schenkt Freude für einen selbst und, wenn man diese Kunst beherrscht, auch anderen."

Das wirkte befremdlich, aber auch beeindruckend.

Er spielte nicht den Rex, den König. Er war es. Ein Ereignis charakterisiert vielleicht treffend seine unverwechselbare und weise Art.

Studienrat B.
Fortsetzung des Krieges mit anderen Mitteln

Einen unserer Lehrer, Studienrat B., hätte man als den Problemfall schlechthin bezeichnen können. Das wollte schon etwas heißen. Eines Tages hatte man B. als Vertretung für einen erkrankten Kollegen uns und unserer Parallelklasse zugeteilt. Eine solche Mitführung der Parallelklasse war an sich nichts Ungewöhnliches.

B. betrat forsch den Klassenraum, in dem etwa 50 Schülerinnen und Schüler auf ihn warteten, die sich einen kleinen Scherz ausgedacht hatten.

Wir standen auf, aber statt der üblichen Begrüßung sangen wir:

„Dem B. noch ein Trullalla." Kurz nach der dritten Wiederholung öffnete sich plötzlich die Tür. Oberstudiendirektor Q. stand, so klein und so groß wie er war, im Saal. Wir erhoben uns sofort. Man hätte die berühmte Stecknadel fallen hören. Den Lehrer würdigte er keines Blickes. Was würde mit uns passieren? Quälende Sekunden vergingen. Dann entschied er: „Klassensprecher, tretet zu mir vor!" Peter und ich bewegten uns unsicher durch die Bankreihen. Aus Angst vor kräftigen Ohrfeigen, wie sie damals in der Erziehung üblich waren, hielten wir einen gewissen Abstand. Er sah uns sehr ernst an und sagte dann: „Klassensprecher, sprecht mir nach: Wir schämen uns!"

Konvulsionen erschütterten plötzlich das Zwerchfell. Jetzt bloß nicht loslachen.

Schon hörte man unterdrücktes Lachen und Glucksen aus der Klasse. Wir sprachen mit größter Mühe den gewünschten Satz.

Der Schulleiter drehte sich um und verließ den Saal.

Später wurde mir klar, dass er hier bewusst eine eher symbolische Strafe verhängte, weil er die Klasse nicht wegen der pädagogischen Schwächen eines Lehrers bestrafen wollte. Andererseits sollten wir uns schämen, ihn als Opfer einer zudem so albernen Aktion ausgesucht zu haben.

B. war in seinen Fremdsprachen fachlich kompetent, für Geschichte traf dies weniger zu. Pädagogisch und kommunikativ mangelte es ihm an den elementarsten beruflichen Voraussetzungen. Er ließ keinen Fehler und keinen Fettnapf aus, war oft ungerecht und fast immer unberechenbar. So stand er in einem leicht speckig glänzenden dunkelblauen Anzug klein und schmächtig, aber durchaus angriffslustig, oft regelrecht giftig, vor uns.

Wie viele Menschen seiner Generation versuchte er täglich, seine Kriegstraumata im Unterricht aufzuarbeiten. Wir hätten nach einem halben Jahr die Erlebnisse mitsprechen können. Solche Unterrichtsstunden begannen manchmal mit den Worten: „Heute früh erinnerte ich mich wieder, wie wir in Russland ein verendetes Pferd zerlegt, gebraten und gegessen haben. Ich bekam die Leber." Wir schauten uns gegenseitig an, denn wir erinnerten uns auch an die Geschichte. Mussten er und andere Lehrer immer wieder diese Erlebnisse loswerden, die sie doch nicht losließen? Suchten sie dabei eine Art heroisches Selbstbild? Manchmal stellten wir, damit es nicht zu langweilig wurde, Fragen zu Details, die auf die Wahrheit oder zumindest Plausibilität der Erzählungen abzielten. Und tatsächlich gab es dann gelegentlich Irritationen. Wenn man hörte, dass ein deutscher Landser mit einem Motorrad immer nachts durch die Wälder nach Westen flüchtete, fragte man schon mal nach den Tankstellen. Dann konnte schnell die Erinnerung aussetzen. Unzählige Karikaturen entstanden während solcher Stunden: B. als Landser, der ein Pferd ausweidet, als Napoleon oder neben Hitler. Einem meiner Deutschlehrer, Studienrat P., fiel ein solches Skizzenblatt einmal in die Hände, es hatte im verkehrten Heft gelegen. Statt mich zu rüffeln, wie ich erwartet hatte, lachte er, bis Tränen zu sehen waren. Ob er sich auch die Geschichten im Lehrerzimmer hatte anhören müssen?

Durch meine Aufgabe als Klassensprecher erlebte ich bald härtere Konfrontationen und Eskalationen.

Da Herr B. in unserer Klasse Französisch und Geschichte unterrichtete, kam es vor, dass er nach eigenem Gutdünken über die inhaltliche Füllung seiner Stunden entschied. Was seine Kriegsberichterstattung betraf, hätte das weiter keine organisatorischen Konsequenzen haben müssen, aber wir brauchten Bücher und Hefte für den Fachunterricht, der ja zeitweise stattfand. Eines Tages sprach B. mich auf dem Pausenhof an, was mir schon deshalb unangenehm war, weil ich schließlich Pause hatte und er oft unnötig viele Worte machte, zudem galten Gespräche mit ihm sogar für uns Schüler als etwas peinlich. Vielleicht geschah es deshalb, dass ich seinen Auftrag vergaß, die Klasse über einen Fächertausch am nächsten Tag zu informieren. Nachmittags fiel es mir wieder ein, aber ich konnte nur die Internatsschüler verständigen. Vielleicht beging ich am nächsten Morgen, als er den Klassensaal betrat, den eigentlichen Fehler, mich nämlich so zu verhalten, wie das bei anderen Menschen normal war. Ich trat vor und informierte ihn über mein Versehen, entschuldigte mich und empfahl ihm, nur Internatsschüler abzuhören und uns zu zweit in ein Buch schauen zu lassen. – Ohne Kommentar versetzte er mir plötzlich vor der Klasse eine schallende Ohrfeige. Mein erster Gedanke war es, im „Reflex" zurückzuschlagen. Es gab schon länger Gerüchte darüber, B. habe bereits derartige Rückschläge erfahren. Irgendwie kam es mir dennoch unangemessen vor. Andererseits stand meine Ehre auf dem Spiel. Ohne Worte und ohne eine Miene zu verziehen, verließ ich den Raum und betrat ziemlich aufgewühlt das Sekretariat. Nie zuvor hatte ich den Schulleiter in seinem Amtszimmer aufgesucht. Jetzt verlangte ich, ihn sofort zu sprechen. Die Sekretärin wimmelte mich nicht ab, stand auf, öffnete zwei Türen, von denen eine mit dicken geräuschdämmenden Polstern versehen war, sprach kurz und leise mit dem Rex und erlaubte mir dann bei ihm einzutreten. Während ich dem Schulleiter den Vorgang berichtete, las ich ernste Anteilnahme in seinem Gesicht. Er hatte sich erhoben, hörte aufmerksam zu und unterbrach mich nicht. An seine Worte erinnere ich mich noch recht genau: „Ich kann deine Aufregung gut verstehen, aber nun beruhige dich erst einmal." Dann ging er zum Fenster, schaute hinüber auf das Massiv des Hochsteins, schien etwas zu überlegen und redete dann, als er sich wieder zu mir umdrehte, mit mir wie mit einem vertrauten Erwachsenen: „Was soll ich mit dem Kollegen machen?" Die Bewegung seiner Hände unterstrich die Ratlosigkeit. Wie Balsam auf die Wunde wirkte seine einfache menschliche Reaktion. So konnte ich wieder erhobenen Hauptes zurück. Dass aber künftig eine andere Gangart nötig sein würde, lag auf der Hand. Darüber herrschte Konsens in der Klassengemeinschaft.

Gelegenheiten gab es genug. Zum Beispiel bestand sein Geschichtsunterricht über weite Strecken einfach darin, dass er – mit dem Rücken zu uns – eine ganze Stunde an der Tafel stand, um mit seiner winzigen Schrift Geschichtszahlen und Ereignisse tabellarisch aufzulisten, die wir abschreiben und dann auswendig lernen sollten. Wir begriffen das nicht als Unterricht und verhielten uns entsprechend. Irgendwann warf jemand ein Stück Kreide nach ihm. Weil wir darin den Reiz von Neuartigkeit und Abenteuer verspürten, hagelte es bald Kreide. Es gab Treffer auf seinem Rücken, die kleine weiße Flecken hinterließen, und laute Geräusche beim Aufprall an der Tafel. Da Herr B., trotz schneller

Drehungen, niemanden identifizieren konnte, sondern nur Gelächter erntete, wandte er sich in strengem und heftigem Ton an mich: „Du bist Klassensprecher! Wenn mir jemand ins Auge wirft, bist du mir verantwortlich!" Um meine Verantwortung wahrzunehmen, öffnete ich, nach kurzer Bedenkzeit, meinen Schirm vor ihm und schützte ihn vor den Würfen. Zwischendurch sammelte jemand die Kreidestücke ein, um sie wieder auszuteilen, damit sie weiter an die Tafel knallten. Konnte man diese Situation noch steigern? Nach einer Weile erklärte ich ihm, das Schirmhalten und der Krach hätten mich so genervt, dass ich eine kurze Zigarettenpause brauche. Den Schirm übernahm mein Stellvertreter, während ich am geöffneten Fenster des Klassensaals stand, mir eine Lucky Strike anzündete und sie genüsslich rauchte. Mal was Neues.

In der Folge gab er uns bei Überprüfungen und Klassenarbeiten absolut miserable Noten. Gerne ließ er die Schüler mit den schlechtesten Ergebnissen bei der Rückgabe nach vorne kommen, um sie mit Details aus ihrer Arbeit lächerlich zu machen. Diese Wirkung erreichte er bei unserer Klasse zwar nicht, aber er versuchte es. Wir vergaßen das nicht. Für manchen von uns bedeutete das letzten Endes: Wiederholung der Klasse.

Zwei Szenen mögen die unglaublichen Zustände veranschaulichen.

Mein Freund Stefan hatte von seinem Vater, dem Intendanten des ZDF, die ersten Mainzelmännchen-Figuren bekommen. Ich durfte mir eines davon als Geschenk aussuchen. Dieses kleine Kerlchen leistete mir in den folgenden Jahren wertvolle und notwendige Dienste als Maskottchen. Noch heute, fünfzig Jahre danach, steht Berti, wie er wohl heißt, auf meinem Schreibtisch und winkt mir freundlich zu. Wir hatten an jenem Tag gerade eine Arbeit geschrieben. Mein Sitzplatz garantierte verschärfte Beobachtung: die erste Bank der Mittelreihe, direkt vor dem Lehrerpult. Auf dessen Kante stand das hilfsbereite Wesen. Herr B. trat ein, man grüßte irgendwie, anschließend legte er seine Unterlagen auf das Lehrerpult. Dann geschah es: B. beugt sich vor und fegt mit Schwung, als sei es Schmutz, den kleinen Berti vom Rand des Pultes zu Boden. „Was soll denn das?", schien mir eine angemessene Form der Reaktion zu sein. B.: „Das ist mein Pult. Darauf hat das nichts zu suchen!" „Typisch. Niemanden hat das bis jetzt gestört. Nur Sie!" Darauf bückte sich Herr B., hob das Mainzelmännchen auf, ging zum Fenster und warf es hinaus. Aufschrei in der Klasse. Sofort verließ ich den Raum, um vor der Schule meinen Talisman zu holen. Das durfte nicht ungesühnt bleiben. In der Metaphorik unserer Cowboy-Filme ausgedrückt, lag Pulverdampf in der Luft.

Eine Revanche musste zeitnah, also in der nächsten Stunde folgen. Der Plan sollte präzise aufgehen.

Um eine möglichst große Ablagefläche zwischen meinem Gegenüber oder Duellanten und mir zu schaffen, blieben meine Bücher in der Tasche – und ich lehnte mich weit zurück. B. legte seine Bücher in der gewohnt forsch wirkenden Art ab. Die gewünschte Situation war eingetreten: Sein Geschichtsatlas lag zur Hälfte auf meinem Tisch. Showdown für das Duell. Blickkontakt suchen und dabei mit der rechten Hand langsam und locker den Atlas vom Tisch wischen. Was nun folgte, lässt sich kurz sagen. Mehrere Aufforderungen, den Atlas aufzuheben, scheiterten. Er erfuhr, dass ich den

Atlas eigentlich sogar zum Fenster hinauswerfen müsste, aber mal nicht so sein wollte. Schließlich hob Peter, der Kleinste der Klasse, das Buch auf. Der Unterricht konnte beginnen.

In dieser von Spannungen und Aversionen geladenen Atmosphäre lag eines Tages ein dünnes Heft – „Grammatisches Beiheft" – , nachdem B. den Saal verlassen hatte, auf dem Lehrerpult. Niemand schickte sich an, es dem rechtmäßigen Besitzer zu bringen. Es verschwand zunächst vom Tisch und war auch bei Nachfragen des Eigentümers von niemandem gesehen worden. Der Vorschlag aus der Klasse, es zu verbrennen, fand schnell allgemeine Zustimmung. Es sollte ein Autodafé werden, bei dem feierlich das Buch eines Gegners, quasi eines pädagogischen Sünders und Häretikers, den Flammen übergeben wird. Im Internat bildete sich spontan eine Gruppe, die zunächst einmal das Büchlein genauer inspizierte. Aus dem ersten Gesamteindruck schlossen wir, dass der Zustand eine Verbrennung und anschließende Neuanschaffung nahelegt. Mit winziger Füllfederschrift standen überall Erläuterungen. Eine Menge verschieden großer Zettel lagen zwischen den Seiten. Das vergilbte Papier stammte aus alten Klassenarbeiten und Überprüfungen, wie die hektografierten Texte der Rückseite verrieten. Diese hatte er mit einem Bleistift kreuzförmig durchgestrichen, als sei eine Entwertung nötig gewesen.

Die Texte stammten aus dem Unterricht von Mittelstufenklassen. Ihr Inhalt hätte zu psychologischen Spekulationen oder Diagnosen anregen können. Da waren merkwürdige und inhaltlich sehr disparate Sätze ins Französische zu übertragen: „Sie hatten gehofft, nicht mehr nach Afrika zu reisen." „Ich glaube das nicht. Er auch nicht." „Milch ist ein unentbehrliches Nahrungsmittel." „Wände haben Ohren." „General de Gaulle hat am 3. Februar die Sitzung des Exekutivrates eröffnet."

„Einigkeit macht stark."

Die für Notizen benutzte Seite enthielt vorwiegend englischsprachige Begriffsdefinitionen in gleichfalls winziger Schrift, manchmal durch stenografische Anmerkungen ergänzt.

Am gleichen Nachmittag zog eine Gruppe von etwa zwölf bis fünfzehn Jungen aus dem Internat gemeinsam zum Sportplatz, der einige hundert Meter vom Haus entfernt war. Man hätte vermuten können, dass sie ein Mannschaftsspiel vorhätten. Merkwürdigerweise sah man aber keinen Ball bei ihnen. Auf dem Sportplatz suchten sie sich die Sprunggrube aus und bildeten um sie einen Kreis. Welches Spiel sollte das werden? Nun zog einer ein dünnes abgewetztes Heft aus der Jackentasche, legte es in die Mitte der Grube und hielt sein Feuerzeug daran. Es wollte nicht recht Feuer fangen und musste deshalb in eine brandtechnisch günstigere Form gebracht werden. Die Gruppe stimmte das Lied „Flamme empor" an, die Augen der Jungen leuchteten vor Genugtuung und Freude. Erfahrungen als Messdiener und ND-Wölflinge fanden so eine Synthese eigener Art. Es war Zeit für eine Lucky Strike.

In den Unterrichtspausen gab es bei Hausmeister Schlick Milch oder Kakao in kleinen Trinkbechern aus einem wachsbeschichteten Papier. Da diese Getränke nicht homogenisiert waren, musste man sie vorher schütteln oder man stieß mit dem Strohhalm am Schluss auf eine ungenießbare wässrige Brühe. Im Sommer genügte ein solcher Becher nicht immer unserem Durst. So machte ich mir einmal den Spaß, in der Unterrichtszeit von Herrn B. das Waschbecken zwischen der Tafel und der Tür auszuspülen, mit Wasser zu füllen und einige Päckchen Brausepulver hineinzugeben. Diese bunte fruchtige Tränke spendierte ich jedem, der Lust oder Durst hatte. Es wurde erstaunlich gut angenommen und bot köstliche Anblicke, denn man musste sich vorbeugen und mit einem Teil des Gesichtes eintauchen.

Als absolut unvergesslich aber schrieb sich jedem von uns die Erinnerung an den Vor-, oder treffender, Rückfall mit dem Zeigestock ein. An einem kalten Wintermorgen verschafften wir uns im Unterricht auf unterschiedliche Weise Abwechslung, während B. einen Monolog hielt, dem vermutlich kaum jemand zuhörte. Allenfalls ein paar Mädchen, denen das Gesprächsthema ausgegangen war, wenn es so etwas gab. Vor der Tafel hing am Kartenständer eine etwas rissige Deutschlandkarte. In der zweiten Bank hatte mein Freund Norbert seinen Platz. Während der Orchesterproben trieben wir unsere Späße miteinander. Jetzt spielte er nicht mit seiner Geige, sondern mit dem Zeigestock. Er versuchte damit das kleine rote Notenbuch, dessen nach unten aufgeschlagene Seiten mit den Namen und Noten unserer Klasse gefüllt waren, so zu lupfen, dass Karl in der ersten Bank, wenn er mit dem Kopf ganz nach unten ging, hineinschauen konnte. Herr B. spielte mit, schob hier und da das Büchlein etwas weg oder schubste den Stock. Lag es am Mangel physikalischer oder nahkampftechnischer Grundkenntnisse, dass Herr B. plötzlich mit seinem kompletten Leichtgewicht, ohne statische Absicherung durch ein Standbein, sich regelrecht an den Stock hängte und an ihm nach Leibeskräften zog. Für Norbert gab es keine Chance, die

Sache glimpflich zu beenden. Er musste loslassen und der Lehrer flog – wie von einem Katapult abgeschossen – in Richtung Kartenständer. Unter ihm landete er sehr unsanft, der Ständer schepperte laut, schwankte bedenklich, blieb aber stehen, da seine Statik klugerweise durch die Füße abgesichert war. In der letzten Phase seines Fluges leuchteten lange weiße Unterhosen zwischen Schuhen und Hosen des Studienrats.

Im tosenden Gelächter der Klasse, manche kugelten sich geradezu, rangen um Luft, dauerte es geraume Zeit, bis sich der Lehrer wieder erhoben hatte. Wegen einer Nackenverletzung wurde Herr B. für einige Tage krankgeschrieben. Norbert fühlte sich mit Recht nicht an dem Unfall schuldig. Die Schulstrafe bestand aus einem Arrest durch den Schulleiter, auch im Internat kam es zu einem Nachspiel, aber das Ereignis ging in die Erinnerung der Schulgemeinschaft ein. Erste Spottlieder und Karikaturen dazu beherrschten den Schulfasching.

Wir hätten schon lange gerne gewusst, wie Herr B. zu Hause so lebt. Das, was heute sogenannte Homestorys bieten. Womit umgibt er sich? Wie ist seine Frau? Dass sie mindestens einen Kopf größer und sehr kräftig war, wussten wir, weil man das sah. Das regte unsere Fantasie an. Bei einer Karikatur zu diesem Thema spielte ein Nudelholz die dominante Rolle. Konnte sie, die wir scherzhaft Linda nannten, unseren Krankenbesuch abweisen? Würde sie uns gar mit dem Nudelholz in die Flucht schlagen? Zu zweit oder zu dritt machten wir uns auf den Weg zu seinem Haus. In einer Tüte das Gast- und Genesungsgeschenk: eine Flasche mit dem preiswertesten Weißwein aus dem Supermarkt. Was billig ist, muss ja nicht schlecht sein. Vor dem Haus stand der grau-braune VW-Käfer als Indiz seiner Anwesenheit. Nach dem Läuten vergingen gefühlte zwei Minuten, bis sich ein kleines Fenster öffnete. Dort erschien der Kopf seiner Frau. Erst wollte sie uns nicht vorlassen. Aber unsere Überzeugungskraft siegte schließlich. Der Held des Russlandfeldzugs der deutschen Wehrmacht lag, mit einem weißen Nachthemd bekleidet, noch unrasiert im Bett. Um sich auf sicheres Terrain zu begeben, erklärte er uns sofort nach unserem Eintritt, dass er eben gerade an eine Kriegssituation in Russland gedacht habe. Der Zusammenhang schien etwas konstruiert, aber dieses Thema ersetzte lästige alternative Themen, wie den Unfall. Er war wieder in seinem Element.

Auf dem Heimweg haben wir jedenfalls viel gelacht. Die Weinflasche hatte sich gelohnt.

Studienrat P.
Der Witz im Timing

Humor kann ja sehr individuell sein. Sogar manche Schüler wissen spätestens nach der Lektüre von Freud etwas über die Beziehung des Witzes zum Unbewussten. Studienrat P. pflegte einen recht individuellen, durchaus britisch gefärbten Humor. Da er mir sehr gute Deutschnoten gab und erfreuliche Bewertungen unter meine Aufsätze schrieb, empfand ich ihn nicht nur sympathisch, sondern auch besonders kompetent. Sein Stil und Niveau unterschieden ihn von den meisten seiner Kollegen. Er war es auch, der über meine Karikaturen gelacht hatte. Wie bewunderte und genoss ich seinen Unterricht. Von meinem Platz in der ersten Bank aus konnte ich auf den Zettel mit seiner Unterrichtsplanung schauen. Er hatte höchstens die Größe einer Postkarte. Darauf standen untereinander in locker-eleganten Schriftzügen ungefähr vier bis fünf stichwortartige Formulierungen mit Zeitangaben. Daneben legte er seine Armbanduhr. Souverän und ohne Zeitdruck schaffte er präzise sein jeweiliges Programm. Wenn gelegentlich noch ein paar Minuten übrigblieben, las er uns aus seiner Witzsammlung vor. Dabei machte es ihm sichtbar Freude, genau zu registrieren, wer über welchen Witz wie sehr lachte. Und ich genoss es, ihn zu beobachten, wie er uns beobachtete, und zu registrieren, über welche Beobachtungen er sich wie sehr amüsierte.

Studienrat H.
Bitte zum Lachen in den Keller

Als gänzlich humorlos erwies sich unser erster Mathelehrer Studienrat H. Er war von großer Statur und hatte seinem welligen dunklen Haar mit den leicht ergrauten Schläfen einen so akkuraten Mittelscheitel verpasst, dass wir annahmen, sein Lineal habe dabei Hilfe leisten müssen. Es ging die Fama, er sei im Krieg bei der Luftwaffe gewesen. Aber Privates bekamen wir nie von ihm zu hören. Allerdings spielte er in einem kleinen Kammerorchester unserer Schule Geige, mit höchster Präzision, versteht sich. Wie viele Naturwissenschaftler sah man auch ihn im Unterricht grundsätzlich in einen weißen Mantel gekleidet, der so gestärkt war, dass man ihn vielleicht nicht hätte aufhängen, aber dafür aufstellen können.

Eine eindrucksvolle Probe seines Humors erlebten wir schon in einer der ersten Stunden.

Auf die Frage, ob jemand von uns wisse, was ein Subtrahend ist, meldete sich unser Mitschüler Hans B. in seinem breiten vorderpfälzischen Dialekt: „Hat das was mit Old Shatterhand zu tun?" Der trockene Mathematiker verfiel auf diese geistreiche Bemerkung hin in einen regelrechten Zornesausbruch, hochroten Kopfes schrie er den Jungen mit seiner sehr nasalen Stimme minutenlang zusammen.

Niemals mehr hat ein Klassenkamerad bei ihm zu scherzen versucht. Dabei hätten wir oft so gerne über Unterrichtsinhalte gespottet, wenn er zum Beispiel den Flaschenzug im Physikunterricht grundsätzlich als Seilmaschine bezeichnete. Nie im Leben hatten wir zuvor oder danach diesen Begriff gehört, geschweige denn gebraucht.

Das hieß aber nicht, dass er selbst davor verschont bleiben sollte, zum Objekt unserer Scherze zu werden. Einmal mehr schlechten Scherzen. Herr H. hatte eine schwierige Rechenaufgabe an die Tafel geschrieben und zog nun in dem von Stärke starren blütenweißen Mantel seine Bahnen durch die Bankreihen.

Doch hinter seinem Rücken entluden und verstärkten sich lautlose Proteste, abgründige Tücke erhob ihr Haupt, um ihn, den untadeligen und makellosen Mathematiker zu beflecken. Als Tatwerkzeuge dienten simple Kolbenfüller. Sie hatten alle die üble Eigenschaft, bei kräftigen schlagartigen Bewegungen nach vorne zu kleckern. Während er seiner Wege ging, bot sich ein merkwürdig disparates Bild. Vor ihm herrschte die angespannte Ruhe konzentriert arbeitender Schülerinnen und Schüler. Hinter ihm ging es lebhaft zur Sache: Füllfederhalter sprühten – vom Schwung ihrer Besitzer belebt – blaue Bahnen auf das unschuldige Weiß eines gestärkten Mantels. Diese Kreativität machte große Freude. War das eine spontane und natürliche Form von Action Painting? Kommunizierte Herr H. nicht etwa mit seiner Kleidung eine bestimmte Haltung, Signale der Perfektion und Unantastbarkeit? Traten wir damit nicht in einen kritischen nonverbalen Dialog ein, indem wir das gleiche vestimentäre Medium benutzten, um unsere Meinung darzustellen?

Das Nachspiel, welches nicht ausbleiben konnte, zeigte leider, dass Herrn H. nicht nur Humor, sondern auch Sinn für moderne Kunst fehlte. Vermutlich hatte ein anderer Kunstbanause unter seinen Kollegen das Resultat der vielen Füllfederhalter als gemeinen Streich interpretiert. Unser Mathelehrer stürmte jedenfalls ohne Mantel in unseren Klassensaal. Er wirkte dadurch fremd, fast nackt. Das Kunstwerk trug er zunächst über dem linken Unterarm, dann erhob er es demonstrativ mit der Rückseite nach vorne. Ohne lange Vorrede, aber mit der bekannten lauten nasalen Stimme äußerte er sich sehr abfällig über die blauen Muster und vor allem ihre Schöpfer. Neben kollektiven Strafen werde der Klasse eine chemische Reinigung des Mantels in Rechnung gestellt. Die Kosten könnten wir ja von den Verursachern einfordern. Es gab keinen Einspruch, denn unsere Auffassung war: Wir spenden gerne für einen guten Zweck.

Fachoberstudienrat W.
Markante Stunden

An unserer Anstalt gab es noch keine Studiendirektoren und nur zwei Oberstudienräte, von denen einer als Verwaltungsoberstudienrat fungierte, der andere als Fachoberstudienrat, worunter wir uns nichts Konkretes vorstellen konnten.

Fachoberstudienrat W. soll, wie man hörte, während der Gründungsphase des Gymnasiums Anfang der fünfziger Jahre als Schulleiter vorgesehen gewesen sein. Hatte man seine brachial wirkende Persönlichkeitsstruktur noch rechtzeitig erkannt? Er unterrichtete uns zeitweise in Latein. Von sehr korpulenter Gestalt, mit breiter Stirnglatze und Brille hatte er uns das lateinische Adjektiv „pinguis = dick, fett" erklärt, mit dem Zusatz:„Davon kommt der Pinguin." Da dies so ähnlich wie sein Name klang, hatte er damit seinen Spitznamen weg.

Der Lateinunterricht war eigentlich recht witzig. Wir mussten nach der Stoppuhr konjugieren und deklinieren. Manchmal skandierte er, auf dem Pult sitzend, mit der Ferse lateinische Deklinationen oder Konjugationsendungen laut donnernd auf die Holzfläche: „am, -es, -et, -emus, -etis, -ent." Im Übrigen übersetzte er uns die Texte vor, wir schrieben fleißig mit, denn die Hausaufgabe bestand in dieser Übersetzung. Wir lasen ihm dann seinen eigenen Text in der nächsten Stunde wieder vor. Lustig war, dass er darin manchmal Fehler entdeckte. Es kam sogar zu Fehlern im Deutschen, einem Fach, das er ebenfalls unterrichtete.

Ein lateinischer Satz hieß: Cur me offendisti? – Warum hast du mich beleidigt? – Er übersetzte: Warum hast du mich beleidigst? Am nächsten Tag trieben wir ein vergnügliches Spiel mit diesem Satz, den wir und er immer wieder grammatisch falsch formulierten.

Einmal aber gelang ihm eine fachfremde Leistung, die uns wirklich beeindruckte. Er musste es an unserem Grinsen und der Richtung unserer Blicke bemerkt haben. Eine kurze Kontrolle bestätigte ihm, dass er die Knöpfe an seiner Hose offen hatte. Was würde er nun machen? Herr W. drehte sich kurz um 360 Grad. Die Pirouette eines Pinguins, wenn man so wollte. Siehe da: Die Knöpfe waren geschlossen. Unsere erstaunten Gesichter hätte man fotografieren müssen. Überrascht werde ich selbst Wochen später ausgesehen haben, als er mich im Pausenhof mit seiner Freilichttheaterstimme zu sich rief, während sein mächtiger auf mich gerichteter Zeigefinger diesem Befehl Nachdruck verlieh. Er trug bei den winterlichen Temperaturen eine längliche schwarz-graue Persianermütze und einen dicken karierten Wollmantel, der seine Erscheinung zusätzlich unterstrich. „Hör mal! Wenn du einem Lehrer begegnest, dann hast du zu grüßen!" – „Ich weiß nicht, wann ich Sie nicht gegrüßt habe." – „Gestern bin ich mit dem Wagen durch die Stadt gefahren. Du musst mich gesehen haben. Also merke dir das. Auch wenn ein Lehrer vorbeifährt, hat man ihn zu grüßen!" Sprach´s, drehte sich um und ging.

Studienrat J.W.
Als ich noch der Waldbauernbub war

Die Lateinlehrer gehörten zu der härtesten Truppe des Hauses. Studienrat J. W. führte uns in die Anfangsgründe der Sprache ein. Seine Spezialität waren persönliche Ansprachen von größter Nähe. W. muss damals etwa 40 Jahre alt gewesen sein, wirkte aber seinem gesamten Habitus nach wesentlich älter. Sein schütteres rotes Haar zeigte am Hinterkopf eine große tonsurartige runde Kahlstelle. Diese oder sein runder Kopf hatten ihm den Spitznamen Vollmond eingebracht. Auf dem alten Foto des Kollegiums zeigt er ein schlichtes fröhliches Lachen und gleicht dabei tatsächlich einer jener vollmondgesichtigen Laternen, die man Kindern beim Umzug am Martinstag in die Hände drückt. Foto und Realität unterschieden sich jedoch deutlich. Erwischte er jemanden, der seine Vokabeln nicht richtig gelernt hatte, dann folgte jene befürchtete Konfrontation. Man kennt vom Fernsehen her Kameraeinstellungen, bei denen aus dramaturgischen Gründen zwei Gesichter in kleinstem Abstand voneinander gezeigt werden. So hatte man das lunare Gesicht des Lehrers direkt vor sich, roch den Atem und spürte die feuchte Aussprache: „Sag mal! Warum schicken dich deine Eltern hierher? Du faule Pelle, die du bist und die du immer bleiben wirst?" Diese Sätze bildeten grundsätzlich den Prolog seiner Vorhaltungen. Die rabenschwarze Zukunftsperspektive mochte erstaunen, sie schien auch pädagogisch nicht abwendbar. Man musste sich fragen, was die Zurechtweisung bezwecken sollte, wenn wir bereits völlig negativ determiniert waren. Gerne erzählte er dann von seiner eigenen harten Kindheit. Wie er als Bauernbub täglich bei Wind und Wetter einen gewaltigen Fußmarsch zur weit entfernten Stadt zurückgelegt habe, um dort fleißig zu lernen. Uns beeindruckte das nicht allzu sehr, es genügte aber als einfache Erklärung oder Entschuldigung seines rustikalen Stils. Später wurde mir allerdings von mehreren Personen glaubhaft versichert, sein Vater sei Regierungsdirektor und Leiter einer Behörde gewesen.

Im Rahmen einer kleinen Faschingsfeier der Unterstufe des Internats, zu der Beiträge gesammelt wurden, kam mir die Idee, Lehrer zu imitieren. Das fiel mir leicht, so markant die Vorlagen täglich auftraten. Alle lachten über die Vorführung, auch der Präfekt. Warum erzählte er dann aber umgehend Herrn W. davon? Seitdem empfahl mir der Lateinlehrer – sooft es ging – den Circus Maximus als Arbeitsplatz. Dort würde ich, nach seinem anachronistischen Rat, ein passendes Publikum finden, das für meine Späße bereit sei. Man hätte das im alten Rom vielleicht sogar als großes Kompliment verstanden. Sein Ton schloss diese Deutung ebenso aus wie die damit verbundenen Prognosen für faule Pellen und deren rabenschwarze Zukunft.

Ich durfte mich fühlen wie Simplizissimus nach einem Gespräch mit dem Knan:

„Er gab mir noch mehr Unterweisungen und ward zuletzt unwillig, ... weil er sich bedünken ließ, mein grober und ungehobelter Verstand könnte seine subtilen Unterweisungen nicht fassen noch zu dieser Zeit derselbigen fähig sein."

Leider galt für mich ab diesem Zeitpunkt ein absolut verschärftes Abhören. Noch heute beherrsche ich meine Lateinvokabeln erstaunlich gut ...

Auch Jürgen stolperte bei W. über eine Zirkusnummer. Es ging um den lateinischen Begriff „gladiator" (Schwertkämpfer), der von „gladius" (Schwert) abgeleitet ist, einem Wort, das wir bereits gelernt hatten. Herr W. wollte bei dessen Herleitung helfen: „Wer tritt denn im Zirkus mit dem Schwert auf?" Jürgen, den er gefragt hatte, überlegte kurz: „Der Schwertschlucker." Alle lachten laut. So hatte er sich einen Spitznamen eingehandelt.

Manchmal wusste man schon im Voraus, dass man bei W. drankommt. Wer zum Beispiel eine Verletzung hatte, wurde definitiv sofort zum Stundenbeginn aufgerufen. Zuerst kam die Frage nach der Ursache. Das Urteil lautete meist: selbst verschuldet. Dann folgte das Abhören, mitunter auch eine Strafarbeit, wenn sich Lücken zeigten. Man kam also nicht nur mit einem blauen Auge davon.

Frau Doktor
Vivat Bohemia!

Frau Doktor G., klein und korpulent, Ende fünfzig, füllige blonde Frisur, trug im Unterricht ebenfalls einen weißen Mantel. Draußen fuhr sie einen weißen Opel Kadett. Obwohl sie nur etwa 200 Meter von der Schule in der Schlossstraße wohnte, kam sie grundsätzlich mit dem Auto.

Beim Eintritt in den Klassensaal grüßte sie: „Guten Morgen, Kinder!" Und sie legte höchsten Wert auf die Erwiderung: „Guten Morgen, Frau Doktor!"

Natürlich wollten wir wissen, was passiert, wenn wir diese persönliche Anrede weglassen. Wir wollten uns nach dem schlichten „Guten Morgen" setzen, als sich ihre Stirn bewölkte und die Wangen rasch färbten: „Das heißt Frau Doktor! Ich bin auf meinen Titel (bei ihr klang das phonetisch „Diddel") berechtigt!" Wir mussten nochmals grüßen, was wir lustlos taten und entsprechend klingen ließen. Als kleine Neckerei grüßten wir sie gerne:

„Guten Morgen, Frau Traktor!" – Im Geschichtsunterricht schien sie, ihrem Titel gemäß, wissenschaftlichen Anspruch zu erheben. Sie saß am Pult und hatte vor sich ein abgegriffenes dunkelbraunes Büchlein etwa der Größe DIN A 6. Es enthielt vergilbte Blätter, die sie mit ihrer kleinen Handschrift während ihres Studiums ausgefüllt haben musste.

Vermutlich Mitschriften von Vorlesungen aus großdeutscher Zeit. Der Unterrichtsinhalt zeigte darüber hinaus eine klare Schwerpunktbildung. Frau Doktor stammte, wie ihre Sprache verriet, aus Böhmen. Die Geschichte dieses früher deutschen Gebietes sollte im Bewusstsein der deutschen Jugend bewahrt bleiben. Dazu leistete sie im Geschichtsunterricht ihren Beitrag. Merkwürdige Namen, die kaum deutsch sein konnten, musste sie an die Tafel schreiben. Namen wie Ottokar II. Premysl (ungefähre Aussprache: Pschemsel) spielten dabei wichtige Rollen, natürlich auch wen sie wann trafen, wer ihnen wie im Wege stand, mit wem sie sich unter welchen Bedingungen wie lange verbündeten, wer sie wann wie angriff, wen sie heirateten, wann ihre Kinder geboren wurden und wie diese hießen und so weiter.

Nur ein Mitschüler schrieb nicht nur alles mit, sondern lernte das auch noch auswendig: Friedrich H. Beim Abhören mussten wir oft schnell passen. Den Wert solcher Kenntnisse schätzte sonst niemand, außer Friedrich, der dann einspringen musste oder durfte. „H., die Stütze meines Unterrichts!" So nannte Frau Doktor ihren Famulus. Niemand beneidete ihn, Friedrich, die Stütze oder den Streber, um diese Ehre. Welch eine Verschwendung von Freizeit durch das Auswendiglernen von unnötigem und unbrauchbarem Wissen aus winzigen Notizen vergilbter Seiten einer älteren Dame mit böhmischem Doktortitel!

Studienassessor H.
Über Sprache und Stil

In diese Reihe interessanter Persönlichkeiten fügte sich auch Studienassessor H. ein.

Er war damals etwa 30 Jahre alt, trug volles braunes Haar mit einem Mittelscheitel bei ausgesprochen blasser Hautfarbe und wirkte so, als mangelte es ihm an Muskeln und festem Bindegewebe, was in Verbindung mit extrem linkischen Bewegungen karikaturhaft wirkte. Wenn er etwa die Tür öffnete, kippte plötzlich der Oberkörper in Richtung Tür, der Arm schwang aus, traf aber nicht den Griff, die Hand tastete suchend und fand schließlich ihr Ziel. Auch seine Sprechweise wirkte hastig und haspelnd. Wen wunderte es, dass wir ihn als willkommene Abwechslung empfanden. Bald entdeckten wir weitere besondere Merkmale. Der Pflege der deutschen Sprache sind alle Lehrer verpflichtet, besonders natürlich die Deutschlehrer. Manche ihrer Professoren hatten vermutlich noch Vorstellungen aus großdeutschen Jahren bewahrt, wozu die strikte Vermeidung von Fremdwörtern zählte.

Schon Frau Doktor strich es in Aufsätzen als Fehler an, wenn jemand „in ein Café" ging, man musste bei ihr „in ein Kaffee" gehen. Herr H. zeigte uns bald seine Aversion gegen alle Fremdwörter. Da wollte ich doch mal sehen, wie ein mit Fremdwörtern gespickter Aufsatz wirkt. Im Internat gab ich mir große Mühe im Duden möglichst viele Fremdwörter für eine Schilderung des Frühlings zu finden. Diese durfte ich prompt am nächsten Tag vorlesen. Zuerst nannte ich den Frühling ganz harmlos eine Epoche. Das genügte, um Herrn H. in wilde unkoordinierte Erregung zu versetzen. Er musste uns erklären, warum der Begriff hier nicht passte und wo er angebracht war. Beim nächsten Satz ging es um die Euphorie, die der Frühling bewirkt. Auch hier folgten, wie bei den weiteren Fremdwörtern, erregter Protest und die Erklärung. Er merkte in seiner Aufregung gar nicht, dass ich den Duden in alphabetischer Folge durchforstet hatte. In der Zeit, als ich Herrn H. als Deutschlehrer hatte, lernte ich, ohne dass er es wollte, sehr viele Fremdwörter kennen. Manchmal sogar in ihrer richtigen Bedeutung. Für Texte der Schulleitung, die der altphilologischen Tradition verpflichtet war, konnte solch ein kleinlicher Sprachpurismus natürlich nicht gelten. So kündigte eines Tages die Überschrift „Passionsaufführung" in einem Umlauf ein religiös-kulturelles Ereignis an, das auf seine Art einzig in der Geschichte der Schule werden und bleiben sollte. Wir brauchten nicht auf Oberammergau zu warten oder eine weite Reise dorthin zu unternehmen, denn als Ort der Darstellung hatte man den eher verruchten Kinosaal gewählt, den Ort verbotener heimlicher Besuche und jener kurzzeitigen Verdunklung, die unsere sittliche Entwicklung schützen sollte.

Die Ankündigung weckte erste Skepsis. Wie alt mochte der Christusdarsteller sein? In dem Umlauf hatte es geheißen, dass der Hauptdarsteller diese Rolle seit mehr als 50 Jahren spiele. Das hieße also: Er spielte den Christus schon vor dem 1. Weltkrieg. Solche Überlegungen regten die Fantasie an. Sollte er nicht langsam auf die Rolle von Gott Vater umsteigen? Man stellte sich vor, wer alles ihm schon zugesehen haben könnte. Es müssten Millionen gewesen sein. Vielleicht bekannte Persönlichkeiten der Zeitgeschichte, wie Kaiser Wilhelm (Helm ab zum Gebet), Albert Einstein (Gedanken zur Schwerkraft bei der Kreuzigungsszene) oder Konrad Adenauer (gleich mehrfach, wg. besonderer Frömmigkeit). Sein Name war Fastnacht. Nomen est omen. Die Aufführung hätte man wegen Blasphemie verbieten können. Jesus sprach mit der heißeren Stimme eines alten Mannes, wirkte Wunder, gegen die Zauberkunststücke mit dem Zauberkasten zu 5 Mark großartig erschienen.

Dabei wurde er von einer Horde von Menschen, die als Kleider billige bunte Tischdecken trugen, begleitet. Die Kreuzigung war nicht zum Hinschauen. Seinen entblößten Körper zu beschreiben, verbietet sich geradezu. Als wir am nächsten Tag bei Herrn H. eine Art Theaterkritik schreiben sollten, wählte ich als Überschrift den Anfang eines Zitates von Napoleon „Vom Erhabenen zum Lächerlichen..." und schilderte die Aufführung als Passion des Publikums. Er sah das ganz anders, monierte Respektlosigkeit. Um ihn nicht vom Inhalt abzulenken, hatte ich diesmal bewusst auf Fremdwörter verzichtet. Hätte er mich nicht wenigstens dafür loben müssen?

Eine weitere Seite seines linkisches Wesen konnte ich beim Unterrichtsbesuch des Schulleiters erleben. Wir hatten eine Klassenarbeit zurückerhalten, in der ein unangenehmes Erlebnis oder ein unangenehmer Tag zu beschreiben oder zu schildern war. Da sich mein Aufsatz kritisch-ironisch, aber auch detailliert mit schulischen Ereignissen befasste, wunderte ich mich über die Transparenz und Selbstkritik, die man dahinter vermuten könnte, dass ausgerechnet ich zum Vorlesen meines Aufsatzes aufgerufen wurde. Gelegentlich musste ich dabei einen neugierigen Blick auf den Schulleiter und seinen Nachbarn H. werfen. Der Rex schüttelte einmal leicht den Kopf, sorgenvoll sah H. zur Decke. Nach mir wurde jemand anderes zum Vorlesen aufgerufen. Es folgte dann eine Besprechung des zweiten Aufsatzes.

Die Erklärung erfuhr ich, nachdem der Rex den Saal verlassen hatte. Herr H. hatte sich geirrt, er hatte meinen Aufsatz gar nicht hören wollen, da er selbst darin keine rühmliche Rolle spielte. Es war ein klassischer Knieschuss, dem er eine weitere Kugel folgen ließ, als er mir dieses Versehen auch noch vor der Klasse zornig mitteilte. Er war halt etwas linkisch.

Humanistische Sportstunden

Personelle Probleme zeigten sich beim Sportunterricht. Es gab kaum ausgebildete Sportlehrer, deshalb erteilten die meisten Lehrer den Unterricht fachfremd. Die Auswirkungen blieben uns nicht verborgen. Es begann damit, dass grundsätzlich Schüler aus unserer Klasse vorturnen mussten. Manchmal, etwa bei komplizierteren Geräteturnübungen, saßen Lehrer und Schüler lange über einem dünnen Heft mit Skizzen und Beschreibungen von Bewegungsabläufen. Nicht selten verbrachten wir einen Großteil der Sportstunden auf den langen niedrigen Bänken, oft so in unsere Gespräche vertieft, dass wir gar nicht merkten oder merken wollten, wenn es losging. Beiläufig registrierte man, dass der Lateinlehrer persönlich den Aufbau vornahm, manchmal sogar den Abbau. Ich sehe Studienrat Karl-Heinz W., Fächer Latein und Griechisch, vor mir. Er wirkte eigentlich immer recht lustig und sympathisch. Aber irgendwann war ihm der Geduldsfaden gerissen. Mit hochrotem Kopf schrie er uns in seiner nasalen Stimme an: „So geht das nicht mehr weiter! Ihr sitzt hier herum und baut nicht mal die Geräte auf! Ihr steht jetzt sofort alle auf und kommt mit in den Geräteraum!" Dort gab es an diesem Tag ein ziemliches Gedränge. In der nächsten Stunde saßen dann wieder alle auf der Bank.

Aus dem fachfremden Ansatz konnten manchmal interessante und ungewöhnliche Unterrichtsmethoden entstehen. Lateinlehrer J.W. machte sich gar nicht erst – wie sein jüngerer Kollege – die Mühe einen Trainingsanzug anzuziehen. Warum sollte er sich ein solches Kleidungsstück zulegen? Sein Bewegungskonto hatte er in Kindheit und Jugend durch stundenlange Fußmärsche zum Gymnasium und zurück zum Bauernhof ausreichend bedient. Das wussten wir alle. Nun ordnete er an, zwei dicke lange Seile mitzunehmen, wie man sie beim Seilziehen verwendete, dazu einige Schlagbälle. Wir traten den ungefähr zehn bis fünfzehn Minuten langen Weg zu den Sportplätzen am Waldrand unterhalb des Hochsteinmassivs an. Seilziehen versprach richtigen Spaß. Aber Herr W. kündigte etwas anderes an, das Ball-in-den- Kreis hieß. Wir waren gespannt. Oben auf dem Sportplatz ließ er uns mit den

Seilen auf dem Boden Kreise formen. Sie hatten einen geschätzten Durchmesser von drei bis vier Metern. Die sportliche Herausforderung für uns bestand nun darin, uns circa fünf Meter von den Kreisen entfernt in zwei Reihen aufzustellen und mit den Schlagbällen in den Kreis zu treffen. Wir kugelten uns vor Lachen über diese Übung. Sie hätte sich zum Erwerb von Sportabzeichen für Senioren ab hundert eignen können. Nach zehn Minuten mussten wir wieder zur Schule zurück, denn es war eine Einzelstunde, immerhin eine erfolgreiche, denn niemand von uns sonst so faulen Pellen hatte den Kreis verfehlt. Wir konnten unsere Sportkleidung wieder ablegen.

Die Bundesjugendspiele hatten einen abenteuerlichen Charakter. Einerseits lag das an unserem ausgeprägten sozialen Engagement für sportlich schwächere Mitschüler, andererseits war diese Art der Unterstützung nicht erlaubt. Beim Messen bemühten wir uns redlich, das Maßband ein Stück weit in der Hand zu behalten und eine entferntere Aufschlagstelle für Kugel oder Schlagball auszuwählen. Diese Leistungen konnten nur in Teamarbeit erfolgen. Dabei mussten einige Mitschüler die beaufsichtigenden Lehrer durch Gespräche und Fragen ablenken. Auch Eintragungen in den Wettkampfunterlagen ließen sich schönen. Die Erfolge spielten sich also in einem eher virtuellen Bereich ab.

Richtig abenteuerlich war der 100-Meter-Lauf, denn er fand auf dem Waldweg von den Sportplätzen zum Heldenfriedhof statt. Das verschaffte der Strecke interessante Eigenheiten. Es gab keine Sichtverbindung zwischen Start und Ziel, weil der Weg nicht gerade verlief, außerdem ragten teilweise dicke Wurzeln aus dem

Waldboden. Bei diesem Hindernislauf konnte man also keine Bahn einhalten. Die Folgen beim Überholen waren Drängeleien.

Bis die Ergebnisse des Tages ausgewertet waren, spielte eine Schülermannschaft gegen eine Lehrerauswahl Fußball: köstliche Bilder. Fachoberstudienrat W. hatte sogar eine Kuhglocke mitgebracht und spornte damit seine Kollegen an. Der Rex stand dort, wohin er am besten passte: Er waltete seines Wächteramtes im Tor. Dafür durfte er auch einen Trainingsanzug tragen und musste nicht – wie einige seiner Kollegen – den Körperbau neugierigen Blicken und lästerlichen Reden aussetzen. Leider bildet nicht immer ein schöner Geist den dazu passenden Körper.

Schmerzhafte und einfachere Methoden des Täuschens

Ein beredtes Beispiel seiner menschlichen Güte zeigte der Rex gegenüber unserem Mitschüler Franz I. Den quälten ziemliche Bauchschmerzen beim Gedanken an seine Versetzung. Der blaue Brief ließ nicht mehr viel Hoffnung. Nur wenn er jetzt die letzte Runde der Klassenarbeiten komplett mit mindestens je einer Vier überstehen würde, käme er in die nächste Klassenstufe. Eine eher theoretische Aussicht. So wählte er die Flucht in eine Blinddarmentzündung. Man konnte den Leidensdruck erahnen, wenn jemand bereit war, sich unter das Messer des Chirurgen zu begeben. Die Operation war gut verlaufen, als wir Franz zwei Tage danach im Krankenhaus besuchten. Auf seinem

Nachttisch lag eine hübsche bunte Schachtel mit Pralinen einer teureren Marke, ein Geschenk des Besuchers vor uns, des Schulleiters. Der Arzt hatte bei dem Eingriff den entzündungsfreien Zustand zwar erkannt, Franz aber versprochen, sich an seine Schweigepflicht zu halten. Die letzte Klassenarbeitsrunde würde nun ohne ihn stattfinden. Da man dem Patienten nicht unterstellen wollte, er könne nicht wenigstens je eine Vier in den Hauptfächern schreiben, wurde er versetzt. Der Blinddarm hatte aber bewiesen, dass er durchaus nützlich sein konnte.

Wie konnten wir jedoch einen anderen Freund im Krankenhaus besuchen, wenn unsere Ausgangszeit sich nicht mit der Besuchszeit deckte? Toni lag im Krankenhaus. Er wusste noch nicht von seinem französischen Brieffreund, der ihn gleich mit einigen Kameraden aus dem Internat besuchen würde. Zum Briefpartner war ich mithilfe einer Perücke geworden, die ich von meinem Großvater geerbt hatte, der sie während seiner Friseurausbildung angefertigt hatte. Sie erinnerte an die Frisuren der Beatles, die gerade dabei waren, Deutschland zu erobern. Zunächst nannten viele sie noch abschätzig Pilzköpfe.

So erschienen wir an der Pforte des Krankenhauses. Der Pförtner hörte von mir nicht die vermutlich korrekte Formulierung: „Je suis le Correspondant de Toni S." Meine Version lautete schön falsch: „Je suis l'ami des lettres de Toni S."- Was sollte man sich unter einem Freund der Briefe vorstellen?- Meine Kameraden übersetzten eifrig: „Er ist der Brieffreund von Toni und kann ihn nur heute besuchen." Diese weitere Begründung hätte meine Französischkenntnisse deutlich überfordert. Immerhin muss es in den Ohren des Pförtners glaubhaft geklungen haben. Wir wurden durch Ausnahmegenehmigung zu Toni vorgelassen und konnten wieder einmal herzlich lachen über diesen kleinen Coup.

Auch ein alter Mann kann unter bestimmten Bedingungen junge Menschen mit dem, was er zu sagen hatte, in seinen Bann ziehen. Luis Trenker hatte es bewiesen. Ein alter Herr mit schütterem grauen Haar, in schlichtem grau-braunen Anzug wurde uns als kulturelle Attraktion in einem Umlauf der Schule angekündigt.

Er sei Dramaturg gewesen und sollte für die Unter-, Mittel- und Oberstufe unterschiedliche Texte vortragen. 50 Pfennige mussten die Klassensprecher pro Schüler einsammeln.

So saßen wir erwartungsvoll in der kleinen Eingangshalle mit der großen Fensterfront und erlebten den Zauber einer professionellen Sprechtechnik. Der Mann stand zwar vor uns, verschwand aber fast hinter seinen Worten, gab ihnen die größtmögliche Wirkung. Es waren kurze Geschichten, Balladen und Gedichte. Die Gestik des Dramaturgen wirkte hingegen schlicht und stereotyp, sollte nicht ablenken. Seine linke Handfläche berührte horizontal den unteren Rippenbogen, die rechte gleichzeitig vertikal die Tasche seines Jacketts. Dann griffen die Finger der Rechten und Linken – sich horizontal hakenartig verschränkend – etwa in Gürtelhöhe ineinander. Und das Gleiche wieder von vorne. Hinterher musste das ausprobiert werden. Es war natürlich leichter als Texte vorzutragen. Mit dieser harmlosen Gestik sollte ich mir kurz darauf einen Tadel einhandeln. Dabei hatte ich einen gelungenen Auftritt gesucht: mein Referat über Ovid im Lateinunterricht. Studienassessor M., Lama genannt – nach den jeweils ersten Buchstaben des Faches und seines Namens – war jung und neu an unserer Schule.

Lama und der Rex

Wir lernten viel von ihm, aber auch umgekehrt. Davon wird noch die Rede sein. Ich trat also vor die Klasse, stellte mich rechts neben Lama und begann: „Publius Ovidius Naso wurde am 20. März des Jahres 43 vor Christus in Sulmo geboren. Vermutlich hatte er eine besonders große Nase." Hier gab es schon erste Äußerungen von Heiterkeit, die aber dem Lernen nicht schaden konnten. Bevor ich zu den von mir als Krönung und Höhepunkt des Referats geplanten Ausführungen kommen konnte, es sollte immerhin um die Werke „Amores" (erotische Gedichte) und „Ars amatoria" (Liebeskunst) gehen, wurde ich leider auf meinen Platz zurückgeschickt. Schade um die Zitate und humorvollironischen Ausführungen zu dem Dichter mit der johanneischen Nase. Herr M. hatte hinter dem plötzlichen lauten Loslachen der Klasse eine ihn verspottende Geste vermutet. Dabei benutzte ich nur die beiden völlig harmlosen Handbewegungen unseres geschätzten Dramaturgen, um mein Referat – ohne schriftliche Vorlage – vorzutragen. Manchmal wurde man eben auch für Handlungen bestraft, die harmlos waren. Hauptsache, dass in der Bilanz mehr unentdeckt und unbestraft blieb.

Das galt besonders für das Spicken. Wir reden nicht von jenen banalen Formen: auf das Blatt des Nachbarn schauen oder Notizen auf der Handfläche verwenden. Auch hier zählten Kreativität, Innovation und Geschick als Werte. An Tagen vor Klassenarbeiten, besonders im Fach Latein, wenn Lektüren gelesen wurden, hatten selbsternannte Auguren ihren Auftritt, ihre Auspizien, also Vorhersagen, bezogen sich auf Andeutungen oder eher zufällige Äußerungen der Lehrer in den letzten Stunden. Am Schluss stand die Vermutung einer bestimmten Textpassage, zum Beispiel aus dem „Gallischen Krieg". Diese wurde dann gründlich vorbereitet, bis hin zum Spickzettel, den nach solcher Mühe eigentlich nur noch die wirklich schwachen Lateiner brauchten. Die größte Herausforderung und Chance eröffneten sich aber für Parallelklassen mit gleicher Aufgabenstellung. Der Lehrer wollte nur ein einziges Korrekturschema erarbeiten, wir Schüler wollten ebenfalls eine Erleichterung und bessere Noten. Daraus konnte also eine Art Win-win-Situation entstehen. Um uns diese Methode nicht zu leicht zu machen, gab es unter den Lehrern die Absprache, dass die Klasse, die ihre Arbeit noch nicht geschrieben hatte, in ihrem Saal bleiben musste, bis der Lateinlehrer eintraf. So lange wartete und wachte der Lehrer der vorherigen Stunde. Diese Regelung schien ziemlich wasserdicht zu sein. Sie ließ sich aber knacken. Beim Öffnen der Saaltür gab es eine kurze Begrüßung zwischen den Kollegen, Händeschütteln hatte Hochkonjunktur, am herzlichen Dank für diesen kleinen Freundschaftsdienst wollte es der Lateinlehrer nicht fehlen lassen. Aber diese halbe Minute reichte für einen Mitschüler aus der Parallelklasse, um uns vom Flur aus zwei bis drei Stichworte quasi in einer Art von Taubstummensprache zu übermitteln. Wir hatten noch fünf Minuten Pause und schlugen im Pons, der Übersetzung, nach, in welchen Kapiteln zum Beispiel Häduer und Allobroger gemeinsam vorkommen. So konnten wir die Textpassage identifizieren. Leider hantierte einer unserer Kameraden so ungeschickt mit dem Pons, dass Herr M. ihm das Reclam-Heft, dessen aufgeschlagene Seite den Text zeigte, abnehmen konnte. Lama war sichtlich erschüttert, mit feuchten Augen und einer Stimme, in der sich Frustration mit Zorn mischte, sagte er die Arbeit ab. Was er uns am nächsten Tag als Ersatz vorlegte, hatte sich gewaschen. Die Win-win-Situation hatte sich ins Gegenteil verwandelt.

Unser Klassenkamerad Josef war ein Großneffe von Lama, diese genetische Verwandtschaft zeigte sich leider bei ihm nicht in der Begeisterung für das Fach Latein. Beim Spicken bediente er sich einmal einer besonders dreisten Methode: Er schrieb wörtlich aus der Übersetzung ab. Schon bei den Übertragungen der Prosatexte von Cäsar galt die Regel, den Übersetzungstext nur als Hilfe zu nehmen, da er oft recht frei gestaltet war. Bei lyrischen Texten oder Versepen galt dies erst recht, denn sie übernahmen das Metrum und übersetzten entsprechend freier. Josef, der in Latein manchmal eine Fünf hatte, lieferte Herrn M. eine metrisch perfekte und literarisch ambitionierte Übersetzung. Die Aufregung und Empörung Lamas zeigten uns, dass er sich nicht für dumm verkaufen lassen wollte. Josef kam damit nicht durch. Der Indizienbeweis einer solchen Übersetzung von Ovids „Metamorphosen" sprach zu eindeutig gegen ihn als offenkundigen Plagiator:

„Ikarus!" ruft er, „wo bist du? Wo soll in der Welt ich dich suchen?"

„Ikarus" rufend sieht er im Wasser treibende Federn – und verflucht seine Kunst.

Man könnte fortfahren:

Ikarus war zu vermessen. Und Blut war nicht dicker als das Wasser.

So musste Federn er lassen. Der Täuschungsversuch, er misslang.

Ein anderer Trick misslang, obwohl er eigentlich recht clever eingefädelt war.

Frau Doktor, so hatte es sich längst herumgesprochen, verteilte zu den Klassenarbeiten beim Thema „Bildinterpretation" Kunstpostkarten mit Bildern des Malers Carl Spitzweg.

Ein Mitschüler suchte und fand einen Musteraufsatz in einem Deutschbuch, das nicht an unserer Schule verwendet wurde, zu dem bekanntesten Gemälde des berühmten Malers der Biedermeier-Epoche mit dem Titel „Der arme Poet". Rasch hatte er die Zusage erhalten, dass er unter der Hand seine Bildpostkarte gegen das gewünschte Motiv eintauschen könne. Die Klassengemeinschaft funktionierte. Er schrieb also den Text wortgetreu ab, erwartete folglich freudig die Eins, erhielt aber nur die Zwei mit dem Zusatz minus. Seine Vorlage konnte er – aus verständlichen Gründen – leider nicht als Argument oder wenigstens Indiz einer Fehlbeurteilung verwenden. Wir alle nahmen es als Beleg für die Voreingenommenheit von Frau Doktor im Speziellen und die Subjektivität von Deutschnoten im Allgemeinen.

An einem eher simplen Täuschungsversuch scheiterten mein Nachbar und ich bei Studienrat B., der uns, um Spicken zu verhindern, eine Klassenarbeit im Zeichensaal schreiben ließ. Zwischen jedem Schüler musste ein kleiner Hocker frei bleiben. Zufälligerweise lag dann bald auf dem Sitz zwischen uns ein geöffnetes Französischbuch mit dem Text, den er uns diktierte. Doch leider musste er den hilfreichen Hocker bemerkt haben, stand plötzlich dort nach wenigen hastenden Schritten. Vielleicht hatten wir zu oft und zu lange in die verdächtige Richtung geschaut. „Wem gehört das Buch?" Einer von uns meldete sich. „Das gibt eine Sechs wegen Täuschung!"- „Aber ich habe es nicht hingelegt." „Aha, dem einen gehört es nicht. Der andere hat es nicht hingelegt!" Eine heikle Situation. B. reagierte ausnahmsweise einmal richtig und vertagte die Entscheidung bis nach der Arbeit. Unser Noten wurden, wenn ich mich recht erinnere, um zwei Stufen gesenkt. Pech gehabt.

Zu den risikolosen Methoden gehörte zweifellos die Auswertung des Papierabfalls aus dem Kopierraum. Damals gab es noch keine Fotokopien, sondern Hektografien. Man arbeitete mit Matrizen. Probeabzüge, misslungene Exemplare und die Matrize selbst gehörten in den Abfall. Die Gelegenheit an diesen zu gelangen, war ein Glücksfall und der Schlüssel zur Eins. Zum Kopierraum fehlte uns der Zutritt, aber Hausmeister Schlick, ein ernsthafter und gewissenhafter Mann, entsorgte die

Papierkörbe regelmäßig. Unsere Überlegungen passten bestimmt nicht in sein redliches Denkschema. Es sollte uns leider nur ein- oder zweimal gelingen, Fragmente von Abzügen oder Matrizen zu ergattern. Aber der Ansatz „ad fontes" – zurück zu den Quellen – war eigentlich eine gute Idee.

Hatte sich Frau Doktor dem Versuch widersetzt, sie im Einzelfall durch einen Musteraufsatz zu täuschen, so konnten wir als Klassenverband langfristig eine einfache Strategie gegen ihre datengeschwängerten Studiennotizen einsetzen. Grundsätzlich musste die Tafel nach jeder Unterrichtsstunde gereinigt werden. Manche Lehrkräfte wollten aber einen Teil ihres Tafelanschriebs für die nächste Stunde bewahrt wissen. Dann schrieb man dazu: „Bitte stehen lassen!" Geschichtszahlen und mathematische Zahlen können sich ähneln. Bringt man sie auf Bruchstriche und ergänzt sie mit algebraischen Buchstabenkombinationen, dann merkt nur der fachkundige Betrachter den Trick. Frau Doktor war nicht vom Fach. Wollte man etwa den Dreißigjährigen Krieg in dieses System einordnen, so stand zum Beispiel an der Tafel:

$$\frac{1618\text{ -}48}{d\text{ -}j\text{-}(krg)}$$

Erstaunlich, wie ihre Wahrnehmung durch die Zuordnung zum Fach Mathematik extrem reduziert war.

Sie sah manchmal an die Tafel, beschwerte sich sogar über die häufige Blockade der Tafel durch den Mathematikunterricht, bemerkte aber dennoch nicht den so engen Zusammenhang mit den Daten ihres eigenen Faches.

So konnten wir beim Abhören bequem ablesen.

Nur Friedrich, die Stütze, brauchte solche Pseudomathematik natürlich nicht.

Meine mathematische Inkompetenz zwang mich damals zu deutlich erhöhten Ausgaben für Kunststofflineale. Auf der Suche nach einer innovativen Spickzettelmethode hatte ich für mich dieses Hilfsmittel entdeckt. Mit der Zirkelspitze ließen sich winzige und feine Gravuren einarbeiten, die nur aus einem ganz bestimmten Winkel und mit einem gewissen Abstand lesbar wurden. So verfügte ich im Laufe der Zeit über ein breites Arsenal an präparierten Linealen zu verschiedenen Bereichen mit Formeln und sonstigen Hilfen. Da man auch schriftlichen Überprüfungen in anderen Fächern mit einem kleinen Satz von Kerndaten auf dem Lineal die Bedrohlichkeit nehmen konnte, ergab sich ein gewisser Materialaufwand. Die Investition war es allemal wert. Man konnte sogar dann noch recht entspannt bleiben, wenn der Lehrer neben einem stand und auf die Bank schaute.

Der positive Lerneffekt: Je gründlicher man das Spicken vorbereitete, desto weniger brauchte man es letztlich.

Nachts kamen die Gärtner

Den größten Coup verpasste ich leider, weil ich das Internat gerade verlassen hatte. Sein spektakulärer Charakter rechtfertigt meinen Bericht aus zweiter Hand.

Einige Schüler der neunten Klasse, also des Jahrgangs unter uns, seilten sich nachts mit Hilfe einer

Strickleiter von einem Balkon des Internats ab. Ihr Weg führte sie von diesem Ende Dahns zum Bubenrech am anderen Ende der Stadt. Dort wohnten mehrere Lehrer in trauter kollegialer Nachbarschaft, unter ihnen B. Ihm galt vor allem der nächtliche Besuch. Am nächsten Morgen muss sich ein Bild wahrer Verwüstung im Garten von B. gezeigt haben. Vorwiegend mit Gemüse bepflanzt, bedeckte nun das Grünzeug, ausgerissen oder zertrampelt, den Boden. Auch die Autos der Lehrer wurden zu Zielen des nächtlichen Anschlags. Man hatte kurzerhand die Luft aus den Reifen gelassen. Nicht verwunderlich also, dass schon bald die Polizei im Internat erschien, Schränke wurden geöffnet und durchsucht.

In dem von Jörg fand man das Corpus Delicti, die Strickleiter. Es hieß, dass Polizeibeamte während des Unterrichts zu ihm in den Klassensaal gekommen seien und ihn nach der Verwendung der Strickleiter gefragt hätten. Er habe den Beamten beeindruckend versiert geantwortet: „Ich werde nichts sagen, bevor ich mit meinem Rechtsanwalt gesprochen habe." Aus den Kriminalfilmen und -romanen hatte er also nicht nur Anregungen für die Tat, sondern auch für das richtige Verhalten nach der Entdeckung der Tat erhalten. Nur beim Umgang mit den Tatwerkzeugen zeigten sich leider gewisse fachliche Defizite.

Was man mir über die Strafe berichtete, weiß ich nicht mehr, hingegen wie Studienrat B. mit dem Erlebnis umgegangen sei. Der kontinentale und historische Russlandfeldzug schien kurz- oder mittelfristig durch diesen lokalen aktuellen Terroranschlag überholt. In der Folgezeit habe B. – als neue Variante seiner Aufarbeitung eines Geschehens – fast alle Übersetzungen vom Deutschen ins Französische oder Englische auf jenen Vorfall bezogen.

Schüler mussten dann zum Beispiel übersetzen: „Nachts kamen die Gärtner."

Don Camillo

Wenn ich heute von Missbrauchsfällen in Internaten höre und lese, dann sehe ich jetzt die eigentümliche Distanz zwischen uns und unseren Erziehern positiver. Diese zeigte sich schon in der förmlichen Anrede mit unserem Familiennamen. Natürlich konnten Erzieher unsere Eltern nicht ersetzen. Trotzdem gab es immer wieder befremdliche oder befremdende Kommunikationssituationen. Als wir zur Mittelstufe wechselten, bedeutete das nicht nur einen Aufstieg in das nächste Stockwerk des Internates, sondern auch einen neuen Präfekten: Kaplan F.

Er hatte eine gewisse Ähnlichkeit mit dem französischen Schauspieler Fernandel und wurde deshalb von allen – in seiner Abwesenheit – nach dessen Paraderolle Don Camillo genannt. Da hieß es aufzupassen bei der Anrede, sich nicht zu versprechen. Als ich ihn an einem der ersten Tage in der Mittelstufe mit seinem Familiennamen anredete, überhörte er mich, übersah mich und ging einfach weiter. Mehrere weitere Versuche scheiterten ebenfalls. Hier war ich nun wirklich am Ende meines Lateins und fragte einen älteren Schüler, der die Szene beobachtet hatte, nach der Ursache. Er empfahl mir, ihn nicht als Herrn F., sondern als Herrn Präfekt anzureden. Das funktionierte tatsächlich sofort. Der

Herr Präfekt, offenbar sein Alter Ego, sah mich, hörte mich und sprach sogar mit mir.

Das Fach Latein und eine Kommunikationsverweigerung führten zu einer weiteren merkwürdigen Situation. Ort der Handlung: die Toilette. Sie befand sich vor den Flügeltüren, die zu dem Mittelstufenbereich führten. Gegenüber war das Zimmer des Stufenpräfekten. Als ich die Toilette aufsuchte und eine der Kabinen betrat, hörte ich, wie ein Mitschüler bei seinem Kabinennachbarn über das Fach Latein schimpfte. Die ihn psychisch entlastende Aussage stand in metaphorischer Analogie zu seiner konkreten situativen Erfahrung: Latein ist Scheiße, lautete sein Urteil ganz lapidar. Der Nachbar äußerte sich aber mit keinem Wort zu dieser Aussage. Auch nochmaliges Fragen nach seiner Meinung blieb erfolglos. Meine Neugier und der „lateinische" Geruch verkürzten die Sitzung. Ich war schnell draußen und wartete mit etwas Abstand darauf, wer die Toilette wohl verlassen würde. War es ein anonymer Lateinliebhaber? Warum hatte er dann aber nicht Partei für seine Sprache ergriffen?

Ein schwarz gekleideter Vertreter der Latein als Amtssprache verwendenden Institution verließ die Toilette und betrat sein Präfektenzimmer. Jedenfalls hatte er erfahren, was Teile des jungen Kirchenvolkes zu Beginn des Konzils über die Sprache des Vatikans und der Liturgie dachten. Um das Ergründen von Wahrheit hatte sich Herr Präfekt F. unablässig bemüht. Jedoch nicht immer mit Erfolg. Wenn man in eine Papiertüte bläst, sie zuhält oder zudreht und dann draufschlägt, knallt es bekanntlich. Diesen Knalltüten-Effekt hatte Kaplan F. während unserer sogenannten Studienzeit plötzlich gehört, er folgte seiner akustischen Wahrnehmung und stand ganz schnell vor unserer Gruppe. „Wer war das?"- Keine Reaktion, geschweige denn eine Antwort. „Ich frage nochmals: Wer war das?" – Nichts. Herr F. fand es wohl angemessen, nun eine Art psychologische Verhörmethode einzusetzen. Er trat vor jeden von uns zehn Jungs, in der Reihenfolge unserer kleinen Schreibtische, sah uns in die Augen und sagte mit seiner tiefen Stimme in ernstem Ton: „Schau mir in die Augen und weiche mir nicht aus! Warst du es?" Zehnmal hörte er darauf ein Nein! Er stellte danach treffend fest: „Da hat einer gelogen!" Daher ließ er nicht locker und wiederholte die komplette Befragung nochmals. Wieder gab niemand etwas zu. Da meldete sich zu unserer Überraschung Herbert, der damals etwas stotterte. Herrn F. war die freudige und erlösende Überraschung durch einen vermeintlich reuigen und bekennenden Sünder anzumerken. Auch wir waren gespannt: „Herr Präfekt, do hot enner zweemol geloche!" (Da hat jemand zweimal gelogen.) Über diese umwerfende Logik haben wir lange und laut gelacht. Nur einer war ernst geblieben.

Grenzbereiche und Grenzüberschreitungen

Kleine Fluchten

Ein minutiös geregelter und weitgehend kontrollierter Tagesablauf reizt zu kleinen Fluchten. Man will eigene interessante Akzente im Leben setzen, will aber auch das System konterkarieren, schon aus Prinzip. Literatur ermöglicht das Abtauchen in eine fantastische Parallelwelt mit Helden und Abenteuern, daher wurde sehr viel gelesen. Weil aber die Zeit des Tages nie ausreichend sein konnte, blieben nur Nachtstunden. Wenn der Schatten des Präfekten nicht mehr zu sehen oder seine leisen Schritte nach einer halben Stunde nicht mehr zu vernehmen waren, kam diese Zeit zum Abtauchen: unter die Bettdecke in die Welt des spannenden Buches. Nun galt es aufzupassen, dass kein verräterischer Lichtstrahl nach außen drang. Plötzlich konnte die Decke hochgerissen werden. Soeben noch hatte ich als Old Surehand „Unter Geiern" gelebt, im nächsten Augenblick lag ich ungeschützt da, gekrümmt wie ein kleiner Embryo und spielte allenfalls die lächerliche Rolle eines Old Wabble, dem Spott oder Mitleid der Kameraden ausgesetzt. -Das übliche Prozedere: Notizbuch, Eintrag, wir sprechen uns morgen nach dem Mittagessen. – Da nämlich versammelten sich die Delinquenten der letzten 24 Stunden, um ihr Urteil und die Strafen zu empfangen. Bei besonders schweren Delikten diente der Gruppen-Waschraum als Kurzzeitgefängnis von 13 Uhr 30 bis 15 Uhr 30. Wenn der Täter mit seinem Pult und einer Strafarbeit drinnen saß, schloss der Präfekt ab. Dann kamen Mitschüler, die auf ganz unterschiedliche Art mit dem Eingeschlossenen kommunizierten. Manche fanden Worte des Mitleids und Trostes, das konnten selbstverständlich auch Beschimpfungen des Internats oder der Präfekten sein. Andere schauten durch das Schlüsselloch und spotteten oder schlugen und klopften an die Tür. Der Raum gestattete also eine multifunktionale Verwendung und neue Kommunikationserfahrungen.

In der 9. Klasse nutzten wir ihn manchmal nachts als Leseraum. Wenn die grün phosphoreszierenden Zeiger der Armbanduhr weit nach Mitternacht zeigten, durfte man auch die Erzieher im wohlverdienten Schlaf wähnen. Ob wir ihre Alpträume bevölkerten? Manchmal allein oder in einer kleinen Gruppe lasen wir nachts und tranken dazu Esspress-Kaffee, um uns wach zu halten. Da wir nur über das Warmwasser an den Waschbecken verfügten, mussten wir uns mit einem bescheidenen Geschmackserlebnis begnügen. Es war eine braune Brühe, die irgendwie so schmeckte, als habe man Maggi beigemischt.

Aber auch die Nächte als solche konnten durchaus unterhaltsam sein.

Manche von uns träumten nachts laut, oft auch lange und verstehbar. So kam es vor, dass man sich gegenseitig weckte, um an den Träumen anderer teilzuhaben. Dadurch gab es hinterher Zeugen, die den Inhalt bestätigen konnten. Einmal, als ich bemerkt hatte, dass mein Kamerad Karl gerade wach war, überlegte ich mir eine unterhaltsame Traumsequenz. In den Mittelpunkt stellte ich den als Oberstufen-Präfekten tätigen Studienreferendar E., dem wir den Spitznamen Buttler gegeben hatten. Ihn kommandierte ich recht brutal: „Buttler, an die Gewehre!" Oder: „Buttler, Don Camillo soll dir die Stiefel bringen. Dann ab in den Schützengraben mit euch, ihr feigen Drückeberger!" Karl hatte mittlerweile unseren kompletten Schlafsaal geweckt. Alle lauschten und lachten leise, um mich nicht aus dem spannenden Traum zu wecken. Ich musste zwischendurch Pausen einlegen.

Nicht wegen mangelnder Ideen, sondern weil ich mit meinem Lachen heftig zu kämpfen hatte. Am nächsten Morgen beim Frühstück ging es mir ähnlich.

Die Berichte über das nächtliche Geschehen, meine Zweifel und die Versicherung, alles sei so gewesen und wirklich wahr. Ungläubiges Staunen strengte an, aber mein Lachen, das sich am helllichten Tag nicht mehr verbergen ließ, schien sich auf meinen Trauminhalt zu beziehen, also nicht auf die Zeugen.

Kurze Zeit später glaubte ich eines Nachts, mein Freund Stefan würde sich mit mir einen ähnlichen Spaß erlauben. Er war aufgestanden, nahm sein Kopfkissen mit nach draußen, kam ohne das Kissen wieder zurück, griff sich nun das große Deckbett, um damit ebenfalls den Schlafsaal zu verlassen. Ich stand auf und folgte ihm nach. Er stand im Studierraum vor seinem Pult und versuchte vergeblich, sein Bett darauf herzurichten. Als ich ihn ansprach, reagierte er kaum und dann eher verwirrt. Wir hatten gerade in unterschiedlichen Rollen das Phänomen des Schlafwandelns erlebt.

Nachts konnte man aber nicht nur Kaffee trinken und lesen. Irgendwann entschloss ich mich, meine Ersparnisse zusammenzukratzen und eine richtig fetzige Party zu veranstalten mit Drinks, die im Gedächtnis bleiben sollten.

Im Supermarkt inspizierte ich die Regale. Die Zeiten der fünfziger Jahre mit den altbekannten Klassikern der Spirituosen-Szene hatten charmanten Zuwachs erhalten: kernigen „Zinn 40", aber auch milde und süße Liköre mit Aprikosen- und Erdbeeraroma.

Die Sause konnte beginnen. Natürlich nach Mitternacht. Das nächtliche Wecken funktionierte. Schnell hatten alle ihren Zahnbecher aus dem Waschraum besorgt, der ganz nach Wunsch gefüllt wurde.

Drei Flaschen für zehn Kameraden. Die Stimmung stieg beachtlich. Wir erzählten Witze, lästerten über Lehrer und Erzieher und planten schon weitere Partys. – Etwa vier Stunden später bot sich hingegen ein Bild, das man gemeinhin als verkatert bezeichnet.

Einer von uns hatte seit geraumer Zeit Durchfall, zwei andere konnten sich wenigstens bei längeren Sitzungen auf der Toilette unterhalten, alle anderen blieben am folgenden Tag schulfähig. Partys sollten unbedingt noch bis zu einer geringeren Ausfallquote geübt werden. Fiel es dem Präfekten und der Krankenschwester nicht auf, dass drei Schüler mit unklarer Symptomatik erkrankt waren? Fürchtete man etwa, dass mit dem Essen etwas nicht gestimmt hatte?

Die Krankenschwester begrüßte jedenfalls die neuen Gäste auf der Krankenstation, die ein wenig abseits, ebenerdig neben dem Hintereingang lag, mit ihrem rheinischen Humor und ihrer üblichen Anrede: „Na, ihr Helden von Athen!"

Einen Aufenthalt auf der Krankenstation wünschten wir uns alle möglichst oft. Wenn Klassenarbeiten geschrieben wurden, füllte sich morgens und abends das Behandlungszimmer mit Aspiranten. Die Hürde kannte jeder: Fieberwerte! Mit dem Thermometer unter der

Armbeuge saßen wir nebeneinander und versuchten den Mercurius zumindest über die kritische Grenze von 37 Grad zu treiben. Die Tricks dafür kursierten schon lange: unbeobachtetes Reiben am Hemd, Zahnpasta auf die Haut, angeblich auch Zahnpasta mit Löschpapierstückchen vermischt essen. Solche Methoden setzten zweifelsfrei einen höheren Leidensdruck voraus, als er in der Realität bestand.

Manchmal schafften wir in froher verabredeter Runde den Sprung in die Krankenbetten. Das garantierte eine lustige unbeschwerte Auszeit. Da die Zimmer im Erdgeschoss lagen, konnte man durch die Fenster steigen. Einer meiner Freunde nutzte die Gelegenheit, um frühmorgens im kalten Tau des Herbstes mit nacktem Oberkörper ein Bad im Gras zu nehmen, nicht wegen einer Abhärtung oder der Heilkräfte der Natur, sondern zur Pflege eines kleinen Infektes, also um noch länger auf der Station bleiben zu können. Weil mir das zu unangenehm erschien, versuchte ich mittels einer bequemeren Alternative dieses Ziel zu erreichen. Ich tauchte mein Thermometer morgens in den Frühstückskaffee und steckte es dann schnell wieder unter die Armbeuge, weil nämlich die Nonne, die nur kurz den Raum verlassen hatte, zurückkam. Dummerweise verlangte die Krankenschwester denn auch gleich das Thermometer. Mühsam und umständlich kramte ich es hervor und reichte es ihr. Im Gegensatz zu mir brachte sie es in schwungvoller Routine in Augenhöhe und optimale Entfernung. Dann senkten sich ihre Augenbrauen, eine unschöne strenge Falte bildete sich gleichzeitig dazwischen. Ihre Diagnose stand alsbald fest: „42 Grad! Du bist kerngesund, mein Held von Athen! Packe schnell deine Sachen, damit du pünktlich zur Schule kommst!"

So etwa stellte ich mir die Vertreibung aus dem Paradies vor.

Vorübungen für 68

In einem derart kontrollierten und reglementierten System, wie es ein katholisches Internat darstellte, entwickelten sich gelegentlich anarchische oder revolutionäre Ansätze. Zwei Aktionen durfte ich kurz hintereinander erleben.

Der Flur mit den Studier-, Wasch- und Schlafräumen der Stufe war durch große zweiflügelige Schwingtüren aus massiven hellen Holzrahmen mit dicken Glasfüllungen von den anderen Gebäudeteilen abgetrennt. Diese Türen konnten, schon aus Gründen der Sicherheit, da sie die einzigen Fluchtwege für jeweils 60 Schüler waren, nie abgeschlossen werden. An einem Abend kursierte wie ein Lauffeuer der Plan, diese Türen von innen mit Regalbrettern und Holzlatten, die man quer zwischen die Griffleisten schieben konnte, zu verriegeln. Dann sollte jeder machen können, was er wollte. Noch vor Mitternacht waren die Bretter als Riegel wirklich fest verankert. Ein neues Gefühl von Freiheit und guter Laune, vielleicht so etwas wie anarchische Lust, machte sich unter uns breit.

Kaum einer blieb im Bett, sehr schnell hörte man die dumpfen Treffer von Kissenschlachten. Wir griffen unsere Kopfkissen und schlugen damit dem Nächstbesten auf den Kopf. Auch der Flur belebte sich. Mitten in diesem fröhlichen Getümmel fielen plötzlich kräftige Lichtstrahlen durch die Glastüren am Flurende. Ganz schnell leerte sich der Flur. Einige hatten ungünstigerweise einen etwas weiteren Weg zu ihrem Schlafraum. Als wir gerade unsere weiteren Aktivitäten beratschlagten, kam Karl aus dem angrenzenden Schlafraum an unsere Tür und schlug eine Kissenschlacht zwischen unseren Gruppen vor. „Mensch Karl, verschwinde bloß!" Er verstand die Warnung nicht, hatte irgendwie die ganze Situation verpeilt und wiederholte seine freundliche Einladung. „Hau ab! Die sehen uns!" Jetzt erst erkannte er die Lage. Im Fokus der Stablampe war er eindeutig identifiziert. Zu dem Licht kamen laute Geräusche, als ob Handwerker hektisch eine Reparatur durchführten, Holz knarrte bedrohlich. Und plötzlich hörte man ein heftiges Krachen: Die schützenden Bretter waren zu Boden gefallen. Unheil lag in der Luft und verursachte ein unangenehmes mulmiges Gefühl im Bauch. Die zehn verängstigten kleinen Anarchisten unserer Gruppe lagen ganz schnell wieder brav in ihren Betten, wagten nicht zu sprechen und hörten, was im Flur und im benachbarten Schlafraum geschah. Die Stimme des Präfekten klang so hart wie die Metallplatte in seinem Schädel. Nannten wir ihn deswegen manchmal den Stier? Heute nahm er jedenfalls einige von den unvorsichtigen Toreros auf die Hörner. Erst hörten wir die Namen, wie damals üblich die Familiennamen, dann auf dem Flur Schläge und unterdrückte Schmerzenslaute. Als er sich bis in unseren Raum förmlich durchgeschlagen hatte, sahen wir eine der Sperrlatten in seiner Hand.

War sein Gedächtnis so hervorragend oder hatte er Namen notiert? Mindestens 15 Kameraden erlebten diese unmittelbare Bestrafungsaktion. Das Nachspiel bestand in einer wie auch immer gearteten Kollektivstrafe. Doch fest stand für uns: Ein handwerklicher Fehler hatte zu diesem Malheur geführt, deswegen würden wir so etwas nochmals probieren, aber sorgfältiger durchführen. Bald ergab sich ein passender Anlass dafür: Warum sollten wir an einem Feiertag unter der Woche so früh aufstehen? Wir wollten einfach mal richtig ausschlafen. Unsere Anfrage und Bitte an die Heimleitung blieben ohne Erfolg. Also folgte der zweite Versuch: Die Türen wurden sorgfältig blockiert und zusätzlich gründlich mit dicken Schnüren gesichert. Die anschließende Party lief zwar gedämpfter, wurde aber irgendwann trotzdem von den Erziehern bemerkt. Anscheinend hatten sie aber schon einen Plan für den Wiederholungsfall erarbeitet. Wir staunten nicht schlecht, als der Hausmeister bald mit professionellem Handwerkszeug zur Stelle war und die äußere Griffleiste der Flügeltür abschraubte. Dadurch lösten sich auch die inneren Griffe und damit die Blockade.

Es krachte diesmal noch lauter, dann folgten wieder handwerkliche Geräusche. Vorsichtig lugten wir um die Ecke des Schlafraums zum Flurende hin. Der Hausmeister, silhouettenartig erkennbar, brachte gerade wieder die Tür in ihren ursprünglichen Zustand. Keine Strafaktion? Das Rätsel löste sich erst, nachdem wieder Ruhe eingekehrt und die unerwünschten Akteure verschwunden waren. Wir hatten sie ausgesperrt, nun hatten sie uns eingesperrt. Die Konsequenzen zeigten sich erst am nächsten Morgen. Die Bestrafung folgte jetzt einem neuen, aber zugegeben originelleren Drehbuch. Da Feiertag war und wir nicht zur Schule mussten, blieb unsere komplette Stufe eingesperrt. Das bedeutete: Es gab kein Frühstück! Während einige Schüler aus anderen Stufen vor der Glastür standen, um über uns zu spotten, erfuhren wir auch unerwartete Solidarität und Hilfe. Sie kam von oben. Mitschüler riefen uns zu, wir sollten die Fenster unserer Studierräume so hochkippen, dass sie als Rutschbahn für Brötchen dienen konnten. Die frischen Backwaren kullerten wie himmlisches Manna bald vor unsere Füße, bis die Hilfsaktion unterbunden wurde.

An diesem Tag versorgte man uns erst spät und separat im Speisesaal mit sehr mäßiger Kost. Das Erlebnis dieser Aktion hat trotzdem niemand bereut.

Für Gleichheit sorgen und sie erleben

Als übliche Verpflegung wartete an Wochentagen beim Frühstück auf uns geschnittenes Mischbrot, eine große Schale Marmelade, nett geformte Butterstückchen, die mit kleinen Eiswürfeln frisch gehalten wurden, undefinierbarer Kaffee der Mischung Kathreiner mit etwas echten Bohnen und Milch. Am Wochenende gab es Brötchen, Wurstscheiben, Käse, Kakao und echten Bohnenkaffee. Beim Frühstück durften wir auch eigene Speisen als Brotbelag verwenden.

Jeder hatte ein kleines abschließbares Schrankfach am Eingang des Speisesaals. Es barg die leckeren Extras, deren Auswahl allerdings dem ungekühlten Aufbewahrungsort Rechnung tragen musste.

Hartwurst und Camembert gehörten zu meinen Favoriten, während zum Beispiel Norbert als Saarländer „Fenner Harz" bevorzugte, ein süßer Aufstrich für das Butterbrot. Eines Morgens, es muss gleich nach den Ferien gewesen sein, denn die Hartwurst war erstens sehr groß und zweitens noch nicht angeschnitten, machte der Direktor seinen Rundgang durch den Speisesaal. Die prächtige Salami schien etwas in ihm berührt zu haben. Glaubte er auf einen christlichen Kommunismus hinarbeiten zu müssen? Er verlangte zunächst mein Messer. Wollte er mal probieren? Dann zerlegte er die Wurst in so viele Teile, wie Kameraden am Tisch saßen und verteilte sie unter ihnen. Er äußerte dabei irgendetwas von zu groß, es ging in meiner Wahrnehmung unter, mir fehlten, was selten vorkam, die Worte. Zumindest die passenden. Dann geschah etwas Großartiges. Kaum hatte der Direktor den Saal verlassen, lagen alle Stücke wieder auf meinem Teller. Wir ließen uns nicht so einfach auseinanderdividieren und manipulieren. Sozialverhalten war nicht Sozialismus.

Wenn ich an den folgenden Tagen frühstückte, befand sich also immer nur ein kleines Stück Wurst auf meinem Teller. Der Herr Direktor hatte die Salami freundlicherweise für mich in Einzelportionen zerlegt.

Er wusste zum Glück nicht, dass er mit uns seinen Messwein teilte, wir also an den Tagen des Messdienstes schon einen Aperitif aus seiner Flasche genommen hatten.

Über einen längeren Zeitraum verfügte der Leiter des Internats ein merkwürdiges Verbot, dessen Sinn mir erst sehr viel später aufging. Jürgen, einer meiner besten Freunde, konnte hervorragend Geschichten erzählen. Sie klangen wie Kriminalromane, heute würde man von einem wandelnden Hörbuch sprechen. Alles, was er erzählte, erschien stimmig, detailliert und atmosphärisch dicht. Daher sah man uns oft zusammen im Haus oder in der Umgebung des Internats. Eines Tages rief uns der Direktor zu sich. Es sei ihm aufgefallen, dass wir dauernd zusammenhingen. Das sei eine Exklusivfreundschaft, die im Gegensatz zum Gemeinschaftsgeist des Internates stehe. Er wolle uns also nicht mehr zusammen sehen, sonst würden wir bestraft. Alle unsere Einwände, wie die besondere Freundschaft und das Geschichtenerzählen, prallten an diesem Grundsatz ab. Natürlich haben wir uns nicht an das Verbot gehalten. Wir waren nur vorsichtiger geworden. Manchmal konnten wir auch noch einen Dritten finden, der die Exklusivität aufhob.

Aber auch wir haben manchmal Dinge, die sich vor unseren Augen abspielten, falsch gedeutet.

So stand etwa eines Tages im Hof ein Fahrschulauto, der Fahrlehrer hatte den Beifahrerplatz eingenommen und wartete. Wir warteten ebenfalls gespannt, wer da einsteigen könnte. Schnell gingen wir die kleine Liste der Erwachsenen durch. Der Direktor fuhr einen Wagen, die Präfekten ebenfalls. Wir hatten noch miterlebt, wie der Unterstufenpräfekt bei Wind und Wetter, mit einem uralten gummiartigen Klepper-Mantel bekleidet, auf einem scheppernden Moped davongebraust war. Nun hatte er als letzter einen PKW gekauft, einen hellgrünen VW Käfer. Doch staunten wir nicht schlecht, als die Nonne, die als Sekretärin an der Pforte arbeitete, auf der Fahrerseite einstieg. Damit hatte niemand von uns gerechnet. Einige Wochen später gab es erst recht Erstaunliches zu beobachten. Ein nagelneuer Ford Taunus12 M mit zweifarbiger Lackierung und Weißwandreifen parkte im Hof. Wir warteten geduldig. Endlich nahte die Schwester, stieg ein, startete und schaltete die Scheibenwischer ein. Es war ein sonniger und absolut trockener Tag bei flirrender Hitze. Unser lautes Lachen am Fenster konnte sie nicht hören. Dann kamen die Scheinwerfer zum Einsatz. Mit Licht und aktiviertem Scheibenwischer ging die Fahrt los, die so wirkte, als sei es eine der ersten Fahrstunden.

Um etwas vorzugreifen: Beulen wurden uns nicht bekannt, aber ihrem Fahrstil blieb sie treu. Natürlich wollten wir wissen, warum das Internat ein Dienstfahrzeug hatte, das von der Pfortenschwester gesteuert wurde. Der Direktor und der Präfekt verwiesen auf offizielle Erledigungen, Besorgungen und so etwas wie Repräsentation des Internats.

Später erfuhr ich, dass das Auto eigentlich ein Geschenk war, das die Schwester von ihrem Vater erhalten hatte. Da man als Nonne aber unter dem Gelübde der Armut lebt, musste die Sache anders geregelt und verpackt werden. Menschliches Verständnis verbietet mir, das Thema insgesamt weiter zu verfolgen.

Wenn es ums Geld geht, hört bekanntlich der Spaß auf. Manche jammern, andere prahlen, man lügt sich etwas in oder aus der Tasche. Stoff zu komödienhaften Szenen muss jener Elternbesuchstag gegeben haben, an dem die Erhöhung des Kostensatzes für den Internatsaufenthalt auf dem Programm stand. Es ging immerhin um etwa zwanzig Prozent. Im vorausgegangenen Elternbrief hatte der Direktor ausdrücklich sein Entgegenkommen bei sozialen oder finanziellen Schwierigkeiten versprochen, er halte sich den ganzen Tag für Gespräche bereit. Mein Vater hätte mit den Schulden vom Hausbau mehr als einen guten Grund gehabt, aber aus falschem Stolz verzichtete er, der mit Freunden oder Bekannten in deren Auto zum Elternbesuchstag gekommen war, auf diese Möglichkeit. Andere Eltern reisten zwar mit dem Mercedes an, jammerten aber über eine schlechte Geschäftslage und durften deshalb den bisherigen Preis weiterhin zahlen.

Besuchstage, und nur diese, ermöglichten eine Begegnung mit den Eltern, wenn es länger keine Ferien gab.

Dass wir manchmal fast zwei Monate unsere Familie nicht sahen, galt als hinnehmbar. Nach dem Sonntagsgottesdienst durften die Eltern den Tag mit uns verbringen. Bei solchen Anlässen erlebten wir die ganze Bandbreite der gesellschaftlichen Klassen.

Die Bahnkundschaft traf nach längerem Fußmarsch ein. Oft waren schon während der langen Fahrt Kontakte entstanden, denn man erkannte sich als Eltern an den gefüllten Taschen, die man sonst an Sonntagen nicht mit sich trug. Auf dem Hof des Internats gab es sozusagen Premiumparkplätze für Premiummarken, die natürlich von urlaubsgebräunten Premiumpersönlichkeiten gefahren wurden. Manche Mutter versuchte mit ihrer Kleidung und Frisur sogar derartige Karossen in den Schatten zu stellen. Ihr erster Ansprechpartner musste der Herr Direktor sein. Man rauschte in seine kleine Wohnung und wird bei den bescheidenen Raummaßen Platzangst empfunden haben.

Der Auftritt von Frau P., Mitarbeiterin einer großen Sendeanstalt, bildete immer ein unübersehbares Ereignis. Sie trug ein üppiges buntes Trachtenkleid und schien geradezu Bugwellen zu schlagen, wenn sie durch das Haus segelte.

Professor H. kannte man aus dem Fernsehen oder von der Titelseite des „SPIEGEL". Zudem gehörten einige unserer Erzieher und Lehrer zu seinen Schülern. Die Reverenz, die man ihm erwies, konnte kaum deutlicher ausfallen. Das erinnerte ein wenig an einen Papstbesuch. Ich glaube bestimmt, es war ihm eher peinlich.

An jeweils einem Elternsprechtag des Jahres standen auch die Lehrer unseres Gymnasiums für Gespräche und Auskünfte zur Verfügung. Man hatte sie auf alle möglichen Räume des Hauses verteilt.

Vor einigen Türen bildeten sich riesige Warteschlangen, als gäbe es Sonderangebote oder Schnäppchen. Bei genauerer Betrachtung stellte sich eher das Gegenteil heraus. Die Lehrer mit den harten Fächern und noch härteren Noten empfingen die meisten Besucher, entließen dann aus der Fassung geratene oder deprimiert aussehende Eltern, die mit ihren Söhnen die ernsthafte Nachbesprechung führten. Kleine Familiengruppen steckten die geröteten Köpfe zusammen.

Auch das Mittagessen verriet manches. Nur ein kleiner Rest von Schülern rückte an zwei bis drei der fünfzehn Tische zusammen. Ihre Eltern versorgten sich vermutlich etwas abseits vom Trubel des Hauses mit belegten Broten. Die Situation wirkte leicht beklommen, denn die Mehrheit der Mitschüler saß währenddessen mit ihren Eltern in den Lokalen oder Restaurants des Städtchens, im „Jungfernsprung" oder „Am Denkmal". Man konnte das kaum mit jener großen Salami beim Frühstück vergleichen.

Abschied fiel immer schwer, auch wenn die Gespräche durch unerfreuliche Noten belastet waren. Die letzte Frage blieb die nach einem kleinen Zusatztaschengeld. Ich brachte sie einfach nicht über die Lippen. Natürlich hatte ich es mir nicht durch Fleiß und Wohlverhalten verdient. Natürlich hätte es nicht den Vorschriften des

Hauses entsprochen. Aber es war eigentlich absolut üblich. Gab es Möglichkeiten, durch die man den Wunsch andeuten konnten, ohne ihn auszusprechen?

Dann stand ich, dem leider kein Geldschein winkte, eben kurze Zeit später da mit meinem lächerlichen Stolz und winkte. Irgendwie selber schuld. Das CaM und seine Martinis musste ich aus meinen Plänen streichen. Aber für Tabakwaren reichte es noch. Die durfte aber der Präfekt bei seiner wöchentlichen Schrankkontrolle nicht entdecken. Samstags herrschte eine routinemäßige Betriebsamkeit, besonders an den Schränken. Sie bildeten die Wand zwischen dem Flur und den Schlafsälen. Bei geöffneten Schranktüren boten sich Szenen gänzlich altersuntypischen Verhaltens. Jungen ordneten ihre Kleidungsstücke nicht nur nach ihrer Art und Verwendung, sondern so, dass sie einer Prüfung mit geometrischen Werkzeugen wie Lineal und Winkelmesser standgehalten hätten. Nicht nur Ober- und Unterhemden lagen Kante auf Kante, sogar Strümpfe und Unterhosen entsprachen den höchsten militärischen Normen. Denn während unserer abendlichen Studienzeit arbeitete sich der Präfekt durch sechzig Wandschränke und Schreibtische. Bei unklaren Verhältnissen flog einfach alles raus auf den Boden. Seine Eindrücke definierte er jeweils durch eine Note.

Übrigens wurde auch der Zustand des sogenannten Bettenbaues, ein Kasernen-Ausdruck, den ich immer als unpassend empfand, täglich kontrolliert. Sah ein Bett schlampig und ungeometrisch aus, dann sorgte der Präfekt für den Rückbau. Auch ein verlogener Euphemismus: Er riss das Leinentuch heraus und schuf aus Kopfkissen und Deckbett ein möglichst chaotisches Gebilde, das dann mit Mühe in einen Idealzustand gebracht werden musste. Bei all diesen Kontrollen trugen wir unsere Geheimnisse, etwa Tabakwaren, am Körper oder versteckten sie im persönlichen abschließbaren Speisefach. Denn nur dort wurde nicht kontrolliert. Am meisten fürchteten wir allerdings die Schuhkontrollen. Alle Schuhe mussten immer gereinigt sein: an den Füßen und in den Schuhschränken im Keller.

Unser morgendlicher Weg führte durch den Schuhkeller, über den Hof und die Zufahrt, dann um eine Kurve zwischen zwei kleinen Hügeln. Genau dort, also vorher nicht sichtbar, wartete manchmal der Präfekt. Ihm genügte ein kurzer Blick auf die Füße, und schon stand man in seinem Büchlein. Anschließend, wenn wir im Unterricht waren, nahm er sich unsere Schuhfächer vor, um zu sehen, ob auch dort ungeputzte Schuhe ihr verbotenes Dasein im Dunkel des Schrankes fristeten. Die Messlatte der Sauberkeit tendierte zum Irrealen, denn auch die Sohlen und der Bereich zwischen Absatz und Sohle mussten schmutzfrei sein. Einmal erlebte ich dabei eine Situation, die für mich Symbolwert hatte. Nachdem ich hinter der Kurve am Morgen in die Falle geraten war, stellte mich mittags der Präfekt mit der Frage: „Wo hast du deine anderen Schuhe versteckt?" – „Welche anderen Schuhe?" – „Na, da waren eben keine anderen Schuhe in deinem Schuhschrank!" – „Ich habe keine anderen Schuhe. Meine Füße sind im Wachstum, da muss ein Paar reichen." Der Dialog endete nach diesen Worten abrupt. Der Stier schien nachdenklich, als er sich wieder zu seinem Zimmer begab.

Welche Hose passte zu einem Typ wie mir? Eine Bundlederhose: stabil und pflegefrei.

Mit kurzen Lederhosen hatte ich als Kind gute Erfahrungen gemacht. Nur das Einreiben mit Butter, um den speckigen Glanz zu erzeugen, hatte sich sehr bald wegen eines ranzigen Geruchs als Fehler erwiesen. Nun trug ich also Hirschlederne. Toni aus Maxdorf kam mit dieser Tracht bereits lange klar. Mir wollte schon der Schnitt nicht gefallen. Eine Hose konnte kurz oder lang sein, aber mittig enden? Trotz aller pfälzisch-bairischen Gemeinsamkeiten einer Wittelsbacher Linie, dieses Kleidungsstück fand ich nicht nur provinziell, sondern geradezu deplatziert.

War die Hose vielleicht eine Art Metapher für die Entwurzelung eines Internatsschülers? Ein Stigma vielleicht, eine dicke Haut oder ein tierisches Fell. Schwante mir dabei ein altes Märchenmotiv wie aus „Brüderchen und Schwesterchen"? Hinzu kam eine unangenehme Fehlfunktion, denn Schweiß wurde gefördert und dann gespeichert. Das Ablegen der Hose empfand ich ungefähr wie das Öffnen eines Backofens. Zuerst trat eine heiße Wolke aus. Da eine Rückgabe der Hose nicht infrage kam, musste sie zerstört werden. Hier komme ich allerdings nicht um eine gewisse Ehrenrettung dieses Kleidungsstückes umhin. Sie trotzte lange und hartnäckig meinen massiven Bemühungen, für die ich die Besonderheit der engeren Heimat, das Felsgestein des Wasgaus, ausersehen hatte. So wie in alten Zeiten Ritter ihr Schwert an den Steinen geschärft und sich Eber ihren Kittel gerieben haben, so scheuerte ich nun meine Knie an einem großen Stein nahe der Quelle in dem Wiesental beim Internat. Es bedurfte zahlreicher mühevoller Anwendungen. Irgendwann gelang der Durchbruch mit viel Geduld, einer guten Unterhaltung und mancher Zigarette der Marke Lucky Strike, deren Logo, ein roter Kreis, größenmäßig den Löchern in der Hose entsprach.

Auch Franz sammelte mit einem Kleidungsstück schlechte Erfahrungen. Nach den großen Ferien erschienen viele von uns mit neuem Outfit. Franz, der vom Beruf des Försters träumte, aber leider farbenblind war, trug eine grünliche Lederjacke von modernem Schnitt und interessantem Glanz. Schon am ersten Tag verdarb ihm jemand die Freude daran, der bemerkt hatte, dass die Jacke aus Kunststoff bestand. „He, Franz, das ist aber ein gutes Stöffchen!" Dabei rieben Daumen und Zeigefinger das Material. Diese Schlüsselszene entwickelte sich – boshafterweise – zu einer dauernden Stichelei, an der sich nur die besten Freunde nicht beteiligen wollten. Franz zog die Jacke seltener und schließlich gar nicht mehr an.

Von Karl lernten wir eine neue Bügelmethode kennen. Wenn man, wie er, einen älteren Bruder bei der Bundeswehr hatte, konnte man immer etwas Praktisches in Erfahrung bringen.

Karl kam aus den Ferien mit einem neuen braun-karierten Anzug, der aber offenbar zum Knittern neigte.

Am Sonntagabend demonstrierte er uns die militärisch erprobte Form des Bügelns. Man konnte sie im Schlaf ausführen. Er legte dazu den gefalteten und geglätteten Anzug unter seine Matratze. Und das war es schon! An der Genialität der Methode entstanden allerdings am nächsten Tag gewisse Zweifel, denn das Muster des Lattenrostes hatte dem Anzug eine Art Prägestempel verpasst. Vielleicht eignete sich das Verfahren eher für militärische Feldkleidung. Aber musste die eigentlich auch gebügelt sein?

Spielarten der Gewalt

In der 7. Klasse herrschte kurzfristig eine Art militärisches System unter uns Internatszöglingen. Der neue Präfekt mit dem Spitznamen Don Camillo, den wir in der Mittelstufe bekommen hatten, verfügte – konstitutionell bedingt – über eine eher milde Art der Handschrift. Ein späterer Film aus der Reihe trug den passenden Titel „Keiner haut wie Don Camillo". Manchmal belustigte es uns, wenn er nach einer Prügelstrafe ziemlich fix und fertig wirkte, während wir – als Bestrafte – noch gemein grinsen konnten. Das brachte uns auf eine interessante Idee. Jeder, der verprügelt wurde, erhielt zur Belohnung eine Beförderung im militärischen Rangsystem.

Wir verabredeten eine Karriereleiter, die mit den Mannschaftsgraden begann. Dem Soldat folgten Gefreiter, Obergefreiter, Hauptgefreiter, Stabsgefreiter, Oberstabsgefreiter, Unteroffizier, Stabsunteroffizier, Feldwebel, Oberfeldwebel, Hauptfeldwebel, Stabsfeldwebel und Oberstabsfeldwebel. Dann sollten Offiziersanwärter und Offiziersränge folgen. Da Schulterklappen fehlten, nutzten wir die Rückseite von Reclam-Heften. Diese passten nämlich im eigentlichen Sinn des Wortes hervorragend in die Brusttasche unserer Hemden. Ein Zettel, der etwa zwei Zentimeter aus dem Heft herausragte, wurde nach unten umgefaltet und in Druckbuchstaben mit dem Dienstgrad beschriftet. In den folgenden beiden Wochen machten viele von uns oft mit der Handschrift von Kaplan F., der aber nur auf die Anrede „Herr Präfekt" hörte, Bekanntschaft.

Mag sein, dass er wirklich mehr mit Schlagen als mit Schreiben befasst war. Sein langes welliges Haar geriet ständig in Unordnung und seine Finger müssen oft ziemlich heftig gebrannt haben. Vor seinem Einsatz drohte er meist: „Warte nur, Bursche!" Doch die abschreckende Wirkung fehlte einfach. Außerhalb der sogenannten Studienzeiten, die wir nachmittags drei Stunden lang schweigend und lernend am Schreibtisch verbringen mussten, dokumentierte ich etliche Prügelszenen fotografisch mit meiner Kodak Instamatic 100. Leider konfiszierte Herr F. den Apparat, entfernte und vernichtete die Kassette und damit die Fotoreportage. Mittlerweile gab es schon die ersten Offiziere unter uns.

Blitzkarrieren, wie sie bei besonderer Tapferkeit vor dem Feind angebracht waren.

Ob ich es zum Oberleutnant oder Hauptmann gebracht hatte, weiß ich nicht mehr. Es müssten jedenfalls über 15 Einsätze gewesen sein. Dann erschien nach etwa zwei Wochen der Direktor während der abendlichen Studienzeit. Er wirkte sichtlich erbost. Offenbar interessierten ihn unsere Ränge. Uns schwante Ärger.

Seine Ansprache, zu der er die Mittelstufe hatte antreten lassen, endete mit der rhetorisch klaren und geschickten Formulierung: „Wenn das nicht sofort aufhört, dann schlage ich einen von euch tot oder zum General!" Wie sprach in den Filmen der Herr zu seinem Diener Don Camillo, wenn dieser draufschlagen wollte: „Don Camillo, deine Hände sind zum Segnen da, nicht zum Prügeln!" Sie durften nun also wieder anderen Tätigkeiten nachgehen, waren entlastet. Auch seine Frisur blieb in der gewünschten Form.

Vor der gesamten Internatsgemeinschaft hart verdroschen zu werden, erlebten einige von uns jedes Jahr am Nikolaustag. Sehr gemischte Gefühle ließen uns die Stunden zählen. Dann betrat man den hell erleuchteten und mit vorweihnachtlichen Dekorationen und Kerzen geschmückten Speisesaal. Das Licht wurde weitgehend gelöscht. Nur im Zentrum, also um den Herrentisch, herrschte Festbeleuchtung. Das Lied „Lasst uns froh und munter sein" sollte den heiligen Mann unserer Versammlung gewogen machen.

Dann flogen die Türen auf. Kräftige Kerle in braunen Kutten, von so einfachem sackartigen Material, wie es die Franziskaner in ihren mittelalterlichen Anfängen getragen haben, polterten in den Saal, rasselten nicht mit Rosenkränzen, dafür mit massiven Eisenketten. In der Rechten schwangen sie dicke Rutenbündel, hieben auf ihrem Weg durch den Saal auf alles, was sich bewegte oder der Rute nahekam. Knecht Ruprecht kam also in vierfacher braungewandeter kettenrasselnder Personalität. Dann erschien in hellem priesterlichen Talar, mit dem Bischofsstab in der Rechten und der Mitra auf dem Haupt, der erwartete Sankt Nikolaus, den wir im Lied einen guten Mann genannt hatten. Ein prachtvolles dickes Buch hielt er in seiner Linken. Neben dem Herrentisch stand ein edler Stuhl, vor dem ein Teppich lag. Der Platz für den Bischof, seine Kathedra.

Dieser Nikolaus kam nicht aus dem Haus, doch eigentlich auch nicht von weit her.

Dr. O. hatte sich damals gerade aus einem in sehr unterschiedlichen Systemen erfolgreichen Berufsleben zurückgezogen, blieb aber noch lange eine wichtige Persönlichkeit des kulturellen Lebens in Rheinland-Pfalz, als Autor und Initiator. Wie mochte er eigentlich zu dieser Rolle gekommen sein? Er las nun aus dem Buch die Verse vor, an denen der Präfekt schon wochenlang während unserer Studienzeiten gearbeitet hatte.

Es begann mit der Namensnennung. Nicht jeder sollte oder konnte diese zweifelhafte Ehre erfahren. Manchmal wurden auch zwei bis drei aufgerufen. Und schon stürzten sich die Knechte auf ihn, griffen brutal zu und zerrten ihn unter Rutenschlägen vor den Nikolaus. Ihre Schläge übersetzten und interpretierten durch an- und abschwellende Prügelattacken, was der heilige Mann aus dem Buch las. – „Niklaus ist ein guter Mann, dem man nicht genug danken kann." – Die reine Schadenfreude durfte etwa zwei Stunden fröhliche Urstände feiern. – „Lustig, lustig, traleralera!" – Was über mich gesagt wurde, muss ich verdrängt haben. Vielleicht störten kräftige Prügel auch ein wenig die Konzentration und Merkfähigkeit. So blieb nur noch der letzte Vers haften: „Kurzum, er ist ein grande filou." Ein Kompliment klingt eigentlich anders. Aber in dem Wertesystem meiner Freunde und Kameraden war es eines.

Während dieser Zeit konnten wir Gebäck knabbern und Glühwein trinken. Das linderte den Schmerz oder verstärkte die Schadenfreude. Am Wein aus der Lage Ranschbacher Seligmacher war nicht gespart worden.

Er stammte aus dem Weingut der Familie unseres Direktors, den wir deswegen untereinander manchmal nach dieser Lage nannten. Der Messwein aus der Sakristei schmeckte aber trotzdem entschieden besser.

Zum Abschluss gab es traditionsgemäß Pakete von daheim, die in den letzten Tagen eingetroffen waren: ein neues Kleidungsstück, ein Buch, Schokolade, Käse und Hartwurst. Verrieten knisternde Geräusche, Kauen und Schlucken nachts im Schlafraum einen Nachholbedarf, einen Mangel an Selbstkontrolle oder die Bekämpfung von Frustration und Heimweh?

Üppig gedeckt präsentierte sich an den folgenden Tagen der Frühstückstisch. Manche verzichteten sogar auf die Frühstückseier, die am Wochenende angeboten wurden.

Das Internat unterhielt neuerdings eine eigene Hühnerzucht. Nachdem mir ein neugieriger Blick in den großen Raum unter der Aula geglückt war, der Hausmeister hatte gerade ausgemistet, leistete ich freiwilligen Verzicht auf die Eier. Im Mist wuselten kleine Mäuse, während den armen Hühnern von dem weißen Federkleid ihrer Rasse so wenig geblieben war, dass ein hellroter Hautton dominierte. Mit diesem Bild vor den Augen wollten die Eier einfach nicht mehr schmecken.

Von den Hühnereiern zur Aufklärung überzuleiten, fände ich zu albern und trivial.

Besser nähere ich mich dem Thema durch den Besuch oder Einsatz eines weiteren Externen bei uns im Internat.

Die letzte Aufklärung und andere Bemühungen um mehr Frömmigkeit

Wir sollten nun richtig und gründlich aufgeklärt werden. Auf welchem Wissensniveau aber befanden wir uns zu diesem Zeitpunkt in der 8. Klasse? Eine krude Mischung von Gerüchten, Teilwissen aus mannigfaltigen Quellen und Andeutungen entwickelte sich in unseren Köpfen zu amorphen Theorien, über die wir uns wacker austauschten. Die „Bravo" klärte noch nicht auf, war aber schon verboten, das Biologiebuch unterschlug das interessante Thema und Lexika boten auch nicht viel mehr. In merkwürdig vorsichtigen Botschaften äußerten sich von Zeit zu Zeit unsere Erzieher. Ernst und extrem gefährlich schien dieser Bereich des menschlichen Lebens zu sein. Wir trügen höchste Verantwortung als Werkzeuge der göttlichen Schöpfung. Aber unsere sündhaften Triebe verführten uns leicht zu schweren Sünden. „Die leuchtende Straße – Ein Buch für Jungen vom Geheimnis des Lebens", von einem Autor namens Berthold Lutz, 1951 verfasst, das im Arena-Verlag erschienen war, wurde Pflichtlektüre. Um es kurz zu sagen: Es klärte nicht auf, sondern verdunkelte mit seinen verschwurbelten Metaphern, was wir zu wissen glaubten. Was sollte uns, unaufgeklärt wie wir waren, der Vergleich mit einem Piloten helfen, der fürchtete sich zu „verfranzen". Wie konnten wir als Unorientierte die Orientierung verlieren? Immerhin kämpften die Erzieher gegen alles, was an sexuelle Eindrücke oder Themen auch nur erinnerte: Kinoplakate, Zeitschriften oder Bücher. Wer darüber redete, den sollten wir sofort dem Präfekten melden. Zogen Mädchenklassen fünfzig Meter vom Internat entfernt hinauf zur Burg, mussten wir die Fenster schließen. Sollten auch nicht hinausschauen. Selbst bei der Auswahl der „Küchenmöpse", wie wir die weiblichen Auszubildenden oder das Hilfspersonal nannten, musste augenscheinlich das Prinzip, jede Verlockung zu vermeiden, oberste Priorität gehabt haben, das Resultat lag zwischen ziemlich unattraktiv und geradezu hässlich.

Das Umziehen geschah unter der Bettdecke oder auf der kleinen Toilette im Waschraum. Selbst Hemden mussten in die Hose gesteckt werden, offene Knöpfe kamen nur im Kragenbereich in Frage.

In diesem sexualfeindlich wirkenden Milieu sollte nun an einem Besinnungs- und Einkehrwochenende die große Aufklärung erfolgen. Nicht die Pfortenschwester im Ford, sondern unser Präfekt F. brach mit seinem VW Käfer auf, um den Spezialisten für diese heikle Mission, einen Pater aus dem Herz-Jesu-Kloster in Neustadt, abzuholen.

Ein beleibter Herr mittleren Alters in schwarzem Anzug saß nun in einem zum Auditorium verwandelten Spielsaal vor uns. Er wirkte ernst bis mürrisch, sodass er keinen wirklichen Zugang zu uns fand. Dennoch sprach er wesentlich offener, als wir das bisher erlebt hatten. Vor allem schien ihn die sexuelle Erregung zu erregen.

Dagegen sollten und müssten wir unbedingt mit aller Kraft ankämpfen. Dann machte er eine Bemerkung, die uns typisch erschien, seine Tonlage wirkte zornig: „Wenn es doch nur diese verdammte Gliedversteifung nicht gäbe!" Ich erinnere mich deshalb so gut daran, weil mein Sitznachbar mir eine ebenso köstliche wie treffende Bemerkung dazu ins Ohr flüsterte: „Dann würde der da vorne nicht sitzen!" Wir konnten unser Lachen nicht unterdrücken und ernteten einen Rüffel, wie ihn möglicherweise jemand erteilt, der keinen Spaß versteht, weil er über Probleme spricht, die auch ihn selbst betreffen.

Nachdem der Aufklärer wieder uns und das Internat verlassen hatte, wurde uns lange, mehrfach und eindringlich auferlegt, doch ja immer unser Gewissen zu erforschen und alles regelmäßig samstags zu beichten. Zu diesem Zweck kamen externe Beichtväter. Gleich rechts neben dem Eingang zur Kapelle befand sich der

Beichtstuhl. Man konnte die Warteschlange prüfen und dann bleiben oder wieder gehen. Manche Mitschüler legten eine quasi öffentliche Beichte ab, sie sprachen so laut, dass man es draußen hörte und dadurch manchem die Wartezeit unterhaltsam verkürzt wurde. Besonders interessant waren alle Sünden, die das sechste Gebot betrafen. Das galt auch für den Beichtvater, der bei diesen Sünden lange und gründlich nachfragte, ganz genau ins Detail ging. Man hatte uns ja gesagt, wie wichtig dieser Bereich ist, wie geheiligt die Weitergabe des Lebens.

Nur waren wir nicht so naiv, dass wir nicht die Fragwürdigkeit eines derartigen Interesses mit der Zeit bemerkt hätten. Wir hörten schließlich mit und tauschten uns aus. War das vielleicht ein Grund, weshalb die Beichtväter für uns fast unsichtbar im und aus dem Beichtstuhl verschwanden und nur selten einer zum Abendessen blieb? Schämten sie sich ein wenig ihrer Fragen?

Karl Hermann Josef W. jedenfalls beichtete besonders gut hörbar. Es hätte ihm eigentlich auffallen können, dass immer, wenn er seine Sünden bekannte, besonders viele Mitschüler in den Bänken um den Beichtstuhl warteten. Gelegentlich konnte man unterdrücktes Lachen vernehmen. W. war etwas später ins Internat gekommen und konnte auch keine einzige Freundschaft schließen. Das lag nicht an dem großen roten Muttermal auf seiner Wange oder an seinem unsympathischen blassen und hageren Aussehen, sondern an seiner hochgradig gestörten Persönlichkeit. Sein Auftritt wirkte bestimmt, seine Art unkindlich und altklug, oft schroff und hochfahrend, dabei aber intellektuell eher bedürftig. Am schlimmsten war seine religiöse Spinnerei. Nachts betete Karl Hermann laut vernehmbar im Bett den Rosenkranz. „Mensch, halt endlich die Klappe!"- Er betete weiter. Einen Schlag mit dem Kopfkissen erwiderte er mit der Aussage: „Zur größeren Ehre Gottes." Das Beten hörte damit nicht auf, denn er betrachtete den Schlag als milde Form eines persönlichen Martyriums, das ihm himmlische Gnade verleiht. Unsere üblichen Methoden mussten an ihm scheitern. Dieser selbsternannte heilige Märtyrer passte zu uns wie der Papst in eine Disco. Wenn wir unsere Abenteuerromane lasen, steckte er seine Nase in das handliche „Messbuch der heiligen Kirche" von Anselm Schott, das übrigens für jeden von uns zur Grundausstattung gehörte. Legendär wurden sehr bald seine Bemerkungen unter den Klassenarbeiten. Dort, wo der Korrektor seinen Kommentar schreiben würde, erlaubte er sich, religiöse Formeln zu hinterlassen, etwa: „Jesus Nazarenus Rex Judeorum", manchmal auch mit Kreuzen versehen. Das rettete ihn allerdings nicht vor schlechten Noten.

Der Märtyrer fiel also bald auch dem Schulsystem zum Opfer und musste uns verlassen.

Nach Jahren berichtete mir jemand aus seinem Heimatort von der weiteren Entwicklung Karl Hermann Josefs. Sie blieb durchaus konsequent. Da nicht unbeträchtliches Familienvermögen zur Verfügung stand, pflegte er ein geistliches Leben als Hobby. Rom-Touristen finden um den Vatikan-Staat Straßen, in denen boutiqueartige Geschäfte alles rund um das klerikale Leben verkaufen, von der Soutane über den Messkelch bis hin zum Bischofsstab. Karl Hermann Josef soll – dank solcher professionellen Ausstattung – zu Hause mit einem größeren Aufgebot an Messdienern eucharistische Gottesdienste gefeiert haben. Ob er auch eine Monstranz und ein Segensvelum erworben hatte, konnte ich nicht in Erfahrung bringen. Gern sei er in mondänere Kurorte nach Süddeutschland gefahren, um dort, in eine Soutane gekleidet, von Passanten oder Kurgästen ehrfurchtsvoll gegrüßt, mit seinem Brevier durch Parks zu wandeln. Vor allem ältere Damen hätten ihn angesprochen, sein seelsorgerisches Gespräch gesucht und bei ihm teilweise sogar gebeichtet.

Das Internat hatte dieses Verhalten, das man wohl als psychische Krankheit betrachten muss, nicht ausgelöst und nicht gefördert. Allerdings suchte die Heimleitung immer wieder unter uns Jungen nach einer Art frommer Elite, die man zu größeren und höheren Aufgaben heranziehen könnte, die aber auch einen positiven Einfluss auf die schwarzen Schafe hätte. Der Bund ND zog viel zu sehr die Abenteurer an. Die Schönstatt-Bewegung sollte es richten. Aus ihrer Zentrale in Vallendar bei Koblenz vermeldet sie ihre Entstehung „aus dem Liebesbündnis mit Maria, der Mutter Jesu und der Menschen, das Pater Josef Kentenich (1885-1968) gemeinsam mit einer Gruppe Jugendlicher am 18. Oktober 1914 im Urheiligtum geschlossen hat." Alles klar? So ähnlich klang es an dem Vortragsabend im Internat, zu dem Vertreter dieser Gruppe angereist waren. Da ich mit meinen gleich- und ähnlich gesinnten Freunden zusammensaß, lieferten uns diese Gäste die köstlichsten Steilvorlagen für unsere Witze und lästerlichen Reden. Wir empfanden die Inhalte der Gemeinschaft als groteske Formen am Rande unserer Kirche, während diese Bewegung sich als eigentliches spirituelles Zentrum des Katholizismus begriff. Wenn es beim Militär oder im Krieg unangenehme Aufgaben gegeben habe, soll ein gewisser Josef Engling, der Meisterschüler von Pater

Kentenich, immer wieder gesagt haben: „Bleib, Kamerad, ich geh für dich." Für uns wurde dieses Zitat zum dummen Spruch in allerhand Situationen. Kündigte ein Kamerad irgendeine Handlung an, dann reagierte oft ein anderer mit diesem Satz. Dabei ging es immer um unreligiöse Themen... Schönstatt kam bei uns nicht an. Nur ein Karl Hermann Josef hätte so recht in diese Welt gepasst. Die Präfekten und der Direktor ließen nicht locker. Eines Abends erschien der Chef während der Studienzeit und forderte zwei oder drei Kameraden aus unserer Gruppe nacheinander und einzeln auf, ihm in den Waschraum zu folgen. Dass der Raum nicht in seiner Funktion, sondern für ein diskretes Gespräch genutzt wurde, war klar. Aber worum ging es? Hatte man irgendeinen unserer Streiche oder Übertretungen entdeckt und führte Vernehmungen durch? Als das erste Gespräch nach etwa fünf Minuten beendet war, erfuhren wir, dass man Vertraulichkeit vereinbart hatte. Es sei aber nicht um irgendwelches Petzen gegangen. Toni lüftete bald darauf das Geheimnis. Der Direktor habe ihn als frommen und anständigen Schüler für würdig und geeignet gehalten, einer Schönstatt-Gruppe anzugehören. Trotz aller Bemühungen von oben hörte man bald nichts mehr von Schönstatt.

Die verschwurbelte Schönstatt-Sprache formuliert das Ziel der Bewegung auf ihrer Homepage in schon vertrauter grauenhaft misslungener Metaphorik: „Die Kampagne der Pilgernden Gottesmutter als apostolisch-missionarisches Gesicht Schönstatts reicht in alle strategischen Felder des Apostolates hinein." – Dahn 1964: Mission: Impossible. Das hätte unsere Intelligenz und unseren Gottesglauben beleidigt.

Erlebnisse und Risiken draußen

Zum Glück ergaben sich manchmal Unterhaltungsmöglichkeiten nach unserem Geschmack, die vermutlich deshalb nicht verboten waren, weil man nicht an sie gedacht hatte. Jeden Mittwoch war uns nachmittags gestattet, als Kleingruppe von fünf Personen in die Stadt zu gehen. So fanden wir unseren Platz als Publikum im Amtsgericht. Ein idealer Ort vor allem in der kalten Jahreszeit. Zuvor hatten wir uns am Aushang über die Fälle oder Delikte informiert. Nichts Gravierendes, aber allemal interessant, schon allein durch die Akteure. War das nicht eine Art Laienbühne, die kleine Szenen in Pfälzer Mundart aufführte? Alles kostenlos. Bühne und Zuschauerraum verbreiteten den ganz eigenen Charme früherer Zeiten: dunkle Holzvertäfelung, klassische Zuschauerbänke und der Geruch staubtrockener Akten im Dialog mit der herb-dezenten Note eines Bohnerwachses.

Die Anwälte kannten wir bald, denn es praktizierten nur wenige am Ort. Auswärtige erschienen eher selten. Wenn sie ihre Roben anzogen, erinnerte es ein wenig an die mittelalterlichen Ritter, die ihre Rüstung anlegten, um in den Ring zu treten. Es geschah im Saal und oft so schwungvoll-routiniert, dass es zweifellos zum öffentlichen Auftritt gehören musste. Die Begutachtung der Angeklagten verkürzte uns die Zeit bis zum Sitzungsbeginn. Ist er uns sympathisch? Trauen wir ihm etwas Kriminelles zu? Wirkt er eher intelligent oder stupide? Welcher Beruf würde zu ihm passen? Wie alt könnte er sein? Was verrät uns die Kleidung? Das Einschätzen von Menschen als Spiel. Kleine Wetten unter uns über die beteiligten Personen und den Verfahrensausgang steigerten den Unterhaltungswert.

Die Tür öffnete sich, wir erhoben uns und Herr Amtsgerichtsrat K. trat ein. Die Verhandlung konnte beginnen. Oft ging es um Alkohol am Steuer. Ein LKW-Fahrer hatte, eigenen Angaben zufolge, sonntags Zahnschmerzen bekommen, im kleinen Dorf gab es keinen Zahnarzt, wohl auch in der Nähe keinen Notdienst. Er legte sich also auf die Couch und ließ Schnaps auf die schmerzende Stelle einwirken. Von Zeit zu Zeit schluckte er den therapeutischen Alkohol, um eine frische Dosis einwirken zu lassen. Nach Stunden aber zwangen ihn irgendwelche Umstände ans Steuer seines Wagens. So erwischte ihn die Polizei. Herr Richter K. fand immer eine milde, aber dennoch angemessene Strafe. Allein sein Pfälzisch zeigte beachtliche Lücken. Er musste oft nachfragen und um Übersetzungen bitten. Bei einer Schlägerei hatte ein Beteiligter zum anderen gesagt: „Paulche, wit´se?" Weil das für ihn nach Witzen klang, fragte er nach dem Witz. Der Verteidiger übersetzte: „Paulchen, willst du sie (gemeint waren die Prügel)?" Manchmal wünschten wir uns einen Richter K. als Erzieher. Wir hätten sogar in unserem besten Hochdeutsch mit ihm gesprochen.

Wie hätte er zum Beispiel im Fall von Stefans erstem Tag im Internat entschieden?

Präfekt V., genannt der Stier, stellte uns kurz nach Beginn der sechsten Klasse mittags einen neuen Mitschüler vor. Er hieß Stefan. Da er sympathisch wirkte, bot ich ihm einen Rundgang an, um gleich alles Interessante zu zeigen, natürlich auch das Städtchen. Wer kümmerte sich schon um kleinliche Ausgangsregelungen, wenn die Sonne schien und man einfach gut drauf war? Ich zeigte ihm den Weg zum Heldenfriedhof, die theoretische Grenze unseres Freizeitgebietes, den Kreuzweg in die Stadt, die Eisdiele Venezia, wir leisteten uns den „Fruttebecker", der Jungfernsprung und das Kino durften natürlich auch nicht fehlen. Es war der Beginn einer Freundschaft, für ihn auch der erste Tag in dem neuen Lebensabschnitt. Das Internat verließen wir übrigens beide nach der 9. Klasse. Da hatten wir wohl die Nase endgültig voll.

Auf dem fröhlichen Rückweg zum Heim wurden wir aber leider gesehen. Schon beim Betreten unserer Stufe kam uns der Präfekt mit recht zorniger Miene entgegen. Hinter der Metallplatte schien es zu brodeln. „Ihr wart in der Stadt. Das ist ein klarer Verstoß gegen unsere Hausordnung. Stefan ist neu zu uns gekommen, aber du weißt genau Bescheid. Deswegen wird er nicht bestraft, aber du. Morgen kannst du deinen Schreibtisch gleich nach dem Essen in den Waschraum stellen." Richter K. hätte mir bestimmt mildernde Umstände eingeräumt, weil einem neuen Mitschüler die schönen Dinge in der fremden Umgebung die Eingewöhnung erleichtert hatten.

Stefan zeigte Solidarität mit mir und bat – ohne Erfolg – gleichfalls um Bestrafung. Das war letztlich wichtiger als zwei Stunden Waschraum. Das verband.

Überhaupt entdeckte der aufmerksame Beobachter bald gewisse Unterschiede bei körperlichen Züchtigungen, die damals ganz unstrittig Bestandteil der Erziehungsbemühungen waren. Vielleicht setzten die Erzieher gewisse sozial übliche Grundmuster voraus. Kam man also aus einfacheren Verhältnissen, dann war damit selbstverständlich, dass die deutliche Handschrift üblich war und zum Einsatz kam: Fraktur. Bei gehobeneren Schichten genügte geringerer Kraftaufwand, die Handschrift geriet filigraner, etwa Sütterlin. Spielte dabei auch die ausdrückliche Lizenz zum Schlagen eine Rolle, wie sie meine und andere Eltern ungefragt, gerne und für sie selbst völlig schmerzlos, vergaben? Sollten wir so einen Vorgeschmack der Härte des Lebens erhalten?

Gab es überhaupt etwas, das uns noch richtig ängstigen konnte? Lehrer und Erzieher versuchten es immer wieder im Sinne einer Warnung oder eines prophetischen Rufes zur Umkehr, malten uns die Folgen schulischen Scheiterns aus. Bewies unsere relative Gleichgültigkeit Ignoranz oder übersteigertes Selbstvertrauen? Welche psychischen Mechanismen entwickelten sich bei Kindern, die mit zehn oder elf Jahren aus dem Elternhaus in ein Internat gegeben wurden? Sind das Abhärtungen, innere Sperren?

Ausgerechnet das Gruseln vor Fantasiegebilden schien kurioserweise noch deutlich zu wirken. An einem milden Tag im Spätherbst hatte ich mein Englischbuch in die Nachmittagsfreizeit mitgenommen, um in der Natur etwas für eine bevorstehende Klassenarbeit zu lernen. Stieg man den Treppenweg des Heldenfriedhofs hoch, dann konnte man auf einer der Bänke vor der weißgekalkten Michaelskapelle Platz finden und hatte von dort aus einen Blick über die mit Heidekraut bepflanzten Grabstätten, das langgestreckte Wiesental und die braunroten Felsformationen oberhalb des Krankenhauses. Der herrliche Platz und die milde Nachmittagssonne erleichterten hier das Lernen.

Irgendwann muss ich wohl das Buch zur Seite gelegt haben, um die angenehmen Empfindungen von Sonne, klarer Luft und Vogelgesang zu genießen. Eindrücke, die mich die Arbeit – und damit das Buch – vergessen ließen. Erst im Heim, als ich damit arbeiten wollte, entdeckte ich sein Fehlen.

So entschloss ich mich, das Buch nach dem Abendessen zu holen. Leider hatte dieser Plan kleine Tücken. Die Haustüren blieben in dieser dunklen Jahreszeit am Abend verschlossen, auch beleuchteten keine Lampen den Weg.

Der Heldenfriedhof

Einer meiner Freunde wollte mitkommen, andere waren zur Hilfe beim Aus- und Einstieg bereit, denn unser Weg führte aus dem Fenster eines Spielsaales im Erdgeschoss nach draußen. Eine Taschenlampe hätte uns schnell verraten. Aber zum Glück schien der Mond. Als wir den schmalen Pfad, der durch die Wiese führte, erreicht hatten, sahen wir die kleinen Tropfen auf dem Gras und den Wildkräutern im kalten Mondlicht glänzen und spürten die Feuchtigkeit des Abendnebels.

Wir gingen ziemlich rasch, auch ohne Gespräch. Flache Nebelbänke unterschiedlicher Größe zogen uns entgegen, erschienen wie magisch leuchtendes Protoplasma. Diese Atmosphäre erinnerte mich gar zu deutlich an Vampirfilme und Gruselgeschichten. Das Herz pochte entsprechend heftiger. Als wir unterhalb des Friedhofs angekommen waren, bemerkte ich, dass es auch meinem Freund ziemlich mulmig zumute sein musste, denn er schlug mir plötzlich vor, hier zu warten, bis ich oben vor der Kapelle das Buch geholt hätte.

Hier half nun kein Zögern, ich öffnete, begleitet von einem Quietschen, das Friedhofstor und stieg die ersten Stufen hinauf. Die Bank mit dem Buch war nur noch einen Steinwurf von mir entfernt.

Da hüllte mich ein dicker Nebelschwaden unvermittelt mit seinem eiskalten Hauch ein. Nun ging alles wahnsinnig schnell.

Ich rannte, wie von der Berührung eines bösen Geistes geschreckt, zurück durch die noch offene Tür zum Pfad hin, mein Freund lief ebenso schnell mit. Es bedurfte keiner Worte der Erklärung. Erst unter dem friedvoll-sicheren Schein der Laterne im Hof des Heimes endete unsere überstürzte Rückkehr, die man ohne Übertreibung auch Flucht hätte nennen können. Bevor wir uns durch ein Klopfzeichen am Fenster des Spielsaals meldeten, damit dort geprüft wurde, ob die Luft für den Einstieg sauber war, vereinbarten wir eine plausible Erklärung für das gescheiterte Unternehmen. Die

Wahrheit wäre zu lächerlich gewesen. Es hatte an der Dunkelheit gelegen. Und irgendwie könnte man die Ereignisse eigentlich so deuten. War das eine Halbwahrheit oder eine Lüge? Musste es gebeichtet werden? Ein Fall für die Gewissenserforschung am Abend. Wieder strahlte am nächsten Tag die Sonne von einem stahlblauen Herbsthimmel. Erwartungsvoll eilte ich gleich nach dem Mittagessen zur Kapelle. Das Buch lag noch da. Die nächtlichen Gespenster auf dem Friedhof wollten offenbar kein Englisch lernen oder beherrschten es schon. Vielleicht waren den Geistern die Texte in diesem Buch zu geistlos. Ein kleines Beispiel: „Why don´t you finish your homework, Jim?"

„Because I have no ink, my dear sister!" „Don´t talk like that, Jim. Why don´t you come with me to the stationer´s? I need a pencil and a new indiarubber." – Genügt das?

Der Todesfall
Ein Wendepunkt

Nichts prägt Dahn und seine Umgebung eindrucksvoller als die Felsenformationen des Wasgaus. In manchmal bizarren Formen ragen sie aus den Wäldern und müssen in ihrer unverwechselbaren Vielgestaltigkeit schon früh die Fantasie der Menschen angesprochen haben, wie ihre Namen verraten: Jungfernsprung, Braut und Bräutigam, Lämmer-Fels, Eilöchel- oder Napoleonsfelsen. Man lebt zwischen ihnen, und sie scheinen zu leben, wie sie bei unterschiedlichem Licht ein wechselndes Spiel von Farbtönen und Gesteinsstrukturen zeigen. Für Kletterer ein Paradies, das alle Schwierigkeitsgrade für diese Sportart bietet. Oft standen wir lange unter dem Jungfernsprung und beobachteten die verschiedenen Techniken der Klettergruppen, versuchten die Fähigkeiten einzelner Teilnehmer zu beurteilen, diskutierten die Gefahren und wünschten uns mitzumachen, den Eintrag im Gipfelbuch als eine Art Ritterschlag zu erleben. Warum also nicht schon mal üben? Das Massiv des Hochsteins erhebt sich hinter dem Internat. Es endet in der sogenannten Nadel, einer schmalen Felsensäule, die an ihrer Spitze nur wenige Meter von dem lange gezogenen Rücken des Hochsteins entfernt ist. Wie oft standen wir dort, außerhalb des erlaubten Freizeitbereiches, und träumten von einem Sprung auf den Gipfel der Nadel, sahen das Kreuz und die Metallkassette des Gipfelbuchs so nahe vor uns – und doch so unerreichbar. Arbeiteten sich Kletterer hoch, standen wir schon oben auf der eigentlich gefahrlosen Seite bei der sogenannten Soldatenhütte und erlebten mit, wie die Gruppe den Gipfel erreichte, freuten uns mit ihnen und waren stolz auf ein kurzes Gespräch mit diesen Helden. Viele kleine und einfache Ersteigungen führten uns auf Felsplateaus, deren grau-grüner Bewuchs aus Irischem Moos uns im Sommer als bequemer Platz zum Lesen, Kartenspielen oder Sonnen diente.

Auf der dem Ort Reichenbach zugewandten Seite des Hochsteinmassivs gibt es eine kleine Höhle, etwa zehn Meter über dem Boden, aber durch natürliche und eingehauene Löcher in der Felswand ist sie ohne schwierige Technik erreichbar. Wir waren eine Gruppe von etwa vier Jungen und saßen nun am Ziel unseres Aufstiegs in der Höhle. Das letzte Stück hatte sich nur durch eine Art Querpass erreichen lassen. Die sogleich angezündeten Zigaretten verströmten ein Gefühl von männlicher Siegesstimmung, wir scherzten und lachten, bis einer von uns – nach einem Blick auf die Uhr – zum Aufbruch mahnte.

Derjenige, der ganz vorne saß, drückte seine Zigarette aus, erhob sich und wollte nach unten steigen. Aber irgendwas schien ihn zu behindern. Es war der Querpass. Beim Aufstieg gelingt vieles einfacher als beim Abstieg. Hier hatten wir, das war uns schlagartig klar, nun alle ein Risiko. Jeder schaute sich die Lage vom Rand der Höhle aus an. Der eine fluchte, der andere betete bald leise. Ratlosigkeit. Unsere Lösung bestand in einer Art Kette, die wir bildeten, um uns so gegenseitig halbwegs abzusichern. Was hätten wir alleine getan?

1964 ereignete sich dann das große Unglück. Der jüngere Bruder unseres Klassenkameraden Walter stürzte am Hochstein ab. Es muss unmittelbar nach dem frühzeitigen Unterrichtsschluss der Unterstufe gewesen sein. Mit einer kleinen Gruppe von Mitschülern war er gleich zu den Felsen gegangen. Was dann passierte, erfuhren wir als Internatsschüler nie genau. Jedenfalls stürzte er aus großer Höhe ab.

Chefarzt Dr. C. vom Krankenhaus gab sein Bestes. Es bestand noch Hoffnung, aber mit jedem Tag weniger.

Nie hatte im Internat eine solche Stimmung geherrscht, nie waren unsere Gebete ernster und aufrichtiger als in diesen Tagen. Es half alles nichts. Er verstarb. Die Erzieher hatten uns immer die Felsen und das Klettern verboten, uns die Gefahren erklärt. Aber fast jeder von uns hatte dennoch vermutlich ab und zu diese Vorschrift übertreten. War er stellvertretend unser Opfer? Waren wir mitschuldig, weil wir so taten, als sei das Herumklettern auf den Felsen ganz normal? Für den Heimleiter und den Stufenpräfekten musste der Todesfall eine für uns kaum ermessliche Abwägung von formaler Verantwortung und subjektiver persönlicher Schuldempfindung gewesen sein. Beide traten von ihrem Posten ab. Direktor N. wechselte in den gymnasialen Schuldienst, Kaplan F. in das Bischöfliche Ordinariat. Das goldene Zeitalter von St. Pirmin war vorbei. Über die Nachfolger ausführlicher zu berichten, lohnt nicht. Dem Präfekt mangelte es nicht nur an Humor, sondern auch an Esprit im weitesten Sinn. Der Direktor, ein schneidig auftretender Mittdreißiger, war nicht nur humorlos, sondern geradezu humorfeindlich. Sein Lieblingswort hieß Fairness, in der französischen Aussprache. Das war es, was er von uns permanent forderte. Er trug gerne teuer aussehende maßgeschneiderte Soutanen, tailliert und mit einer Bauchbinde, einem Zingulum, aus feinster glänzender Ripsseide. Den rundlichen Kopf hielt er leicht vorgestreckt, was zu dem Gesamteindruck passte, dass alles, was von ihm kam, irgendwie übertrieben forciert und letztlich unecht – eben aufgesetzt – wirkte. Schon nach wenigen Wochen durfte ich das erfahren und spüren. Es war Samstag, Filmtag für uns. Mit Spannung erwarteten wir den Titel oder das Thema des Films. Die meisten sorgten für gute Unterhaltung, manche Streifen blieben sogar eindrucksvoll in Erinnerung, wie etwa „Wer die Nachtigall stört" oder „Der längste Tag". Andere trafen weniger unseren Geschmack, rührselige Tierfilme, wie der über „Utti", den Fischotter. Darin wurden vierbeinige Hauptdarsteller vermenschlicht, erlebten Abenteuer in der Wildnis, fanden neue Freunde, bauten sich Wohnstätten, wurden von Feinden, den Naturgewalten und den Menschen bedroht, und was sonst noch an süß-saurem Kitsch dazukam. Früher hatten wir immer zeitig den Titel des Films erfahren. – Wir unterhielten uns gerade samstagnachmittags in unserem Gruppenraum, als der neue Direktor vorbeikam. Ich nutzte die Gelegenheit, um ihn nach dem Film zu fragen, meine Kameraden kamen dazu. Nach kurzem Zögern orakelte er:"Es ist ein frischer Film." Da ich damit nicht viel anfangen konnte, klopfte ich mit dem begrenzten Maß an Humor und Ironie, das mir spontan möglich war, auf den Busch: „Es wird doch nicht um Eisbären gehen?" Ehe ich mich versah, hatte er mich am Kragen gepackt, krachend traf ich mit dem Rücken auf eine der Schranktüren im Flur.

Ich sah in seine Kugelaugen, die zornig aus dem Kopf zu treten schienen, als er mich anfuhr: „G., warte nur! Dir werde ich noch dein freches und vorlautes Mundwerk stopfen!" So fegte er davon. Meine Freunde schüttelten die Köpfe und wir schimpften über ihn. Aber seit diesem Ereignis waren die Fronten klar. Ich habe ihn nie wieder angesprochen oder ein Gespräch mit ihm gesucht. Ich wollte ab diesem Zeitpunkt endgültig und fest entschlossen wieder aus dem Internat. Das machte ich auch meinen Eltern unmissverständlich klar. Das überzeugendste Argument war in solchen Fällen schon immer ein Leistungsrückgang. Den konnte ich mühelos erreichen. Mit einem anderen Problem hatte ich aber nicht gerechnet: Die Sprachenfolge Latein, Französisch, Englisch passte zu keinem der gymnasialen Angebote zu Hause. Als ich das bemerkt hatte, neigte sich das Schuljahr schon bald seinem Ende zu. Mein persönlicher Plan sah vor, notfalls noch ein Jahr zu bleiben, um den fremdsprachlichen Anschluss vorzubereiten. Aber dazu sollte es nicht kommen. Der Direktor rief mich eines Abends in sein Zimmer. Er ging mit raschem Schritt voraus, setzte sich und eröffnete mir: „Ich habe gehört, dass du uns verlassen willst." Da die Alarmlampen schon zwei Minuten zuvor bei mir aufgeleuchtet waren, fragte ich zurück: „Wer sagt denn das?" – „Ich habe es selbst gehört, wie du es zu deinen Kameraden gesagt hast." – Ich beging nun einen taktischer Fehler, als ich ihm meinen Plan erklärte. Seine Antwort kam ohne Umschweife: „Wir sind hier kein Durchgangsheim. Du wirst freiwillig gehen oder ich werfe dich raus." An diesem Punkt der Entwicklung erkannte ich die Grenzen meiner Selbstorganisation und informierte meinen Vater. Der sah die Sache gewohnt locker: „So einfach kann der das nicht machen. Da gibt es noch andere Leute über ihm." Zum Glück wechselte ich dennoch gleich und schaffte auch den Anschluss in der neuen Schule. Etwas später empfand ich ein gewisses Gefühl der Bestätigung meines Bildes von diesem Menschen, als mir berichtet wurde, dass der neue Direktor nicht nur das Internat verlassen, sondern auch aus der Designersoutane gesprungen sei. Denn er habe zur Überraschung ihrer Eltern mit der damals noch minderjährigen Tochter einer Unternehmerfamilie, der er gesellschaftlich verbunden war, ein Verhältnis begonnen und sie dann geheiratet. Hatte da vielleicht einer das Internat als Durchgangsheim benutzt?

Er soll aber von seinem Arbeitgeber Fairness, die er vermutlich gefordert hat, erfahren haben und Leiter einer anderen kirchlichen Jugendeinrichtung geworden sein.

Neue Weichenstellungen
Eine kleine griechische Tragödie

Das Ende der 9. Klasse bedeutete für mich einen Wechsel, für manche Mitschüler aber eine sogenannte Ehrenrunde. Für einige von ihnen sollte ein Jahr später sogar das Ende ihrer Schulzeit kommen, weil sie auch nach einer Wiederholung die Versetzung nicht schafften. Die Gründe allein bei den Kameraden zu suchen, würde entscheidende Ursachen ausblenden. Studienrat B. hatte mit seinen Noten einen beträchtliche Flurschaden angerichtet. Sprachenwahl klingt angenehm, demokratisch und harmlos, wären dabei nicht bestimmte Regulative eingesetzt worden. Die 9. Klasse stellte uns vor die Wahl der dritten Fremdsprache. Nach Latein und Französisch als verpflichtenden Sprachen konnte nun zwischen Englisch und Altgriechisch gewählt werden. Selbst 1965 hatte man die Zeichen der Zeit so weit erkannt, dass dem Englischen als Weltsprache größte Bedeutung zukam. Selbst das Fernsehen warb für dieses Fach.

Noch vor der ersten Unterrichtsstunde erlebten wir seit 1963 samstagnachmittags im Fernsehen die wunderbare Serie „Walter and Connie". In jeweils 15 Minuten lernte man mehr als in mancher Doppelstunde. Und es machte wirklich Spaß. Womit konnte Altgriechisch dagegen aufwarten? – Etwa mit der Philosophie eines Platon, wie sie der Anstaltsleiter uns nahezubringen versuchte? Oder mit der Vorstellung, seinen Homer im Original lesen zu können? – Es war ein ungleicher Wettbewerb, bei dem die Schulleitung dem Altgriechischen zu mehr Chancen verhelfen wollte. Homer und Platon schuldete man schließlich einen wesentlichen Teil unserer abendländischen Kultur. Was hatten die Briten dagegen zu bieten? Die Beatles etwa?

Dagegen half gewiss nicht die sich auf Jahrtausende berufende fundamentale Argumentation, es gehe um die Wurzeln unserer abendländischen Kultur, hier versprachen eher handfeste und kurzfristige Ziele Erfolg. Es sollte der Prolog zum Verlauf einer griechischen Tragödie im Kleinen werden.

Um Schüler und Schülerinnen für das Fach Altgriechisch zu gewinnen, wurde zugesagt, dass niemand wegen dieser neuen Fremdsprache sitzenbleiben werde. Wie man sich denken konnte, interessierten sich daraufhin nicht nur junge Intellektuelle, sondern es ließen sich vorzugsweise Mitschüler, die bereits in der 8. Klasse um die Versetzung bangten, von diesem Sirenengesang verlocken. Es reichte schließlich, um eine Klasse einzurichten. „Anabasis" heißt im Deutschen Hinaufmarsch. Xenophon hatte sein Geschichtswerk so genannt. So hieß nun auch die altgriechische Grammatik, die als mächtiges Buch auf den Schreibtischen der Mitschüler deren Zugehörigkeit zu einer Art Elitegruppe signalisierte. Unser „Grammatisches Beiheft" wirkte wie ein netter kleiner (Beatles-) Käfer gegenüber dem fürchterlichen Minotaurus. Der Hinaufmarsch verwandelte sich bald für manche zum Abwärtsmarsch. Viele unserer Altgriechen plagten sich ähnlich wie Sisyphos. Am Schuljahresende wurden sie, gleichsam im Sinne eines retardierenden Momentes, versetzt. Aber die Tragödie hätten einige nur abwenden können, wenn sie die Klasse mit Englisch als Wahlpflichtfach freiwillig wiederholt hätten.

Doch der Gesang der Sirenen, klang er nicht süß?

Hatte wohl mancher die Frucht jenes Lotos gekostet.

Und wollte denn auch in Gesellschaft der Esser des Lotos verbleiben.

Es fehlte nun hier ein Odysseus, der die Trunkenen schafft auf das Schiff.

Denn eilend von dannen zu fliehn, war die einzige Rettung.

Wie weise wäre eine Wiederholung gewesen. Denn nach zwei Jahren Überforderung und riesigen Wissenslücken, stand mancher am Ende der 10. Klasse vor dem Aus: Abgang von Gymnasium und Internat ohne Mittlere Reife.

Schon Xenophon spricht am Ende seiner „Anabasis" von Söldnern, die ihrer Familie und Heimat entfremdet waren. Welch eine Rückkehr!

Epilog

Wiederbegegnungen

Ist einiges von dem, was hier zusammengetragen wurde, letztlich – wie in Heinrich Spoerls „Feuerzangenbowle" – nicht doch eine versteckte „Liebeserklärung an die alte Schule"?

In unserer damals von zahlreichen Restriktionen bestimmten Lebenswelt und unter den eigentümlichen Laborbedingungen eines katholischen Internats hatten sich vielleicht bei uns schon gewisse Spannungen aufgebaut, waren kleine Vorbeben zu spüren, manchmal auch Ausbrüche, die wenige Jahre später im großen Rahmen zu einem gesellschaftlichen Umbruch geführt haben.

Direktor N. schloss seine kleine Abhandlung über die Ziele der Internatserziehung mit einer langfristigen Perspektive ab:

„Es steht zu hoffen, dass es in den kommenden Zeiten viele Persönlichkeiten heranbilden darf, die mit Dankbarkeit und Achtung an ihre Schule und Erzieher zurückzudenken vermögen."

Kann man das Erziehungs- und Entwicklungsergebnis evaluieren?

Einfacher lassen sich die Ausbildung und der soziale Status ermitteln. Dem Internet verdanken wir manche Wiederbegegnung. Die meisten von uns haben studiert und eine solide berufliche und familiäre Existenz gefunden. Gelegentliche Telefonate knüpfen unvermeidlich irgendwann an den gemeinsamen Erlebnissen an.

Auch die Sprache und der Tonfall wechseln dabei oft allmählich vom Hochdeutschen in den alten heimatlichen Dialekt, in dem wir uns damals unterhalten haben. Fast ein halbes Jahrhundert scheint überbrückt. Wir sind als 16-Jährige auseinandergegangen und begegnen uns nun als 60-Jährige, vergleichen fasziniert und interessiert die Lebenswelten von damals und jetzt.

Wie sehen wir heute die Zeit im Internat? Viele betonen das soziale Lernen, vor allem Kameradschaft, Selbständigkeit und Durchsetzungsfähigkeit. Nur wenige wollen nichts mehr von dieser Zeit hören und auch deshalb keine Kontakte mehr wiederbeleben.

Zwei Persönlichkeiten von damals durfte ich in den achtziger Jahren nochmals begegnen. Mit dem Chef des Internats saß ich auf einer Religionslehrertagung am Tisch. Unser Gespräch verlief freundlich, entspannt und mit dem Gefühl gegenseitigen Respekts.

Am Abend einer Deutschlehrertagung im März 1989 las der Autor Josef Reding aus seinen Kurzgeschichten und Erzählungen. Wie sehr hatten mich schon als Schüler seine Texte in den Lesebüchern der Mittelstufe begeistert. Sein Stil und seine Themen ragten aus dem Einerlei der frühen sechziger Jahre heraus wie Wegweiser in eine neue Zeit. Als ich nun an diesem Abend die Leute musterte, die sich als Gäste zur Autorenlesung eingefunden hatten, entdeckte ich einen kleinen korpulenten Herrn in dezentem grauen Anzug, der mit würdiger und aufmerksamer Miene den Worten des Schriftstellers folgte: mein alter Schulleiter Q. Sofort nach der Veranstaltung ging ich zu ihm hin und stellte mich vor. Seine Freude und Herzlichkeit werde ich nie vergessen. Für mich überraschend und ungewohnt, umarmte er mich. Noch lange und intensiv unterhielten wir uns an diesem Abend über die vergangenen Jahrzehnte. Ein letztes Erlebnis seiner großartigen Menschlichkeit und gelebten Philosophie.

Die jüngste Begegnung der besonderen Art ereignete sich auf dem Parkplatz eines kleinen Supermarktes in Dahn. Ich muss vorausschicken, dass ich die Stadt und ihre Umgebung über Jahre hinweg gemieden hatte, wie man unangenehmen Erinnerungen aus dem Weg gehen möchte. Wolfgang, mein ehemaliger Klassenkamerad, der zufälligerweise in der gleichen Straße wohnte und wohnt, in der ich baute, hatte mich – vermutlich um 1990 – überredet, doch einfach mal das jährlichen Sommerfest des Internats zu besuchen.

Eva, meiner Frau, stand durch meine Erzählungen ein recht klar konturiertes Bild einer strengen militärisch-klösterlichen Einrichtung vor Augen. Von außen hatte sich nicht viel verändert. Vielleicht lag eine gewisse Patina über den Mauern und Wegen. Beim Eintritt durch den großen gläsernen Haupteingang spürte zuerst die Nase einen fremden, irgendwie unangenehmen Geruch. Ich kommentierte nur kurz die Räumlichkeiten, denn ich spürte starke innere Spannungen, so als wollten alle Erinnerungen auf einmal über mich herfallen. Wir stiegen die Treppe hinauf zu den Räumen der Unterstufe, öffneten die gläsernen Flügeltüren und schauten uns genau an, was sich in den Studierräumen, Waschräumen und Schlafräumen darbot. Urteile ich zu streng, wenn ich den Ausdruck verwahrlost gebrauche?

An Elternbesuchstagen, wie dem Sommerfest, hatte sich das Internat in perfektem Zustand präsentiert. Hier sah es aus, als ob eine Klasse gerade in einer Jugendherberge ihr Gepäck notdürftig abgelegt hätte.

Allzu massive Gebrauchsspuren und Kritzeleien an Wänden, Türen und Möbeln wiesen unmissverständlich auf die Zustände, die Erzieher und Schüler hin. Der Rest des Heimes ergänzte das Bild eines irgendwie verkommenen Lebensraumes. Vor unseren kleinen Töchtern war es mir peinlich, dass ich ihnen dieses Haus als den Ort angekündigt hatte, an dem ich die ersten fünf gymnasialen Schuljahre verbracht hatte. Wir verließen St. Pirmin, um zum Heldenfriedhof unter dem Hochstein zu wandern, von dort über den Kreuzweg in die Stadt zum Eiscafé Venezia, das noch in alter Qualität betrieben wurde, ließen uns vier „Fruttebecka" füllen und fuhren dann wieder nach Hause. In den folgenden Tagen bewegten mich Gedanken über die Veränderungen in meinem alten Internat. Jahrzehnte gesellschaftlichen Wandels hatten ihre Spuren hinterlassen und sorgten bei mir für eine neue, aber weniger negative Bewertung des Erlebten. Aus dem Internat wurde mein ehemaliges Heim.

Das Dahner Felsenland konnte damit allmählich wieder zum beliebten Wandergebiet am Wochenende und während der Ferien werden. Die Tour nennt sich Dahner Felsenpfad, ein Premiumweg von etwa 13 km mit grandiosen Ausblicken; wir, meine Frau, unsere jüngere Tochter und ich, hatten ihn im Sommer 2007 gerade beendet, uns mit Kaffee und Backwerk im Supermarkt gestärkt und wollten die Rückfahrt antreten.

Die Autotür war geöffnet, die Straßenschuhe standen neben der Fahrertür, während ich mich darum bemühte, die kräftig geschnürten Wanderschuhe abzulegen, um sie gegen die fahrtauglichen Straßenschuhe zu tauschen. Plötzlich tauchten in meiner Bodenperspektive vor mir Füße und Hosenbeine auf, während ich hochschaute, hörte ich in fragendem Ton meinen Namen. Es kann nur wenige Sekunden gedauert haben, bis ich das Gesicht erkannt und die Stimme zweifelsfrei zugeordnet hatte. „Herr H.!"

Vor mir stand mein Klassenleiter aus der 5. Klasse – vor 46 Jahren. Alt, aber noch recht aufrecht, im Bereich der Nase trug er ein weißes Pflaster, das aussah, als habe er kürzlich einen Hautarzt besucht. Wir waren einander zwischenzeitlich zu Beginn der siebziger Jahre im politischen Leben nochmals begegnet, es hatte wieder einen heftigen Konflikt gegeben. Ich gehörte damals der gleichen Partei an. Er war Fraktionsvorsitzender im Kreistag, ich stellvertretender Parteivorsitzender. Nachdem ich auf einem Kreisparteitag dem Landrat eine kritisch-ironische Frage gestellt hatte, erwirkte Herr H. eine Rüge durch die Kreistagsfraktion. Man wertete meine Einlassung, weil sie öffentlich erfolgt war, als parteischädigend. Mich hat dieser schriftliche Tadel durch den ehemaligen Klassenleiter eher amüsiert. Ein paar Jahre später trat ich aus der Partei aus. Die Ähnlichkeit mit Strukturen von Internaten, etwa Gleichschaltungstendenzen und Kontrolle, könnte zu dieser Entscheidung beigetragen haben.

Nun, über zwanzig Jahre danach, stand er wieder vor mir. Eine Umarmung war hier nicht zu erwarten. Wir unterhielten uns kurz in freundlichem Ton über einige biografische Dinge. Dabei kamen wir auf eine Mitschülerin und einen Mitschüler zu sprechen, die ein Ehepaar geworden waren. In meiner bodenständigen Sprache hieß das: „Der Walter hat die Gabriele geheiratet." Worauf Herr H. erwiderte: „Ja, die beiden haben geheiratet und sind auch noch verheiratet." – Seine Replik war keineswegs redundant, sondern verbesserte die unkorrekte, nämlich männlich-chauvinistische Darstellung. Meiner Frau und unserer Tochter gegenüber beharrte ich hinterher auf dieser Sicht seiner Reaktion, sie hielten meine Deutung für eine Überinterpretation. Aber ich kannte schließlich sehr genau Herrn H.'s Korrekturgewohnheiten. War ich etwa manchmal genauso pingelig oder wurde so wahrgenommen?

Am Ende des Gesprächs, längeres Stehen schien ihm nicht zu bekommen, berichtete ich ihm von meiner baldigen Freistellungsphase im Rahmen der Altersteilzeit. Wir verabschiedeten uns voneinander, er ging mit sichtbarer Bemühung zu seinem Auto, dann blieb mein fast achtzigjähriger ehemaliger Klassenlehrer plötzlich nach etwa fünf Metern stehen, wandte sich leicht um, sodass wir uns nochmals kurz anschauten, um mir noch einen persönlichen Wunsch mit auf den Weg zu geben: „Dann wünsche ich Ihnen noch ein gutes Stehvermögen." – Ein Satz, den ich als sehr anrührend empfand, wenn man alle Umstände der Situation bedachte.

Zwei Motive

Mutter, erzähl mir von früher! – Ich sitze in der Küche neben dem Ofen auf dem Fußschemel. Großmutters Stuhl aus dunkelbraunem Bugholz mit Flechtwerk steht mir gegenüber, aber er ist noch leer.

Immer hat sie noch etwas zu erledigen, ein paar Handgriffe. Aber ich weiß, dass sie meinen Wunsch erfüllt, sich setzt, das Ofentürchen öffnet, einen Holzscheit einlegt und es offen lässt, damit wir etwas vom

Feuer sehen, hören, riechen und spüren, während sie die alten Zeiten lebendig werden lässt.

Sie hat einen neugierigen Zuhörer, der jedes Wort begierig aufnimmt.

Was sie erzählt, bleibt damit zumindest vorläufig erhalten.

Geschichten bilden die Geschichte der kleinen Leute.

Wem die Geschichten der ersten Hälfte des 20. Jahrhunderts aus dieser Perspektive geschildert wurden, der liest die Geschichtsbücher anders, versteht den Zeitgeist etwas besser.

Die persönliche Zeiterfahrung in all ihrer Subjektivität scheint mir ein wichtiges und notwendiges Korrektiv, zumindest aber eine sinnvolle Ergänzung jeder wissenschaftlichen Darstellung zu sein. Der „Simplizissimus" vermittelt vielleicht mehr vom 30-jährigen Krieg als manches Geschichtsbuch.

Ich will ein Stück weit dieser Tradition und dem Vorbild der Großmutter folgen.

Während ich diese Sätze schreibe, sitze ich mit dem MacBook Pro auf dem Schoß auf einem bequemen Sessel, neben mir flackert Feuer im Kamin.

Zuhörer sind keine in Sicht, aber vielleicht finden sich Leser. So manches ist ganz anders als damals. Das ist das Thema.

Mein Ziel ist dem der Großmutter ähnlich...

„Folge anstatt deines unnützen Geschreis meinen letzten Worten, welche sind, dass du dich je länger, je mehr selbst erkennen sollest, und wanngleich du so alt als Mathusalem würdest, so lass solche Übung nicht aus dem Herzen; denn dass die meisten Menschen verdammt werden, ist die Ursache, dass sie nicht gewusst haben, was sie gewesen und was sie werden können oder werden müssen." („Simplizissimus", 1. Buch, XII. Kapitel)

Erinnerungen erzählen und aufschreiben kann nur ein Anfang sein...

Danksagungen

Mein besonderer Dank gilt meiner geliebten Frau Eva, die von Anfang an mein Buchprojekt unterstützte und für ungestörte und positive Rahmenbedingungen beim Schreiben sorgte, meinem lieben alten Freund und ehemaligen Ausbilder Dr. Karl Hotz (Weimar), der als erfahrener Autor und Herausgeber den Text sorgfältig lektorierte und mir dabei zurecht von unpassenden Anglizismen abriet, Prof. Dr. Alois Brandstetter (Klagenfurt), dem von mir verehrten bekannten Schriftsteller und Literaturwissenschaftler, der die Freundlichkeit besaß, mein Manuskript nicht nur zu lesen, sondern mich zu einer baldigen Veröffentlichung durch sein großes Lob zu ermutigen und ermuntern.

Meinem Verleger Ulrich Wellhöfer, der mit literarischem Gespür, Professionalität und Humor für eine rundum erfreuliche Zusammenarbeit sorgte.

Mit Blumenkranz und Petticoat
von Ellen Schmid – 160 Seiten, Euro 12,80

Tradition und Aufbruch, dörfliche Enge und Freiheitsdrang, liebevoll geflochtene Kornblumenkränze und fescher Petticoat: Eine Kindheit und Jugend in den späten 40er- und frühen 50er-Jahren des 20. Jahrhunderts war geprägt durch die unterschiedlichsten Einflüsse und Möglichkeiten.

Ellen Schmid lässt ihre Kindheit in bewegenden Bildern mit ein wenig Wehmut und einer gehörigen Portion Humor wieder aufleben.

Würgerspeise und Lackschuhe
von Marion Schwarz – 192 Seiten, Euro 12,80

Lachen und Weinen liegen nah beieinander in dieser Kindheit von 1945 - 1958 in Heidelberg.

Marion Schwarz lässt in ihrer autobiografischen Erzählung die Zeit der Adenauer-Ära, des Wirtschaftswunders und einer, zumal aus der Sicht eines Kindes, oft muffigen und skurrilen Erwachsenenwelt aufleben.
Im Zentrum stehen ihre Familie, ihre Freunde und immer wieder Heidelberg mit seinen unterschiedlichsten Schauplätzen, die sich längst verändert haben oder unwiederbringlich verloren gingen.
Marion Schwarz gelingt ein einzigartiges, humorvolles, mit einem Schuss Selbstironie und leiser Wehmut, erzähltes Zeitdokument.

www.wellhoefer-verlag.de

Mannheimer Zeitzeugen – Band 1
von Karl Heinz Mehler – 493 Seiten, Euro 29,80

Mit einer Vielzahl persönlicher Geschichten erzählen 72 Menschen, die alle in Mannheim aufgewachsen sind, von den Ereignissen und von ihren persönlichen Erlebnissen ab Mitte der zwanziger Jahre bis zum Ende des Zweiten Weltkrieges. Der Älteste ist 1918, der Jüngste 1939 geboren. Sie stammen aus unterschiedlichen Schichten der Mannheimer Bevölkerung und waren altersbedingt mehr oder weniger stark von dem politischen Geschehen und den Kriegsereignissen betroffen. Mit ihren unterschiedlichen Erzählungen leisten alle Beteiligten einen facettenreichen Beitrag zur Zeitgeschichte. Es ist die Geschichte ihres privaten Lebens, die in diesem Buch als Ergänzung zur „Großen Geschichte" festgehalten werden soll.

Mannheimer Zeitzeugen – Band 2
von Karl Heinz Mehler – 496 Seiten, Euro 29,80

54 in Mannheim aufgewachsene Menschen erzählen von den Ereignissen und ihren persönlichen Erlebnissen in der Zeit nach dem Krieg. Dabei kommt nicht nur die Kriegsgeneration zu Wort. Es berichten auch Frauen und Männer, die während des Krieges oder in der Zeit danach zur Welt kamen. Mit einer Vielzahl von Erzählungen vermitteln sie das Zeitgeschehen und leisten mit der Schilderung ihrer persönlichen Erlebnisse nach dem Zusammenbruch des Deutschen Reiches einen facettenreichen Beitrag zur Zeitgeschichte.

www.wellhoefer-verlag.de

Grenzgänger – Pfälzisch-Französische Lebensläufe
von Peter Klimm – 160 Seiten, Euro 12,80

Peter Klimm erzählt 10 Biografien von Menschen, die die heutige Pfalz prägten und veränderten. Die einzelnen Lebensläufe der Grenzgänger zwischen der Pfalz und Frankreich sind Spiegelbild der großen Geschichte einer Region, die ihre kulturellen Werte aber auch tragische Vergangenheit immer auch aus der Auseinandersetzung und der gegenseitigen Beeinflussung mit seinen Nachbarn bezogen hat.
Die spannend erzählten Lebensläufe bieten ein lebendiges, teils amüsantes, oft lehrreiches Bild vergangener Zeiten und Lebensumstände.

50 Französische Erinnerungsorte in der Pfalz
von Peter Klimm – 139 Seiten, Euro 16,80

„Da war doch mal was?", mag sich manch einer angesichts so unterschiedlicher Orte wie Schlösser, Walmdachhäuser, Burgruinen oder Weinbergen in der Pfalz fragen. Dieses Buch liefert Antworten durch all die Geschichten, welche die Erinnerungsorte erzählen, die hier dargestellt und erläutert werden. Vorangestellt ist eine dem Fortgang der historischen Ereignisse folgende und der neueren Forschung verpflichtete zusammen hängende Darstellung der oft spannungsreichen Beziehungen zwischen Franzosen und Deutschen in der Pfalz.

www.wellhoefer-verlag.de

Pfälzisches Sagenbuch
von F. W. Hebel – 238 Seiten, Euro 16,80

Jeder Landstrich, jede Stadt und jeder Ort der Pfalz hat seine Sagen, die von Generation zu Generation weitergegeben wurden. Der auch als „Pfälzer Grimm" bekannte Friedrich Wilhelm Hebel widmete sein Leben der Sammlung dieses unerschöpflichen Sagenschatzes.

In seinem legendären „Pfälzischen Sagenbuch" aus dem Jahre 1912, das hier in einer Neuauflage vorliegt, findet der Leser geheimnisvolle, schaurige und oftmals auch humorvolle Geschichten und Begebenheiten, die sich um die prägenden Plätze und Persönlichkeiten der Pfalz ranken.

Pälzer Hausapothek
von Lina Sommer – 192 Seiten, Euro 16,80

In der „Pälzer Hausapothek" hat Lina Sommer ihre persönlichen Lieblingsgedichte und -geschichten ihres langen und erfolgreichen Dichterlebens zusammengetragen.

Entstanden ist so eine Sammlung vergnüglicher, nachdenklicher und kunstvoller Beschreibungen ihrer Heimat und ihres Lebens. War ihr Leben auch von vielerlei Schicksalsschlägen und schweren Zeiten geprägt, folgte sie doch immer dem Motto ihrer ganz persönlichen „Hausapothek":

„For jedi Krankheit, se hääß wie se will, Is der Humor e heilsami Pill."

www.wellhoefer-verlag.de

Unsere Heimat – Schulfibel
160 Seiten, Euro 14,80

Wer in der Pfalz in den 50er- und 60er-Jahren zur Schule ging, kennt es noch: Das Lesebuch des zweiten Schuljahres. Im Wellhöfer Verlag liegt dieses Lesebuch nun in unveränderter Neuauflage vor. Ein Buch zum nostalgischen Schmökern, das längst verschüttete Kindheitserinnerungen wieder zum Vorschein bringt.

Der Pfälzer Al Capone
von Michail Krausnick – 224 Seiten, Euro 12,80

Ende der 50er-Jahre sorgte er als Al Capone von der Pfalz für Schlagzeilen: Bernhard Kimmel, berüchtigt als der „erfolgreichste Tresorknacker der Adenauer-Ära". In einem biografischen Roman erzählt Michail Krausnick die Entwicklung eines Mannes, dessen Taten einst die Republik erregten. Was als romantisches Räuber- und Gendarm-Spiel und jugendliches Aufbegehren begann, endete in Schuld und lebenslanger Haft. Erzählt wird zugleich ein Stück Zeitgeschichte: eine Kindheit und Jugend in den Kriegs- und Nachkriegsjahren, außergewöhnlich und symptomatisch für die Zeit der Halbstarken und Frühreifen, der Alt-Nazis und Wirtschaftswunderbäuche.

Der legendäre Bandenchef ist heute ein von seiner Schuld gezeichneter Mann, der über 30 Jahre hinter Gefängnismauern verbüßte und schließlich in künstlerischer Arbeit eine neue Perspektive fand.

www.wellhoefer-verlag.de